❷ 兵家纵横

张爷爷讲史记故事

张大可 著
周晓鸥 绘

中国书店

元·赵孟頫《汤王征尹图》

目录

卷首语（上） 善战将帅的智谋　001

治军故事（四则）

田穰苴严法斩监军　002

孙武演兵试宫女　011

吴起与卒同甘苦　017

周亚夫拜将细柳营　025

斗勇故事（四则）

两强相遇勇者胜　035

纸上谈兵赵括丧师　043

王翦益兵灭楚　051

破釜沉舟项羽建奇功　060

斗智故事（七则）

退避三舍晋克楚师　074

围魏救赵孙膑用智　085

减灶诱敌庞涓丧命　093

甘茂攻韩取宜阳　099

韩信拜将对策汉中　106
乘势传檄不战降燕　118
四面楚歌霸王别姬　125

诈计故事（四则）

郑武公设局袭胡　140
商鞅计赚公子　143
李牧投饵破匈奴　148
冒顿单于计灭东胡　154

奇谋故事（五则）

晋献公假途伐虢　160
布火牛阵田单破燕　168
迂回突袭项羽逞威　179
背水列阵韩信斩陈馀　188
囊沙断水破灭楚师　199

卷首语（下）外交行人的智谋　209

纵横故事（四则）

子贡救鲁不费兵卒　214
苏秦合纵拜相六国　229
张仪连横秦国称霸　241
虞卿以合纵说赵王　256

行人故事（六则）

陈轸善对秦惠王　274
蔺相如使秦完璧归赵　285
斗智斗勇渑池折秦王　299
毛遂自荐天下扬名　305
随何说降黥布　315
刘敬和亲安汉边　327

卷首语（上）

善战将帅的智谋

在我国古代军事史上，无年不战、无岁不争的历史时期有两个，一个是春秋战国时期，一个是三国鼎立时期。反映这两个大动荡时代的演义小说，前者是《东周列国志》，后者是《三国演义》，极其生动地展现了这两个历史时期无数惊心动魄的战争，塑造了众多栩栩如生的善战将帅的光辉形象，流传甚广，几乎是家喻户晓。中国两千多年的封建社会，改朝换代数十次，农民起义发动的战争大大小小几百次；近代列国侵略，所发生的战争不可胜数。战争带来破坏，生产萎缩，民生凋落；但另一方面，则是旧秩序的分崩离析，保守的传统观念受到猛烈冲击，战争推动着历史前进。战争要求发展军事理论，同时也为军事理论的发展提供了丰富的材料。春秋战国和秦汉之际这两个时期，风云突变，就提供了丰富的战争实践，由此也造成了这两个时期军事理论的繁荣，尤其是春秋战国时代的兵法家，在当时社会的变革中最为显赫，许多军事经典著作，如《孙子》《吴子》《司马法》等就产生在这一时期。本卷所选二十四则军事故事，以《史记》一书所载为限，集中反映春秋战国与秦汉之际的变革历史。

战争，就是人群之间的互相厮杀，它是人类社会的斗争形式，是剥削制度的产物。"争地以战，杀人盈野；争城以战，杀人盈城。此所谓率土地而食人肉，罪不容于死。"这段话见《孟子·离娄上》，是先秦大儒孟轲对于战争的谴责，他还主张谁最会打仗，就判他的死刑，这样就可以制止战争了。这当然是迂腐可笑的观点。但是，孟轲对于战争的谴责的确发人深省。由于春秋战国的动乱长达五六百年，只有十八万字的《左传》，就记载了春秋二百四十二年中的动乱及战争五百五十余次。春秋之后是战国，接着又是秦楚之际的大动乱，不仅战争规模越来越大，而且战争也越来越激烈，杀人如麻。如春秋时的大战役，晋楚城濮之战，齐晋鞌之战，双方只是出动兵车一两千乘，士卒数万，胜负几个时辰便见分晓。这些大战役放到战国时代，简直是小巫见大巫。战国时秦赵长平之战、秦灭楚之战，双方动员军队超过一百万，主要形式是阵地战、攻坚战、步骑配合，后勤支援，往往相斗数月，乃至经年。如长平之战爆发在秦昭王四十七年（前260年），决战从四月至九月，历时半年。秦国全面总动员，全国十五岁以上的男子都要上战场，倾国而出，秦兵多于赵兵。秦胜赵败，前后俘虏斩杀赵兵四十五万，双方参战兵力一百余万。公元前223年秦灭楚之战，秦兵一方就出动六十万，楚国集中全国之兵对抗，双方参战兵力也是一百多万，相持一年才决出胜负。像这样的大战役为害是多么惨重！长平之战，秦兵活埋赵国俘虏四十余万。所以孟子对战争发出了强烈谴责，诸子百家都在思考：具有道德理性的人类，为什么要爆发战争？怎样去制止战争？墨家主张"兼爱"和"非攻"，提倡普遍的人性爱来制止战争。法家主张富国强兵，以法为教，商鞅就提出"以战去战"的理论，即用战争制止战争，走兼并统一的道路；兵家适应法家的主张，致力于研究怎样打胜仗，保存自己，消灭敌人，发展了治兵置阵的兵学。《孙子兵法》就是一部经典性的军事理论著作。

  发展兵学，目的是总结经验，怎样打胜仗，但必须回答为什么打仗这一理论问题，否则怎能发展兵学？《孙子兵法》回答，战争的目的就是"掠乡分众，廓地分利"，这两句话见《孙子·军争篇》。打仗就是为了抢夺土地、人口？这正是孟子所批判的。为什么要抢夺别人土地、人口，法家的回答是人性恶，为满足私欲而战。儒家反对战争，提出人性善，认为打仗只是几个好战分子发动起来的，所以孟轲主张杀掉会打仗的人就可制止战争了。商鞅提出"以战去战"，无疑是一个巨大的进步，它朦胧地提出战争有正义与非正义的概念，不然怎么会用战争去制止战争呢？全面给战争下定义的是西汉历史学家司马迁。他在《史记·律书》中说："兵者，圣人所以讨强暴，平乱世，夷险阻，救危殆。"意思是说，战争，是圣人用来讨伐强暴，平定乱世，铲除险阻，挽救危殆的工具。这个定义比孙子的"掠乡分众，廓地分利"大大前进了，指出战争是诛暴救危的工具，是兴邦治国必备的东西，给予战争以合理的地位。司马迁还有系列的言论，指出战争有正义与非正义之分。从前引的话中可知，"诛暴、平乱、夷险、救危"，这四个方面的战争是正义的，反之是非正义的。司马迁颂扬正义战争，反对非正义战争。他举出例证，黄帝有涿鹿之战，灭蚩尤，定火灾；颛顼有共工之阵，灭共工，除水害；商汤有南巢之战，灭夏桀。这些战争是正义的战争。又举出夏桀王、殷纣王、秦二世等暴君穷兵黩武，是非正义的战争。此外，司马迁还颂扬统一的战争，肯定秦灭六国归一统之功，反对分裂割据的战争，谴责汉初诸侯王叛乱。最后结论，战争可以兴邦，也可以丧邦，有国有家者必须慎用。

战争不可避免，是立国的工具，因此兴邦治国的人就要了解战争，研究战争，重视战争。怎样才能打胜仗？《孙子兵法》开卷第一篇《始计篇》说："兵者，诡道也……多算胜，少算不胜。"意思是说，用兵打仗是一种诡诈的行为，计谋高明的打胜仗，计谋少的打败仗。俗话说："兵不厌诈。"诡道就是奇计诈谋，多算胜敌，少算败亡。战争是你死我活的斗争，"诡道"

是智慧的代名词。《孙子兵法·兵势篇》说："凡战者，以正合，以奇胜。"意思是作战总是用正兵挡敌，用奇兵取胜。所谓"正"，就是打堂堂的攻守战，攻则无坚不摧，守则坚如磐石，这拼的是兵锐将勇。所谓"奇"，就是不依正轨，不行常道，用奇谋智计取胜，斗的是兵略权谋。兵锐将勇，是战争取胜最基本的要素。兵略权谋，是常胜的决定因素。两者相辅为用。百战百胜的将军总是智勇兼备，用兵置阵，正奇相依，变化无穷。田单用火牛阵破燕，以五千之众胜数十万燕军，全靠奇谋取胜。井陉之战，赵将成安君陈馀不用广武君李左车奇计，结果兵败身死为天下笑。宋楚泓水之战，宋襄公不用"诡道"，打堂堂之战，结果兵败身受重伤，这种愚蠢的仁义道德，显得荒唐可笑，当时就受到司马子鱼的批判。无论是正面，还是反面的战例，都说明战争既是斗勇，更是斗智的一门谋略艺术，多算胜少算是无情的法则。

　　两大国交兵，一战之得失并不能决定全局的胜败。因为战争胜败乃兵家之常，而战争总是实力的较量，不但是军事力量和经济力量的对比，而且是人力和人心的对比。这是指战争双方的全局，总体实力。单说战场上的决斗，战争的巧与拙，全军统帅起决定性的作用，所以要打胜仗，必须慎择良将，所谓千军易得，一将难求。前文已经提及，兵锐将勇，奇谋善计，是打胜仗的两个基本条件，即善战将军，应该是智勇双全的。秦赵阏与之战，赵奢说，两军相斗，"譬之如两鼠斗于穴中，将勇者胜"。赵军如鹰击狡兔，迅猛而又出其不意地直趋秦军，获得了全胜。巨鹿之战，项羽破釜沉舟，勇往直前，以泰山压顶之势冲击秦军，赢得了大胜。彭城之战，项羽以三万轻骑击溃刘邦五十多万大军。这些战例，都是主将勇猛，全军整肃，一鼓作气取得的胜仗。但两军对抗，多算胜少算，最终还是智者胜。凡善战者是斗智而不斗力，"不战而屈人之兵"是最高级的谋略。拔山盖世之雄的项羽终于败在刘邦手下，可见智胜勇。垓下之战，韩信指挥三十万大军与项羽的十万军队作战,尽管数量占绝对优势,但韩信仍用智取,先用正兵挡敌,伪作败退,让左右两翼的费将军、孔将军冲断项羽军,分割包围,把项羽团团围困在垓下,四面楚歌,一战定乾坤,更是智胜勇。当然,智胜勇,这是相对而言。智与勇,二者不可兼得,取智而舍勇。凡常胜将军,应是智勇兼备。如韩信破赵的井陉之战,韩信不单用智,而且置背水阵斗勇。凡奇谋善计,以勇为基础,那才是完善的,如果离开了勇,只说奇谋善斗,那就是残缺的。本书所选二十四则军事故事,主将都是智勇双全的将军,奇谋善计,均体现智勇相济的特点,这里就不一一赘述了。

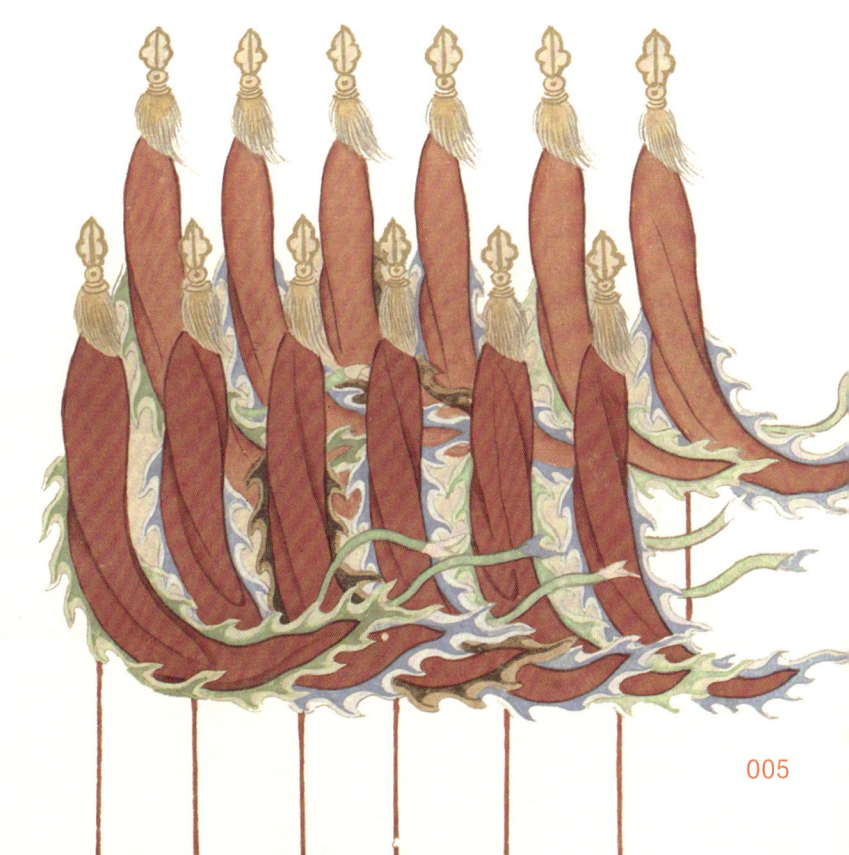

齐兵放火烧粮（明内府彩绘本《春秋五霸七雄通俗演义列国志传》插图）

治军故事
四则

▲ 明嘉靖《武经七书·司马法》局部

田穰苴严法斩监军

司马穰苴,春秋时齐国大夫。姓田,名穰苴,是田完的后代,深通兵法,官至司马。

齐景公时(前574年—前490年),晋军进攻齐国的阿(今山东省阳谷县东)、鄄(今山东省鄄城县北),燕军进攻河上(今黄河南岸沧州、德州二地),齐军战败。景公很忧虑。上大夫晏婴向景公推荐田穰苴,说:"穰苴文能团结士众,武能威慑敌人,请您起用他吧!"景公召见穰苴,与他讨论军事,对他的才能大为赏识，便任命他为大将军，统率齐军抵抗燕晋军队。

穰苴说："我的身份一向卑贱，您把我从基层提拔起来，位在大夫们之上，士卒还不拥护，百姓还不信任，人微权轻。我想请您选一个亲近的大臣，又在全国享有威望的人做我的监军，这样才行！"景公于是派庄贾担任监军。穰苴辞别景公，即与庄贾约定："明天中午在营门检阅军队，不可误了时间。"

田穰苴等待庄贾

第二天，穰苴骑马赶到军营，安设好木表和滴漏，记录时刻，等待庄贾到来。庄贾一向骄傲自大，以为统率自己的军队，且自己又是监军，所以不急不忙。亲戚、同僚为他送行的，都留下饮宴，日至正午，庄贾还未到军营。穰苴就命令放倒木表，停掉滴漏，进入营帐调度部署军队，申明军纪法令。直至黄昏，庄贾才姗姗来迟。穰苴问他："为什么迟到？"庄贾抱歉地说："我因为同僚和亲戚们来相送，就耽误了时间。"穰苴说："将帅受领任务时，就该忘记家庭；置身军队，受军纪约束，就该忘记亲人；击鼓指挥军队作战时，就该有忘我精神，不怕牺牲。如今敌军深入国境，举国骚动，士卒风餐露宿于边境，国君寝食不安，百姓的命运都操在你的手里，还谈什么送行呢？"穰苴叫来军法官，问道："误了规定时间而迟到的，按军法该怎么处理？"军法官说："应该斩首。"庄贾害怕了，急忙派人飞马报告齐景公，请景公救他。派去的人还未回来，穰苴已经把庄贾斩了并在全军示众，将士们大为惊服。

过了一会儿，齐景公派了使者拿着符书来赦免庄贾，乘车直驶军营。

庄贾派人求情

穰苴说:"将帅在军中,君命有所不受。"又问军法官:"直闯军营的,该怎么处理?"军法官说:"应当斩首。"使者大为恐惧。穰苴说:"国君的使者不能杀。"就命令杀了他的随从,砍断了他所乘之车左边的辅木,又杀了左边的骖马,用以在全军示众。穰苴令来使回去报告景公,然后率军出发。

穰苴对士卒们休息、宿营、掘井、饮食、疾病、医药等都亲自过问和安抚,把供给将军的全部费用和粮食用来犒赏士卒,他与普通士卒吃一样的伙食。穰苴对病弱士卒特别亲近,把体弱多病的单独分编。经过整编,训练三天后,连生病的士卒都要求编到前敌部队,争着要求参战,士气极为旺盛。

晋军得知了这个消息,就撤兵走了;燕军得知这个消息,也回渡黄河而取消了攻齐计划。穰苴指挥齐军跟踪追击,收复了全部失地,然后率兵回国都。齐景公和大臣们都到城郊迎接,举行隆重的劳军仪式,提升穰苴为大司马。

兵锐将勇,出奇用智,是打仗取胜的条件;而兵锐将勇,取决于训练有素,纪律严明,法令如山。古代善战的将军,全身心爱护将士,但又严格要求,在纪律上一点也不含糊。司马穰苴斩杀重臣立威,表现了他的果决、勇敢与赏罚分明的作风,对待士卒像慈母一样,做到官兵一体,这样的军队必然是兵锐将勇,怎能不打胜仗呢?

司马穰苴列传

司马穰苴者，田完之苗裔也。齐景公时，晋伐阿、
_{司马穰苴，是齐国大夫田完的后代。齐景公时，晋国攻打齐国的东阿和甄城，燕国也}

甄，而燕侵河上[1]，齐师败绩[2]。景公患之。晏婴乃荐田穰
_{出兵侵犯到黄河南岸，齐国军队都打了败仗。齐景公深深忧虑。齐相晏婴就向齐景公推荐田}

苴曰："穰苴虽田氏庶孽[3]，然其人文能附众[4]，武能威敌，
_{穰苴，说："田穰苴虽然是田氏的庶出儿子，可是他很有才干，文能使大众拥护，武能使敌}

愿君试之。"景公召穰苴，与语兵事，大悦之，以为将
_{人惧怕，希望君王能用他。"齐景公召见田穰苴，跟他交谈军事，感到非常满意，任命他为}

军，将兵扞燕晋之师。穰苴曰："臣素卑贱，君擢之闾
_{将军，领兵去抵抗燕晋的军队。田穰苴说："臣出身卑微，君王把臣从一个平民地位一下提}

伍之中[5]，加之大夫之上，士卒未附，百姓不信，人微权
_{拔为将军，职位在大夫的前面，这样士兵不一定心服，百姓也不一定信任，我的资望轻，权}

轻，愿得君之宠臣，国之所尊，以监军，乃可。"于是
_{威不高，希望君王派一个亲信的大臣，一位国人都敬畏的人来做监军，才可以出兵。"于是}

景公许之，使庄贾往。穰苴既辞，与庄贾约曰："旦日
_{景公同意了，派庄贾去做监军。田穰苴向景公辞行，便与庄贾约定阅兵的时间，说："明日}

---

1 河上：黄河岸边。燕师侵齐河上，当今河北沧州、德州一带。
2 败绩：大败。
3 庶孽：支子。
4 附众：能得大家拥护。
5 闾伍：平民。

日中会于军门[1]。"穰苴先驰至军，立表下漏待贾[2]。贾素
_{中午在军营门前相会。"第二天田穰苴早早赶到军营中，立木为表、铜壶盛水立箭以定时间，等}
骄贵，以为将己之军而己为监，不甚急；亲戚左右送
_{待庄贾。庄贾一向骄横，认为带领自己的军队，身为监军，用不着准时赶去；加上亲戚僚属为他}
之，留饮。日中而贾不至。穰苴则仆表决漏[3]，入，行
_{饯行，他便留下来喝酒欢宴。已是正午了，庄贾还没有到来。田穰苴就拔掉定时木表，放掉计时漏壶的水，}
军勒兵，申明约束。约束既定，夕时，庄贾乃至。穰
_{进入军营，巡视检阅，整理队伍，宣布号令。等各种规章约束都宣布完毕，已是日暮时分，庄贾这才赶}
苴曰："何后期为？"贾谢曰："不佞大夫亲戚送之，故
_{到。田穰苴问道："为什么迟到？"庄贾歉疚地说："亲戚僚属为不才送行，所以耽搁了。"}
留。"穰苴曰："将受命之日则忘其家，临军约束则忘其
_{田穰苴说："作为将帅，在接受任命的那一刻起，就不要想家庭；到了军中宣布约束号令后，}
亲，援枹鼓之急则忘其身[4]。今敌国深侵，邦内骚动，士
_{就要忘掉自己的亲属；在擂战鼓冲锋陷阵时，就要不顾个人安危。现今敌国的侵略深入国境，国}
卒暴露于境，君寝不安席，食不甘味，百姓之命皆悬于
_{内民心骚动，战士日晒夜宿在前线战场，君王睡不安稳，吃不下饭，全国百姓的生命都维系在你的身上，}
君，何谓相送乎！"召军正问曰[5]："军法期而后至者云
_{还顾得上亲戚僚属相送吗？"田穰苴召军法官问道："按照军中法令，约定时间迟到的人该怎么治罪？"}

---

1 旦日：明日。日中：中午。
2 立表下漏：定准时间。立表，立木为表以测日影定时刻。下漏，是用铜壶盛水立箭，底孔漏水逐渐显露箭上刻度以定时间。
3 仆表决漏：把表放倒，把壶中漏水放出，即宣布阅兵时间已到。
4 援枹鼓：击鼓进军。援，执。
5 军正：司军法之官。

何?"对曰:"当斩。"庄贾惧,使人驰报景公,请救。
军法官说:"应当斩首。"庄贾害怕了,派人飞报齐景公,请求救命。派去的人走了,还没有来得及赶

即往,未及反,于是遂斩庄贾以徇三军[1]。三军之士皆振
回来,就杀了庄贾,号令全军,全军将士都震惊了。又过了很久,齐景公派出的使者,带着赦免庄贾的

栗[2]。久之,景公遣使者持节赦贾,驰入军中。穰苴曰:
符节信物飞马赶来,不经传报就直奔军营。田穰苴说:"将军受命在军中,有临时紧急处理之权,君王

"将在军,君令有所不受。"问军正曰:"驰三军法何?"
的命令可以不接受。"又问军法官说:"驾着车马在军营中奔驰,按军法该怎样治罪?"军法官说:"应

正曰:"当斩。"使者大惧。穰苴曰:"君之使不可杀
当斩首。"使者非常恐惧。田穰苴说:"国君的使者不可以杀。"于是杀了使者的随从,砍断车厢

之。"乃斩其仆,车之左驸[3],马之左骖,以徇三军。遣
左边的木柱,杀了拉车的三匹马中左边的一匹,用来号令全军,这才让使者回报齐景公,随后全军出发。

使者还报,然后行。士卒次舍井灶饮食问疾医药[4],身自
田穰苴对士兵的驻扎营房、水井炉灶、三餐饮食、疾病医药等,都亲自一一过问。又把自己属于统帅待

拊循之[5]。悉取将军之资粮享士卒,身与士卒平分粮食,
遇的一份物资食粮拿出来让全军分享,自己与士兵吃等份的粮食。田穰苴集合全军,把体弱有病的分编

最比其羸弱者[6],三日而后勒兵。病者皆求行,争奋出
出来,全军经过整编,训练三天后重新阅兵。被淘汰分编出来的体弱战士也要求上战场,大家都争先奋

---

1 以徇三军:以庄贾之头示众于全军。
2 振栗:战栗,发抖。
3 左驸:车厢左边的立木。
4 次舍:宿营。
5 身自:亲自。拊循:抚慰。
6 最比其羸弱者:集合全体士卒,淘汰瘦弱的人。最,总。比,排列。

田穰苴与士兵同甘共苦

为之赴战。晋师闻之,为罢去;燕师闻之,度水而解。
勇要杀敌报国。晋国军队听到消息,主动把军队撤回去了;燕国的军队听到消息,也渡过黄河撤走。田
于是追击之,遂取所亡封内故境而引兵归。未至国,释
穰苴挥师追击,终于收复了齐国境内所有失地,得胜班师。未到国都,宣布解除战备,放松约束,大家
兵旅,解约束,誓盟而后入邑。景公与诸大夫郊迎,劳
宣誓效忠国君,然后入城。齐景公率领文武大臣到城外迎接,举行隆重仪式慰劳全军将士,然后才回宫
师成礼,然后反归寝。既见穰苴,尊为大司马。
安息。齐景公接见田穰苴,提升他为大司马。

▲ 明·佚名《圣君贤臣全身像册·孙武子》

孙武演兵试宫女

孙武，字长卿，春秋时齐国乐安（今山东省惠民县）人，出身军事世家，自幼受家庭熏陶，熟读先人的军事典籍，养成了机敏、果断、坚韧、善于应变的杰出军事才能，著有《孙子兵法》。

公元前512年，吴王阖庐决心与楚国大战，但苦于无主将人选。大臣伍子胥一连七次向吴王推荐由齐入吴的孙武，于是吴王决定召见他。孙武意识到这是一次决定他能否实现军事抱负的机遇，于是在拜见时向阖庐呈上自己撰写的十三篇兵法，就是那部流传后世、驰名中外的军事学瑰宝《孙子兵法》。在回答吴王的提问时，孙武惊世骇俗的议论，新颖独到的见解，引起了一心图霸的吴王的极大兴趣。他赞誉孙武高妙的战争见解，佩服他卓越的军事理论才能。但他想看看孙武的军事指挥能力究竟如何，就对孙武说："你的十三篇兵法，我已详细拜读过了，但不知实行起来如何，是否能演示一下，让我见识见识？"孙武说："可以。"吴王故意问："能用妇女来演习吗？"孙武回答："行。"于是，吴王下令在庭前广场上集合了一百八十名宫女，交给孙武，自己则登上观礼台观看。孙武把宫女集中起来，分为两队，由吴王的两个爱姬分任队长。然后，令她们每人都手持武器，排成方队，向她们宣布操练的口令，示范了动作和规则，亲自击鼓指挥，令队伍向左向右、向前向后，训练步法。宫女们以为吴王君臣拿她们寻开心，一个个捧腹大笑。孙武说："我规定的不明确，你们对命令不熟悉，这是我的过错。"他重申

孙武严格执法

了法令和操练规则，再次击鼓下令队伍向左向右、向前向后。宫女们更觉好玩，笑得前仰后合，阵形大乱。孙武大怒道："法令已明，你们居然视作儿戏，这是你们的过错。"说罢，就下令把两位队长推出去斩首示众。吴王在观礼台见孙武要斩两位爱姬，大惊失色，急忙传令孙武刀下留情。孙武正色道："臣既受命为将，将在军，君命有所不受。"坚持斩了两个队长示众。之后重新任命另外两人为队长，继续操练。这一下宫女们再也没人敢当作儿戏，个个随着孙武的号令认真操练起来。向左、向右、向前、向后、跪下、起立，每个动作都做得合乎要求，井然有序，鸦雀无声。于是，孙武派人报告吴王说："兵已操练整齐，大王可到练兵场看一看，如果您打算使用这支队伍，让它去赴汤蹈火都可以。"吴王因替爱姬求情,孙武没给面子,还在生闷气,于是很不高兴地说:"将军操练完就回去休息吧,我不想看下去了。"孙武听后感慨地说:"吴王只喜欢我谈论兵法,不能用我的真本事啊。"

但吴王经过此事,内心倒实实在在佩服孙武的军事指挥才能,便任命他为将军。孙武在吴国三十年的戎马生涯中为吴王励精图治,整军经武,西破强楚,北威齐晋,立下了不可磨灭的功勋,吴王几乎成了霸主。

孙子列传

孙子武者，齐人也。以兵法见于吴王阖庐。阖庐
_{孙子，名武，是齐国人。他向吴王阖庐进献兵法受到召见。吴王阖庐说："你的十三篇兵法，}

曰："子之十三篇，吾尽观之矣，可以小试勒兵乎[1]？"
_{我全都读过了，能用来试一试练兵吗？"孙武回答说："可以。"阖庐说："能用妇女来试一试吗？"}

对曰："可。"阖庐曰："可试以妇人乎？"曰："可。"于
_{孙武回答："行。"于是吴王阖庐立即传旨，让宫中的美女都出来，总计一百八十人。孙武分为两队，}

是许之，出宫中美女，得百八十人。孙子分为二队，以
_{并用吴王的两个宠姬分任队长，叫全体女兵都拿上一支戟，整队操练。孙武向她们发布命令说："你们}

王之宠姬二人各为队长，皆令持戟。令之曰："汝知而
_{明白自己的心、左右手和后背的位置吗？众女兵回答说："晓得。"孙武说："我发口令向前，就是}

心与左右手、背乎[2]？"妇人曰："知之。"孙子曰："前，
_{朝心胸所对的方向；口号向左转，就是朝在左手的方向转；口号向右转，就是朝右手的方向转；口令向}

则视心；左，视左手；右，视右手；后，即视背。"妇
_{后转，就是朝自己后背的方向转，这些都明白吗？"女兵们回答说："明白了。"孙武把规则约束都已}

人曰："诺。"约束既布，乃设铁钺[3]，即三令五申之。于
_{宣示完毕，然后摆设了斧钺刑具，再次把各项规则作了三令五申。说罢，便击鼓为号，发出口令向右转，}

---

1 勒兵：整训军队，部署军队，这里指操练。
2 而：你。心：胸口。背：背后。
3 铁（fū）钺（yuè）：即斧钺，刑具。

是鼓之右,妇人大笑。孙子曰:"约束不明,申令不熟,
女兵们哈哈大笑。孙武说:"规则约束没说明白,军令下达你们,还没记熟,这是将军的责任。"接着,
将之罪也。"复三令五申而鼓之左,妇人复大笑。孙子
孙武又把操练事项、规定动作,以及约束军令三番五次进行宣示,郑重告诉务必遵行。然后再次击鼓发
曰:"约束不明,申令不熟,将之罪也;既已明而不如
出向右转的命令,结果女兵们又一次哈哈大笑起来,根本不把号令当一回事。孙武威严地说:"规则约
法者[1],吏士之罪也。"乃欲斩左右队长。吴王从台上观,
束没说明白,军令下达没记熟,这是将军的责任;既然约束军令都已反复交代得一清二楚,兵士仍不按
见且斩爱姬,大骇,趣使使下令曰[2]:"寡人已知将军能
规定步法操练,这便是你们不遵号令的过错。"孙武于是按军法,拉出了两个队长,准备行刑。吴王在
用兵矣。寡人非此二姬,食不甘味,愿勿斩也。"孙子
阅兵台上观看女兵操练,看到两个爱姬将被杀头,非常惊骇,赶快派人传下旨令对孙武说:"寡人已明
曰:"臣既已受命为将,将在军,君命有所不受。"遂斩
白将军能用兵了,寡人没这两个侍妾,吃饭不香,希望将军刀下留人。"孙武说:"臣已经受命为将军,
队长二人以徇[3]。用其次为队长[4],于是复鼓之。妇人左右
将军在军队有临时处置之权,君王的命令有违实际,可以不接受。"于是杀了两个队长号令全军。两队
前后跪起皆中规矩绳墨[5],无敢出声。于是孙子使使报
女兵用第二人做队长。这时重新操练,击鼓发号,两队女兵无论左转右转前行后转,或起或跪,动作规

---

1 不如法:不按规定的步法去操练。
2 趣:同"促",急忙。
3 徇:巡行示众。
4 用其次:用第二人。
5 规矩绳墨:规以取圆,矩以取方,绳墨以取直,比喻约束命令。

王曰:"兵既整齐,王可试下观之,唯王所欲用之,虽
范,完全符合要求,再没人敢吭一声。于是孙武派人向吴王报告说:"队伍已训练整齐,请大王现场检

赴水火犹可也。"吴王曰:"将军罢休就舍,寡人不愿下
阅,任凭大王随心所欲调遣,即使让她们赴汤蹈火也是可以的。"吴王说:"请将军停止训练,回去休

观。"孙子曰:"王徒好其言,不能用其实。"于是阖庐
息,我没心情下场检阅。"孙武说:"大王只是爱好我的兵法理论,并不看重我的实践。"吴王失去爱

知孙子能用兵,卒以为将。西破强楚,入郢,北威齐
姬虽然满脸不高兴,但心里明白孙武真能用兵,终于任命他为大将。吴王西边攻破强大的楚国,长驱直

晋,显名诸侯,孙子与有力焉。
入楚国都城郢,北上中原威震齐、晋两个大国,扬名诸侯,孙武的辅佐出力最大。

▲ 明人绘《吴起像》

吴起与卒同甘苦

吴起，战国时卫国左氏（今山东省曹县北）人。年轻时就有远大抱负，尤好军事，勤习枪棒，苦练武功，研读兵书，深谙文韬武略。常想有朝一日统率千军万马，驰骋疆场，杀敌立功，报效君王，于是不惜破费千金，访师求教，经久磨砺，具备了很高的军事素养。

有一年，齐国发重兵进攻鲁国，鲁穆公打算任命吴起为将军，但由于

吴起勤习枪棒

　　吴起的妻子是齐国人,顾虑吴起是否会全力抵抗。吴起为了实现自己的目标,不惜杀妻以表明自己的决心。鲁穆公终于下定决心任命他为大将军。他统率鲁军大败了齐军。吴起初次登上战争舞台,即指挥弱军打败强敌,以小国战胜了大国,开始显露出他杰出的军事指挥才能。但在鲁国,他却受到旧贵族势力的猜忌和排挤,难以施展才华。于是他决定投奔向往已久的魏国。

　　当时,魏国的国君魏文侯很贤明,一心想革新图强,重用著名的法家李悝等实行变法。吴起来到魏国,得到李悝的器重,便把他推荐给魏文侯说:"吴起很会用兵打仗,即使是司马穰苴再世,也不能超过他。"魏文侯惜才爱将,便召见吴起,想听听吴起的主张。吴起说:"从前治理国家的君主,必定先教诲百姓而且亲近民众;要使用他的民众,必先搞好团结而后才能发动战争。民众知道君主爱惜他们的生命,痛惜他们的死亡，再叫他们开赴战场，他们就会以前进拼命为光荣，以退却求生为耻辱。所以，圣人安定天下用道，治理国家用义，动用民众用礼，抚慰民众用仁。这四种德行，修好它，国家就振兴；废弃它，国家就衰败。"吴起治国治军的宏论，令魏文侯非常佩服。于是他亲自设宴，夫人捧酒，在祖庙里宴请吴起，任命他为大将。

有一年，吴起奉魏文侯之命，统率魏军进攻秦国，连战连捷，一举攻占秦国洛水以东的五座城池。这是魏国自对秦作战以来，从未取得过的重大胜利，使魏国声威大振。魏军之所以取胜，与吴起在改革军制、改善官兵关系和研究战略战术等方面做出的努力是分不开的。

吴起主张只有严格治理军队，军队才有战斗力。他把那些在民众中有胆量勇力的人，乐意以决战来显示忠勇的人，官吏中曾因过失丢官而又想立功报效的人，将士中曾经丢城失地而想洗刷耻辱的人选拔出来，分别编队使用。吴起爱惜和器重他们，组成军队的精锐，严肃法纪，赏罚严明；厚待他们的父母妻儿，激励他们立功受奖，极大地提高了军队的战斗力。

吴起爱兵如子，同下层士卒同衣共食，卧不设席，行不骑乘，自带军粮，分担士卒劳苦，嘘寒问疾。有个士兵身上长疮，吴起亲自用嘴把疮里的脓水吸出来，给他敷上药、包扎好。士兵们非常受感动。此事很快传开。这个士兵的母亲听说后伤心地哭着说："过去吴公就曾给我丈夫吸毒疗伤，我丈夫感激不已。伤好后他冲锋陷阵，奋勇杀敌，最后壮烈牺牲在战场上。吴公现在又亲自救我儿子，儿子为报答吴公，肯定会舍命拼杀，我不知他会死得多么壮烈啊！"

由于吴起关心下属，平等待人，廉洁正直，深得军心。加之又有政

吴起厚待士卒

治才干，治军有方，军纪严明，料敌制胜，善于用兵，所以屡建战功，成为当时著名的军事统帅。《尉缭子》记载说："吴起指挥七万军队，天下无敌。"《吴子》中记载：吴起统率魏军与其他诸侯国共进行七十六次大战，魏军获全面胜利六十四次，其余十二次不分胜负，扩充疆土千里之远，可称得上是历史上的"常胜将军"。

吴起列传

吴起者，卫人也，好用兵。尝学于曾子[1]，事鲁君。齐人
<small>吴起，卫国人，爱好兵学。曾经在曾子门下求学，事奉过鲁国国君。齐国人进</small>
攻鲁，鲁欲将吴起，吴起取齐女为妻[2]，而鲁疑之。吴起于是
<small>攻鲁国，鲁国想用吴起为将，但吴起的妻子是齐国人，受到鲁国人的怀疑。吴起想成</small>
欲就名，遂杀其妻，以明不与齐也。鲁卒以为将。将而攻齐，
<small>就功名，就杀了妻子，用以表明不事齐国。鲁国终于任用吴起为将，率兵攻齐，大败</small>
大破之。
<small>齐军。</small>

鲁人或恶吴起曰[3]："起之为人，猜忍人也[4]。其少时，
<small>鲁国有厌恨吴起的人造出舆论说："吴起，是一个疑忌残忍的人。他青年时，家里积</small>
家累千金，游仕不遂[5]，遂破其家。乡党笑之[6]，吴起杀其
<small>聚了千金之财，游历求官不成，还把家给败落了，家乡的人讥笑他，吴起一气杀死了三十多</small>
谤己者三十余人，而东出卫郭门[7]，与其母诀，啮臂而盟
<small>个说他坏话的人，然后逃到卫国东城门，与母亲告别时，咬着臂膀发誓说："我吴起做不了卿相，</small>

1　曾子：孔子学生曾参。
2　取：通"娶"。
3　恶：厌恨。
4　猜忍：疑忌残忍。
5　游仕不遂：游历求官，没有如愿。遂，实现心愿。
6　乡党：乡邻、乡亲。古代基层建制，五百家为一党，两万五千家为一乡，故乡党为乡邻之称。
7　郭门：外城的城门。

曰[1]:'起不为卿相,不复入卫。'遂事曾子。居顷之,其
就不再回卫国了。"于是投到曾子门下。过了没多久,吴起的母亲死了,他竟然没回家奔丧。

母死,起终不归。曾子薄之[2],而与起绝。起乃之鲁,学
曾子看不起他,和吴起断绝了关系。吴起就到了鲁国,改学兵法为鲁君效劳。鲁君怀疑吴起,

兵法以事鲁君。鲁君疑之,起杀妻以求将。夫鲁小国,
吴起竟然杀妻求将。鲁国是一个小国,而有打败大国的名声,诸侯国怕要联合起来对付鲁国

而有战胜之名,则诸侯图鲁矣。且鲁、卫兄弟之国也,
了。再说,鲁、卫两国是兄弟之国,鲁国重用一个卫国的杀人武夫,岂不是要开罪卫国吗?"

而君用起,则是弃卫。"鲁君疑之,谢吴起[3]。
鲁君听了这些话后,起了疑心,罢了吴起的官。

吴起于是闻魏文侯贤,欲事之。文侯问李克曰[4]:"吴起
这时,吴起听说魏文侯贤明,就去投奔魏文侯。魏文侯询问魏国大臣李克,说:"吴起是什么样

何如人哉?"李克曰:"起贪而好色,然用兵司马穰苴不能过
的人啊?"李克说:"吴起贪财又好色,但是他打仗用兵,齐国的司马穰苴也比不上他。"求贤若渴的

也。"于是魏文侯以为将,击秦,拔五城。
魏文侯任用吴起为将,攻击秦国,占夺了五座城池。

起之为将,与士卒最下者同衣食。卧不设席[4],行不骑
吴起担任将帅时,他的饮食衣着与士兵中最低一级一样。晚上睡觉不铺设垫褥而只

---

1 啮臂:古人发誓的方式之一。
2 薄之:看不起他。
3 谢:辞退。
4 李克:即魏名大夫李悝,为魏文侯相。
4 不设席:不铺设垫褥而卧草具。

乘，亲裹赢粮[1]，与士卒分劳苦。卒有病疽者[2]，起为吮之。
卧草具，走路不骑马，亲自背粮，与士兵同甘共苦。士兵中有一个长了脓疮，吴起用嘴吸
卒母闻而哭之。人曰："子卒也，而将军自吮其疽，何
疽排脓。这个士兵的母亲知道后哭了。有人说："你的儿子只是一个士兵，将军亲自为他
哭为？"母曰："非然也。往年吴公吮其父，其父战不旋
吸脓，你为什么还哭呢？"那位母亲说："事情没这么简单。往年吴将军为他父亲吸吮脓疮，
踵[3]，遂死于敌。吴公今又吮其子，妾不知其死所矣。是
他父亲作战勇往直前，就死在敌人手里。吴将军现今又吸吮我儿子的脓疮，我不知他将死
以哭之。"
在什么地方。想到这里，我禁不住哭起来。"

文侯以吴起善用兵，廉平，尽能得士心，乃以为西河守，
魏文侯认为吴起善于用兵，廉直公平，能取得全军的拥戴，于是任用他做西河地区的守将，抵抗
以拒秦、韩。
秦国和韩国。

魏文侯既卒，起事其子武侯。武侯浮西河而下，中流，
魏文侯死后，吴起事奉魏文侯的儿子魏武侯。魏武侯巡视西河，顺流而下，到了中流，回头对吴起说：
顾而谓吴起曰："美哉乎山河之固，此魏国之宝也！"起对曰：
"壮美啊，山河如此险固！这是魏国的珍宝啊！"吴起回答说："国家的稳固靠的是德政修明，而不是
"在德不在险。昔三苗氏左洞庭，右彭蠡[4]，德义不修，禹灭
山河险固。从前三苗氏在南方，左有洞庭湖，右有彭蠡湖，自恃山河险要，不修德义，结果被大禹王吞

---

1 亲裹赢粮：亲自打包，亲自背粮。
2 疽（jū）：疽疮，多生于颈、背上，不及时治疗有生命危险。
3 不旋踵：勇往直前不向后转。踵，脚后跟。
4 彭蠡：湖名，即今江西之鄱阳湖。

之。夏桀之居，左河济，右泰华，伊阙在其南，羊肠在其北，

灭了。还有夏桀王继承了夏朝的天下，左有黄河和济水的天险，右有泰山和华山的屏障，在南边有伊阙

修政不仁，汤放之。殷纣之国，左孟门，右太行，常山在其

关口，在北边有羊肠坂的险道，但他不施仁政，商汤放逐了他。殷纣王的国土，左边有孟门，右边有太行山，

北[1]，大河经其南[2]，修政不德，武王杀之。由此观之，在德不在

常山挡在北边，黄河横在南边，但他不行德政，周武王杀死了他。如果君王不行德义，恐怕现在船上的

险。若君不修德，舟中之人尽为敌国也。"武侯曰："善。"

人也会成为魏国的敌人。"魏武侯说："说得好啊！"

1　常山：即恒山，在今河北省曲阳县西北。
2　大河：即黄河。

周亚夫拜将细柳营

周亚夫，江苏沛县人，西汉名将绛侯周勃的次子。汉文帝后元六年（前158年）冬月，匈奴军臣单于发兵两路犯边，沿途掳掠。烽火告急，文帝闻警，急调三路人马往镇三边；还怕不保险，又下令拜河内太守周亚夫为将军，驻兵细柳；宗正刘礼，驻兵霸上；祝兹侯徐厉，驻兵棘门。内外戒严，缓急有备，以防匈奴。

过了数日，文帝亲自视察慰劳部队。先到霸上，然后到棘门，御驾没有事先通知都是直接驰入军营，因为文帝认为，君幸臣下，乃是恩宠有加，天子巡幸，不必事先通报。刘礼和徐厉两将军，深居帐内，直至警跸入营，才率部将出来迎接文帝，面带惊慌，似乎因没有等候远迎而局促不安，文帝虽看在眼里，但也不曾怪罪，随口抚慰几句，便即退出。两营将士，都送出营门，拜辞御驾。

文帝御驾次第来到细柳营。文帝一行远远地就看见细柳营门外的戒严情况，但见甲士森列，或持刀，或持戟，或带弓挟矢，仿佛临敌一般。文帝暗自惊奇。当即令先驱去传报，说是皇帝的御驾来到。守营门的士兵端立不动，喝声"站住"，并正色相拒道："我等只闻将军令，不闻天子诏。"传诏的只好回报文帝。文帝督促车驾来到营门，又被营兵挡住，不让进去。文帝于是取出符节交给随员，让他进营去通报。周亚夫接见来使，才传令开门。营兵将门打开，一边让车驾入营，一边嘱咐御车说："将军有约，军中不能驰驱！"文帝听说，赶紧让车驾缓

▲ 清·陈士倌《圣帝明王善端录·汉文帝》

行。到了营门里面,才看见周亚夫带着众将从容相迎,披甲佩剑,军容严整,对着文帝行礼,并不下跪,只是站着作了一个长揖,说道:"甲胄之士不拜,臣照军礼施行,请陛下勿责!"文帝没有在意,就将身子略往前倾了倾,坐在车上向周亚夫等将士致敬;并让人宣谕说:"皇帝敬劳将军。"周亚夫带着将士肃立两旁,鞠躬谢恩。文帝又亲嘱数语,然后出营。亚夫等并不送出营门,等文帝的车驾退出后,立即关闭营门,严整如初。文帝回想在霸上和棘门的情景,深深佩服周亚夫治军严整有方,不禁说道:"这才算是真将军啊!那些霸上和棘门的将士,把治军当成儿戏,如果被匈奴军队袭击,恐怕连主将也得当俘虏,怎么能像周亚夫把军队治理得这么严谨,使敌人一点空子也钻不了呢?"说罢回宫。回到宫中,还是反复称赞周亚夫治军真是太好了!

汉武帝视察军营

过了一年多,文帝得病,医治无效,竟至弥留。太子刘启在他床前侍候,文帝嘱咐后事说:"以后有什么紧要关头,周亚夫是可以依靠的人,将来有什么变故,完全可以把兵权交给他,不必犹疑。"太子（即景帝）痛哭着聆听,默记在心。景帝三年（前154年）,吴、楚等七个诸侯国以"清君侧"为名,联合起兵叛汉,形势危急,景帝焦灼万分。猛记起文帝遗言,谓天下有变,可用周亚夫为将。遂召亚夫至殿前,命他督兵讨逆,周亚夫当仁不让,以平定天下为己任。景帝大喜,立即升任周亚夫为太尉,命率三十六将军讨逆。周亚夫受命,采取打蛇先打头之法,先讨吴、楚,然后各个击破,前后不到三个月,即讨平吴、楚,继而乘胜荡平余逆,为汉朝的统一做出了重要贡献。

绛侯周勃世家

文帝之后六年[1]，匈奴大入边。乃以宗正刘礼为将军，军
<small>汉文帝后元六年，匈奴大举侵入汉朝边境。文帝就任命宗正刘礼为将军，驻扎在霸上；祝</small>
霸上；祝兹侯徐厉为将军，军棘门；以河内守亚夫为将军，军
<small>兹侯徐厉为将军，驻扎在棘门；河内郡守周亚夫为将军，驻扎在细柳，以防备匈奴入侵。有一天</small>
细柳，以备胡。上自劳军。至霸上及棘门军，直驰入，将以
<small>孝文帝亲自去慰问军队。他到霸上和棘门军营时，都是长驱直入，将领和士卒全部下马俯伏迎送</small>
下骑送迎。已而之细柳军，军士吏被甲，锐兵刃，彀弓弩，
<small>皇帝。随后到达细柳营时，只见军士披甲，刀出鞘，弓上弦，拉满弓，作战备状态。文帝的先驱</small>
持满。天子先驱至，不得入。先驱曰："天子且至！"军门都
<small>到军营门口，被挡住不让进。先驱说："皇帝就要到了！"守门的都尉说："将军有令，'军中</small>
尉曰："将军令曰'军中闻将军令，不闻天子之诏'。"居无何，
<small>只听将军的命令，不听天子的诏令'。"过了一会儿，文帝的车驾到了，又被挡住不让进。于是</small>
上至，又不得入。于是上乃使使持节诏将军："吾欲入劳军。"
<small>文帝就派使者拿着符节去通知周亚夫说："我想到军营中慰劳部队。"周亚夫这才传令打开军营</small>
亚夫乃传言开壁门。壁门士吏谓从属车骑曰："将军约，军中
<small>大门。守门的军官又对皇帝的随从车骑说："将军有规定，军营里不准放马奔跑。"于是文帝只</small>
不得驱驰。"于是天子乃按辔徐行。至营，将军亚夫持兵揖
<small>好勒紧缰绳，慢慢前行。到了军营里面，将军周亚夫拿着武器向文帝作揖说："穿着铠甲的将士</small>

---

[1] 文帝后六年：公元前158年。

清人绘《周亚夫像》

曰:"介胄之士不拜,请以军礼见。"天子为动,改容式车[1]。使
不能跪拜,请允许我以军礼拜见。"文帝深受感动,不禁肃然起敬。他派人向周亚夫致意说:"皇帝

人称谢:"皇帝敬劳将军。"成礼而去。既出军门,群臣皆惊。
向将军问好!"文帝完成了慰劳军队的仪式才离开。出了军门以后,大臣们一个个还惊魂未定。文帝说:

文帝曰:"嗟乎,此真将军矣!曩者霸上、棘门军,若儿戏耳,
"嗨,这才是真正的将军!像刚才去过的霸上和棘门,简直就是儿戏一样,那里的主将是很容易被人

其将固可袭而虏也。至于亚夫,可得而犯邪!"称善者久之。
偷袭,成为俘虏的。至于周亚夫,敌人能够侵犯他吗?"文帝就这样一直称赞了好一会。一个多月以后,

月余,三军皆罢。乃拜亚夫为中尉。
三支军队都撤了回来。文帝就提升周亚夫为中尉。

　　孝文且崩时,诫太子曰:"即有缓急,周亚夫真可任将
　　孝文帝在临死前,告诫太子说:"国家一旦出现了危险,周亚夫确实可以委任为将军带兵的。"

兵。"文帝崩,拜亚夫为车骑将军。
文帝死后,朝廷任命周亚夫为车骑将军。

---

1 式车:头伏在车前横木上,是一种敬礼姿势。

秦统一六国（明内府彩绘本《春秋五霸七雄通俗演义列国志传》插图）

斗勇故事

四则

▲ 清人绘《赵奢像》

两强相遇勇者胜

两强相遇勇者胜，阏与之战是一个典型战例。

阏（yān）与，古邑名，在今山西省和顺县西北，战国时属韩国领地。秦国攻韩，韩国求救于赵，赵王派赵奢领兵救韩，赵奢大破秦兵于阏与，史称阏与之战。此役发生在公元前270年，是战国时著名大战役之一。秦军主帅胡伤，率兵二十万，几乎全军覆没。秦军勇猛善战，吃这样的大败仗，这还是第一次。

赵奢是赵国的一个田部吏，即管理土地税收的中级官吏。赵相国平原君，依仗权势，一向不给国家纳税。轮到赵奢征税，赵奢依法杀了平原君家九个抗税滋事的管家人。平原君大怒，他把赵奢抓起来，准备杀掉解恨。赵奢趁此机会劝谏平原君，应该带头执法。赵奢说："国相大人身居百官之首，又是赵国王室贵公子，应该带头执法，国家尊严才能得到维护。如果国相不纳税，上行下效，国家法纪就要混乱，法令受损，国家削弱；国家削弱，外患就要到来，那时赵国危亡就会朝不保夕，国家危亡。国相大人岂能安享富贵？"平原君觉得赵奢说得有理，不但把他释放了，还向赵王推荐，让赵奢做了全国的征税大夫，总管财政。果然，赋税均平，民生殷富，国库充实。

征税工作，表现了赵奢的才干。

秦攻韩，阏与危急，赵国要不要出兵救韩？赵王召开了大臣会议。廉

赵奢执法无私

颇是赵国名将,执管兵权。赵王问廉颇,能不能去救韩。廉颇说:"阏与地形复杂,秦军已经占了主动,韩国打了败仗,秦军反客为主,兵锋正锐利,不可轻犯。再说,从邯郸到阏与这段路程,翻越太行山,道路崎岖,行军困难,援救非常艰难。"廉颇表示不能救。赵王又问大将乐乘,乐乘的回答,和廉颇一样。

赵国两个名将都认为不可救,赵王沉吟起来。文武百官没人讲话,气氛一时有点尴尬。赵王沉默了好一阵,抬头示意赵奢,让他发表意见。

赵奢说:"秦国虎狼之性,它的贪心永远不会满足。现在攻韩,下一个就轮到赵国了。韩、赵两国,唇齿相依,赵国不能不救。至于战争艰险,也是不可避免。从邯郸到阏与,道路险阻绵长,更增加了战争的艰难。但是,艰难困苦对秦、赵两军是一样的。在险峻狭阻的地段上打仗,就如同两只老鼠在洞中打斗,胜利属于骁勇善战的那一方。"

赵王听了很高兴,立刻决定派赵奢为大将,领兵救阏与。

赵奢对赵王说:"将在外,军令有所不受,希望大王不要干涉前线将领的指挥权。"赵王答应了。

赵奢率大军,离开邯郸三十里,只走了一天路程,就下令停止前进,并传令军中说:"有谁敢发表进军意见的人,立即处死。"

这时秦军正在攻打韩国的武安城,军营扎在武安城西边。二十万秦军进行击鼓冲杀的军事演习,呐喊声震动了武安城的屋瓦。赵军一名侦察敌情的伺候向赵奢做了报告,要求赵奢立即派兵救援武安。赵奢当众处决了这名伺候,再次下令:"加固工事防守邯郸,既然武安保不住,赵军保存实力,迎击秦军进攻赵国。"这样,赵奢在邯郸西郊停留了二十八天,每天加固工事,做出一副出固守邯郸的样子。

秦军派出的伺候,把这一切做了报告。秦将胡伤大喜,说:"我没听说赵奢这小子打过仗,看来真是胆小如鼠。他离都城三十里就停下来修工事,说明赵国害怕秦军进攻,他们扬言救援韩国,怕是做个样子,看来阏与是秦国的了。"

秦军放松了对赵军的戒备,一心攻打韩国。这时赵奢突然传下军令,整理武器,轻装速进,每人带两天干粮,日夜兼程行军。在崎岖艰险的山路上,赵军只用了两日一夜的时间就抵达阏与目的地。赵军在离秦军五十里的地方屯驻下来,紧急扎营,构筑工事。像神兵天降一般,赵军突然来到阏与,打乱了秦军的战斗计划,秦将大吃一惊。秦军匆忙出动,想趁赵军立脚未稳,杀他一个措手不及。大战迫在眉睫。

赵军中有一名士兵名叫许历,他来到中军请求赵奢接见,陈说对敌之策。赵奢传令进帐。

许历进帐,赵奢问:"壮士有何事要见本将军?"

许历说:"秦军没料到我们的军队神速推进到这里,所以他们一定会出动大军来打我一个头阵,请将军务必立即做好战斗准备,而且兵力要集中。只要赵军顶住了秦军的头一阵,秦军的士气就低落了。"

赵奢说:"你下去听候命令吧!"

许历说:"我乱了您的军令,请按军法从事。"

赵奢说:"情况变化,壮士有话尽管说出来,打完胜仗回邯郸再论处。"

许历说:"赵军已修建好临时工事,现在立即腾出手来占领北山高地,

赵奢召见许历

晚了赵军要吃亏。"

赵奢说:"好!按你的意见办。我命令你带一万人去占领北山高地,人在阵地在。"

许历答应一声"是",立刻领兵占领北山高地。赵军刚从这边山坡登上高岗,秦军已从另一面山坡进到半山腰,时间只差一步。许历长叹一声:"好险啊!"

赵军抢先一步占领高地,军心振奋,士气高昂。秦军轮番进攻来夺高地,赵军万箭齐发,打退了秦军一次又一次的进攻。山下赵军发起冲击,上下夹攻秦军,秦军支撑不住,终于溃败而逃。

赵奢马不停蹄,全线追击,秦军大败而走。阏与之困解除了,赵奢凯旋。赵王赐封赵奢为马服君。论功行赏,许历立了首功,官拜国尉,相当于总参谋长。

阏与之战,赵奢进入名将行列。当时,他在赵国与廉颇、蔺相如三人齐名,地位相等。

智慧启示

阏与之战,赵奢屯兵在邯郸西郊,修筑工事,故意向敌人表示柔弱,像一个少女那样胆小,使敌人放松戒备,洞开门户。战机一到,赵奢率兵轻装急进,就像脱逸的野兔那样快速敏捷,使敌人来不及抵挡。柔弱与刚强的转化,这是善于用兵的将领必须掌握的要领。两强相斗勇者胜,这也是赵奢的战略,敢于轻装穿越太行山,没有足够的勇气和智谋,是不敢作出这样的决策的。

廉颇蔺相如列传·赵奢

秦伐韩,军于阏与。王召廉颇而问曰:"可救不(fǒu)?"
<small>秦军攻打韩国,驻军在阏与。赵王召见廉颇询问,说:"可以援救吗?"回答说:"道路遥</small>

对曰:"道远险狭,难救。"又召乐乘而问焉[1],乐乘对如廉颇
<small>远、险峻、狭窄,难救啊!"赵王又召见乐乘询问,乐乘回答同廉颇一样。赵王又召问赵奢,赵奢</small>

言。又召问赵奢,奢对曰:"其道远险狭,譬之犹两鼠斗于穴
<small>回答说:"道路遥远、险峻、狭窄,正如两鼠在洞穴中相斗,将领勇敢的一方取得胜利。"赵王任</small>

正如两鼠在洞中相斗。

赵奢对答赵王

---

[1] 乐乘:燕将乐毅的后人,廉颇破燕军于鄗,擒栗腹、乐乘。乐乘留赵,赵封之为武襄君。

中，将勇者胜。"王乃令赵奢将，救之。
命赵奢为将，前去救援韩国。

兵去邯郸三十里[1]，而令军中曰："有以军事谏者死！"
赵奢领兵离开邯郸才三十里，他就下令给全军说："有人敢对军事论长道短的，处死！"

秦军军武安西[2]，秦军鼓噪勒兵[3]，武安屋瓦尽振[4]。军中候有
秦军驻扎在武安城西边。秦军击鼓呐喊，操练士兵，武安城中房屋上的瓦片都给震动了。赵

一人言急救武安[5]，赵奢立斩之。坚壁[6]，留二十八日不行，
军中一个侦察敌情的人建议速救武安，赵奢立即处死了他。赵军坚守营垒，二十八天不进军，

复益增垒[7]。秦间来入[8]，赵奢善食而遣之[9]。间以报秦将，秦
只是一再加强工事。秦国的间谍混了进来，赵奢用好酒菜款待后放他回去。间谍把这些情况

将大喜，曰："夫去国三十里而军不行[10]，乃增垒，阏与非
报告给秦军将领，秦将非常高兴，说："赵军开出国都三十里就停下来不前进，还加强工事，

赵地也。"赵奢既已遣秦间，乃卷甲而趋之，二日一夜至，
阏与不会是赵国的地方了。"赵奢送走秦国间谍后，立即卸去铁甲，轻装行军，两天一夜赶

令善射者去阏与五十里而军。军垒成，秦人闻之，悉甲而
到了前线，命令好射手到距离秦军五十里的地方驻守。等到军垒阵地构筑起来，秦军才得到

1 兵去邯郸三十里：大军离开邯郸三十里。去，离开。邯郸，赵国都，在今河北省邯郸市西南。
2 军武安西：驻军在武安西。武安，赵邑，在今河北省武安市西南。
3 鼓噪勒兵：击鼓呼喊，进行操练。
4 振：同"震"。
5 候：侦察敌情的军吏。
6 坚壁：坚守营垒。
7 复益增垒：又增筑营垒，表示久驻之意。
8 间：间谍。入，指入赵国阵地。
9 善食（sì）而遣之：故意用好酒好菜款待后遣送他回去。
10 国：国都。

至。军士许历请以军事谏,赵奢曰:"内之[1]!"许历曰:
消息,全军来攻。有一个军士许历请求对用兵进言,赵奢说:"让他进来。"许历说:

"秦人不意赵师至此,其来气盛,将军必厚集其阵以待之。
"秦军没料到赵军这么快赶到这里,他们的士兵气势很盛,将军要集中兵力在正面

不然,必败。"赵奢曰:"请受令[2]!"许历曰:"请就铁质之
防御,不然,一定会失败。"赵奢说:"接受你的建议。"许历说:"请杀头吧。"

诛[3]!"赵奢曰:"胥后令邯郸[4]。"许历复请谏曰:"先据北
赵奢说:"回邯郸再处置吧。"许历请求再提一个建议,说:"先抢占北山高地的

山上者胜,后至者败。"赵奢许诺,即发万人趋之。秦兵
获得胜利,后到的失败。"赵奢答应,立即派遣万人去抢占北山。秦兵后到,争夺

后至,争山不得上,赵奢纵兵击之,大破秦军。秦军解而
北山上不去,赵奢指挥军队出击,把秦军打得大败。秦军撤围逃走,赵奢解了阏与

走[5],遂解阏与之围而归。
之围,班师回朝。

赵惠文王赐奢号为马服君,以许历为国尉[6]。赵奢于是与廉
赵惠文王封赵奢为马服君,提升许历做国尉。赵奢于是与廉颇、蔺相如的地

颇、蔺相如同位。
位相等。

---

1 内:同"纳"。
2 请受令:愿接受建议。
3 铁质:即斧质,腰斩刑具。
4 胥后令邯郸:此句意为如何处置,要等待邯郸赵王的命令。胥,等待。
5 解:溃散瓦解。
6 国尉:仅次于将军的军官。

纸上谈兵赵括丧师

　　秦、赵长平之战，是战国后期两国的一次主力大决战，也是战国时代一场最大的战略决战，双方动员的军队一百多万。这场大战爆发在秦昭王四十七年（前260年），决战从四月到九月，历时半年。秦军征发年满十五岁的男子，全部上战场，进行了全国总动员，集中了全国的力量，兵员人数多于赵国兵卒至少六七十万。赵国战败，前后战死及被俘总计四十五万人。秦军俘虏了数十万赵军，没有粮饷，又不敢放还，全部活埋，造成了空前的人间惨剧。长平之战，无论从规模，还是惨痛的结局，在中外战争史上都是一场奇观。

　　秦赵长平决战，两国拼了全力，秦国总动员，在斗勇的气势上超过了赵国。赵括也是一员勇将，亲自搏战，拼死抗秦，虽然失败，也使秦军付出了沉重代价，所以秦将白起不敢收降赵卒，用诡计全部坑杀。秦军一向以斗勇而称雄诸侯，但斗勇也要有智计。秦将白起足智多谋，而赵将赵括却是纸上谈兵，不会用计，一味逞勇，所以失败。两军相遇勇者胜，而胜方不仅勇猛有余，智计亦有余。斗勇与智计，相辅相成。赵奢阏与败秦，不仅斗勇，也是斗智。长平大战，恰好颠倒了过来，秦将有勇有谋，赵将有勇无谋，所以全军覆没。白起全歼赵军四十余万，这气势，这战略决策，表明了他是一个大勇大智的将领，而赵括相比之下，则是纸上谈兵使赵国丧师。

　　请看长平之战的过程。

大战爆发之初，秦军主帅叫王龁（hé），赵军主帅是廉颇。廉颇是名闻诸侯的善战将军，他没有打过败仗。王龁也是秦国名将，很会打仗，但他不是廉颇的对手。不过，秦军总体力量强于赵军，又是打败韩国乘胜进攻赵国，士气正旺。赵军弱于秦军，但是在内线作战，也就是赵军在本国境内作战，先守有利地势，粮草供应线近，不怕打持久战。双方形势，秦军奋勇进攻，利在速决；赵军坚守阵地，利在持久。

长平，在今山西省高平市西北，原属韩国上党地区。秦国攻韩，韩国割让上党地区与秦国讲和，但韩国上党军民不愿属秦，他们向赵国投降，要求赵国发兵救援。赵王派廉颇出兵救韩，进驻上党地区，与秦军相遇于长平。双方初战，赵军不利，损失了几员大将，丢了两座城邑。廉颇避开秦军锋芒，制定了坚壁固守、疲惫秦军的战略，等待秦军的进攻。廉颇坚守营寨四十六天，拒不出战。秦军王龁拿不出破赵的办法。

秦、赵两军在长平相持不下，双方的国王十分关注这场战争，都在国内做了最大的动员，秦王和赵王主持大臣会议，重新部署统帅。秦王决定召回王龁，起用白起。为了迷惑赵军，仍由王龁暂时在前线挂帅，等到赵军换将以后，决战时派白起到第一线。秦王同时展开外交活动，在国际上孤立赵国，阻止齐、楚、魏援助赵国。秦国重点拉拢齐国。另外派出大批间谍到赵国活动，用重金收买赵王宠臣郭开，施行反间计，散布流言，说廉颇胆怯，害怕秦军，不敢出战。秦军最怕赵将马服君赵奢之子赵括为将，如果赵括为将，秦军就得考虑撤退了。

赵王听信郭开和流言，心里乱了主意，连续不断下令要廉颇立即出兵与秦军决战。身为老将、精通兵法的廉颇认为过早决战对赵军不利，将在外，君命有所不受，拒绝了赵王的决战令，仍坚壁不出。这更引起了赵王

赵王任用赵括

疑心。赵王召开大臣会议,决定用赵括代替廉颇。国相蔺相如表示反对,他说:"大王仅凭虚名而用赵括,恐怕要坏大事。赵括这个人,只会读死书,嘴上有一套,实际上不懂得变通。"赵王不听,坚持用赵括为将。

赵括的父亲赵奢是一员著名战将,在阏与之战中他大败秦军,名震诸侯。赵括从小熟读兵书,赵奢都辩论不过他。赵奢临终对赵括母亲说:"战争是关系国家存亡、个人生死的大事,打仗要非常慎重。赵括看得很容易,只懂得纸上谈兵。赵国不用他为将是好事,一旦用他为将,国家就要遭殃,你认真记着。"

赵括母亲牢记赵奢的话,她给赵王上书说:"赵括不宜做将军。"

赵王说:"有什么道理?"

赵括母亲说:"赵括父亲做大将军,虚心学习,他尊敬为老师的有几十人,他待为朋友的有几百人。国君及贵族赏赐的财物,他分毫不取,全都分给士卒。每次出征,从接到命令的那一天起,不再过问家事。赵括却不同。他当了大将军,高高在上看不起人,天天应酬不问军事,喜欢听奉承话,脱离将士。国君及贵族赏赐的钱财,全部据为己有,他还嫌不够,放高利贷,买田宅什物。父子两人,作风竟是这样的不同,没有一样赶得上父亲,由此看出不宜做大将军。"

赵王说:"你说的都是生活问题,不足以证明赵括不会用兵。再说,命令已经下达,我不打算更改。"

赵括母亲说:"大王一定要用赵括,万一不称职,请不要连累老身。"赵王答应下来。

赵母劝阻赵王

赵括取代廉颇，立即改变全盘战略，变更部署，调动军队，靠近秦军打阵地战。秦王得知消息，非常高兴，秘密派遣白起到前线取代王龁。但白起并不露面，一切计谋和命令，都通过王龁下达。

两军对战，临阵换将，犯兵家大忌。秦军换了一位智谋将军，老将王龁仍留在军中起稳定作用，对外起迷惑作用。赵军撤了智勇双全的廉颇，换了一个吹牛皮的青年将领赵括。两相对照，赵军气势已削弱。

赵军缺粮，向齐国借米，齐国拒绝。没有外援，影响了赵国军队的士气。

秦将白起利用赵括轻躁冒进，没有实战经验的弱点，制定了一个周密的引蛇出洞的奇计，集中兵力，分割赵军，一部分一部分蚕食。计议已定。秦军挑战，赵括出阵厮杀。秦军大战很长时间才逐步后撤，表现出力战不支的样子。赵括身先士卒追击，秦军且战且退，引诱赵军出营二十余里。这时，白起在半道预先埋伏的两支骑兵，有二万五千人从左右两翼杀出，将赵军拦腰切断，一分为二。赵括被秦军分割包围在野地上，失去坚固营垒的依托，没有粮饷的接济，坐以待毙。秦军只作包围，不向赵军进攻。过了十几天，赵军一粒粮食也没有，战马也被杀光，已经到了人吃人的地步。赵括亲自披挂上阵，组织突围，轮番十几次冲锋肉搏，也没有杀开一条血路。赵括战死，全军无主，四散奔逃。秦军早在四处布下陷坑，几十万赵军全都当了俘虏。秦将白起从赵军中选出二百四十个年岁不满十五岁的少年，把他们放了回国报信，被俘的四十五万赵军，全部活埋。一场悲壮的长平之战，就这样结束了。

赵括的母亲因有言在先，赵王没有处罚她。

白起王翦列传·长平之战

四十六年,秦攻韩缑氏、蔺[1],拔之。
<small>秦昭王四十六年(前261年),秦兵攻打韩国的缑氏、蔺城,攻下了两城。</small>

四十七年,秦使左庶长王龁攻韩,取上党。上党民走赵。赵军长平[2],以按据上党民。四月,龁因攻赵。赵使廉颇
<small>四十七年,秦国又派左庶长王龁攻韩,夺取上党。上党的百姓逃往赵国,赵国进兵长平,以安抚上党百姓。四月,王龁因而移兵攻赵,赵国派老将廉颇为将迎敌。赵军进</small>

将。赵军士卒犯秦斥兵[3],秦斥兵斩赵裨将茄。六月,陷赵军,取二鄣四尉。七月,赵军筑垒壁而守之。秦又攻其垒,取
<small>攻秦军的先头哨队,秦军哨队斩杀了赵军副将茄。六月,秦军打败赵军,攻陷两处前哨阵地,俘虏了四名校尉官。七月,赵军构筑营垒坚守,秦军攻坚,又俘虏了两名校尉,</small>

二尉,败其阵,夺西垒壁。廉颇坚壁以待秦,秦数挑战,赵
<small>突破赵军阵地,夺取了西翼营垒。廉颇坚持固守阵地,不与秦兵交战,以等待战机。赵</small>

兵不出。赵王数以为让。而秦相应侯又使人行千金于赵为反
<small>王多次派使者斥责廉颇胆怯。秦国丞相范雎派出间谍带了万两黄金到赵国进行离间,说:</small>

间,曰:"秦之所恶,独畏马服子赵括将耳,廉颇易与,且降
<small>"秦国讨厌的赵将,只有马服君赵奢的儿子赵括,廉颇容易对付,而且快要投降了。"</small>

矣。"赵王既怒廉颇军多失亡,军数败,又反坚壁不敢战,而
<small>赵王已经怨恨廉颇丧失了许多军队,吃了几次败仗,更不同意他坚壁不战,又听了秦国</small>

---

1 缑(gōu)氏:在今河南省洛阳市偃师区师东南。蔺:韩邑之蔺,当临近缑氏。
2 长平:在山西高平西北。
3 斥兵:前哨巡兵。

秦国令士兵不得泄密统兵者

又闻秦反间之言，因使赵括代廉颇将以击秦。秦闻马服子将，
<small>离间的坏话，就派赵括去替换廉颇抗击秦军。秦王得知任用赵括为将，于是暗中派白起</small>

乃阴使武安君白起为上将军，而王龁为尉裨将[1]，令军中有敢泄
<small>为主将，王龁为副将。下令军中说，谁敢泄露白起为将处以死刑。赵括到了军中，立即</small>

武安君将者斩。赵括至，则出兵击秦军。秦军佯败而走，张
<small>率军出击。秦军佯败撤退，展开两翼奇兵拦腰截击。赵军追击秦军夺取战利品，直到秦</small>

二奇兵以劫之。赵军逐胜，追造秦壁。壁坚拒不得入，而秦
<small>军的坚固阵地前。秦军营垒坚不可克，这时秦军预先埋伏的一支二万五千奇兵切断了赵</small>

1　裨将：副将。

兵二万五千人绝赵军后[1]，又一军五千骑绝赵壁间[2]，赵军分而为

军的退路，另一支五千骑兵围困了赵兵营垒，将赵国军队分割为两部分。赵军的粮道也

二，粮道绝。而秦出轻兵击之。赵战不利，因筑壁坚守，以

被断绝。秦军再派出小分队袭扰赵军。赵军出战不利，筑垒坚守，等待救兵。秦王得知

待救至。秦王闻赵食道绝，王自之河内，赐民爵各一级，发

赵军断了粮饷，亲自到了河内，赏赐百姓一级爵位，征发年满十五岁以上的男子全部出

年十五以上悉诣长平，遮绝赵救及粮食。

征到长平包围赵军，阻击赵国救兵及粮食。

至九月，赵卒不得食四十六日，皆内阴相杀食。来攻秦

到了九月，赵军断粮四十六天，自相残杀而食。赵括突围攻击秦军营垒，想

垒，欲出。为四队，四五复之[3]，不能出。其将军赵括出锐卒

冲出包围。赵兵分为四个梯队，轮流冲击四五次，始终不能突围。赵括亲自带领精

自搏战，秦军射杀赵括。括军败，卒四十万人降武安君。武

兵猛冲，被秦兵射死。赵军大败，四十万士兵投降秦军。武安君白起与诸将商议说：

安君计曰："前秦已拔上党，上党民不乐为秦而归赵。赵卒

"早先秦军攻下了上党，上党百姓不乐意为秦民而投归了赵国。赵国士兵反复无常，

反覆，非尽杀之，恐为乱。"乃挟诈而尽坑杀之，遗其小者

不把他们杀绝，恐为后患。"于是用诡诈之计全部活埋了赵国士兵，只留下小青

二百四十人归赵。前后斩首虏四十五万人。赵人大震。

年二百四十人遣送回赵国报信。前后斩杀俘虏赵军共四十五万人。赵国十分惊恐。

---

1 绝赵军后：切断赵军的退路。
2 绝赵壁间：把赵军的营垒包围起来，切断与外间的联系。
3 四五复之：轮番突围了四五次。

王翦益兵灭楚

秦王政统一六国，灭楚之战，是一次实力较量的斗勇大战，两国拼了全力。秦将王翦，要求开始进攻就要大规模投入兵力，非要增兵到六十万人不可，差不多集中了秦国的全部兵力，楚国也是做最后的抗战，其战斗之激烈可以想象。持续一年，规模之大，亦可想见。此战最关键的问题，是秦王政多疑，王翦用了心计，消除了秦王对自己的猜疑心理，全力支持自己，给这场战争增添了戏剧性。

灭楚之战发生在秦王政二十三年（前223年）。早在前两年，秦王就派王翦之子王贲开展了对楚国的进攻。楚国在战国七雄中是最大的国家，占有整个长江及淮河以南广大土地。当秦发动灭楚战争之时，楚国已遭到很大的削弱，丧失了全部西部国土，但仍据有长江中、下游及淮南广大土地，可以集中兵力数十万人，要彻底灭亡楚国，还是不容易的。所以秦王问王翦需要多少兵力时，王翦回答说："非六十万兵不可。"这是一个巨大的数字。当时秦国处于全民皆兵的战时状态，可以集中兵力一百余万人。秦国已攻灭韩、赵、魏三国，又攻占燕国大部分国土，驻防新占领地分散了部分兵力，赵国还有残余势力代王赵嘉在今山西北部顽抗，燕国也处于敌对状态，又分散了一部分秦兵。因此，王翦提出动员六十万兵力，几乎是把秦国本土的军队全部集中了。后勤供应也相当庞大，整个要动员一百多万人。秦王心中震惊，很不高兴。当青年将军李信说只需二十万兵力时，秦王很高兴。王翦知道李信准要打败仗，他不能坐观成败以使秦王震怒，于是请病假回乡，表示已离开了朝堂，不问国事，免得秦王猜疑。

李信是秦国的一员青年勇将，敢于深入作战，曾率领几千人马追击燕太子丹一千余里，直到大获全胜为止，很得秦王赏识。但李信毕竟缺乏政治经验，他不了解楚国的顽强，也不了解楚国有名将项燕。二十万秦军，与楚军对抗数量不占优，项燕诱敌深入，逼迫李信拉长战线，伺机反攻，结果大败秦军。秦军攻打六国，没有吃过这样的败仗，听到这个消息，秦王大为震怒，决定重新起用王翦。

王翦还是请兵六十万，他主张集中优势兵力打歼灭战，必须挫败项燕军才能打败楚国。集中这么多军队，要解除秦王的猜忌，必须巧妙地表达自己的忠诚与必胜的把握，争取秦王的全力支持，中途不能发生动摇。于是王翦对秦王展开了政治攻心战。他倚老卖老，撒娇似的向秦王要良田美宅，表示亲近，表示长远替子孙考虑，显得老态、贪心，看重钱财，没有政治野心。对于灭人之国的大将，立功不封侯也定有重赏，区区良田美宅又算什么？所以秦王嘲笑王翦说："将军还担心贫困吗？"王翦回答得很妙："我得趁机多捞一把。"秦王哈哈大笑，王翦却不笑，认真地一个劲向秦王讨要。王翦此举是故意自污，表明心迹，打完仗就告老享福，于是秦王放心了。

王翦灭楚，同时展开了两条战线。对秦王展开政治战，对楚国展开军事战。王翦老谋深算，不与楚军交战，养精蓄锐，周密准备，等待战机，抓住楚军东撤时猛烈追击，就如同项燕猛烈追击李信一样，在运动战中消灭对方，充分发挥了秦军之长，攻楚军之短，大获全胜。当时秦强楚弱，王翦集中六十万人，数量和质量上都压倒了楚军。一般情况，秦军远征，利在速决；楚军守国，利在持久。由于秦国已获广袤土地，有持久能

王翦向秦王讨要封赏

力,楚国则经不起久拖,所以急于挑战。项燕挑战不成,收缩战线,诱秦兵深入,如同打击李信一样。项燕之计被王翦识破,于是蓄势待发,将计就计,以逸待劳不停顿追击楚军,一鼓作气打了大胜仗。

灭楚战争是秦灭六国中的最大战役,双方动员一百多万人。这是一场大规模战略决战。王翦不仅兵力占优势,策谋也占优势。此战类似春秋时齐鲁长勺之战,鲁军等齐兵三次冲锋后才发起反击,以士兵一鼓之盛气,对抗敌方的三鼓之后的衰气,因此一举获胜。王翦坚壁不战,待楚军多次挑战而引退之时,选精锐一鼓作气追击,打败项燕,项燕自杀,楚军瓦解。

王翦大获全胜之后,还用了一年多时间才平定了楚国。楚军也是够顽强的!

▲ 明人绘《王翦像》

白起王翦列传·王翦

王翦者[1]，频阳东乡人也，少而好兵，事秦始皇……

<small>王翦，频阳县东乡人，青年时喜欢学兵法，为秦始皇的大将……</small>

秦始皇既灭三晋，走燕王，而数破荆师。秦将李信者，年少壮勇，尝以兵数千逐燕太子丹至于衍水中，卒破得丹，始皇以为贤勇。于是始皇问李信："吾欲攻取荆，于将军度用几何人而足？"李信曰："不过用二十万人。"始皇问王翦，王翦曰："非六十万人不可。"始皇曰："王将军老矣，何怯也！李将军果势壮勇，其言是也。"遂使李信及蒙恬将二十万南伐荆。王翦言不用，因谢病，归老于频阳。李信攻平舆，蒙恬攻寝，大破荆军。信又攻鄢郢，破之，于是引兵而西，与蒙

<small>秦始皇灭掉韩、赵、魏后，追逐燕王，而多次打败楚军。秦将李信，年少壮勇，曾经用数千人的军队追燕太子丹于衍水中，终于打败燕军，俘虏了燕太子丹，秦始皇认为他英勇贤能。于是秦始皇问李信："我想攻取楚地，你估量用多少兵力能够？"李信说："不超过二十万人。"秦始皇问王翦，王翦说："非六十万人不可。"秦始皇说："王将军老了，为何这般胆怯！李将军果然壮勇，他的意见是正确的。"于是令李信、蒙恬率二十万人南伐楚。王翦见自己的话没有被采用，于是告病退职，回家乡频阳养老。李信攻克平舆，蒙恬攻占寝地，大破楚军。李信又攻克鄢郢，于是率部西行，准备与蒙恬会师于城父。</small>

---

[1] 王翦：秦始皇时著名秦将。王翦与其子王贲，在辅助秦始皇统一六国的战争中立有大功，除韩国外，其余五国均为王翦父子所灭。

恬会城父。荆人因随之,三日三夜不顿舍,大破李信军,入
_{楚军尾随追击,三日三夜不停歇。大破李信军,攻入两座营盘,斩杀了七个都}
两壁,杀七都尉,秦军走。
_{尉,秦军败走。}

　　始皇闻之,大怒,自驰如频阳,见谢王翦曰:"寡人以不
_{秦始皇听到消息,十分震怒,亲自策马到频阳,向王翦致歉说:"我没采纳将}
用将军计,李信果辱秦军。今闻荆兵日进而西,将军虽病,
_{军的建议,李信果然辱没了秦军。现在得到报告,楚国军队天天向西推进,将军虽然}
独忍弃寡人乎!"王翦谢曰:"老臣疲病悖乱[1],唯大王更择贤
_{有病,能忍心抛弃我吗?"王翦推辞说:"老臣因病昏聩,不能听命,请大王另选贤将。"}
将。"始皇谢曰:"已矣,将军勿复言!"王翦曰:"大王必不
_{秦始皇再次致歉说:"算了吧,将军不要再推辞了。"王翦说:"大王一定要用我的}
得已用臣,非六十万人不可。"始皇曰:"为听将军计耳。"于
_{话,非六十万人不可。"秦始皇说:"全听将军的好了。"于是王翦率兵六十万人出}
是王翦将兵六十万人,始皇自送至灞上[2]。王翦行,请美田宅园
_{发,秦始皇亲自送到灞上。王翦离开时,请求赐予众多美好的田宅园池。秦始皇说:}
池甚众。始皇曰:"将军行矣,何忧贫乎?"王翦曰:"为大王
_{"将军尽管出征,难道还担忧贫困吗?"王翦说:"给大王效力,立国终究得不到封}
将,有功终不得封侯,故及大王之向臣[3],臣亦及时以请园池为
_{侯,趁大王还用得着老臣的时候,臣也不失时机多讨几处园池给子孙留点家业罢了。"}

1　疲病悖乱:疲弱多病,狂暴昏乱。
2　灞上:地名,在西安市东。
3　大王之向臣:趁大王亲近臣之时。

子孙业耳。"始皇大笑。王翦既至关，使使还请善田者五辈。
秦始皇大笑。王翦到达武关，还不断派出五批使者向秦始皇讨要田宅。有人说："将

或曰："将军之乞贷[1]，亦已甚矣。"王翦曰："不然。夫秦王怚
军的要求，太过分了吧！"王翦说："不是的。秦王暴躁而又疑心重，现在把秦国所

而不信人[2]。今空秦国甲士而专委于我，我不多请田宅为子孙业
有的军队都交给我，我如果不多要求些土地、房产作为子孙的家业巩固自己的地位，

以自坚，顾令秦王坐而疑我邪？"
怎么能消除秦王的猜疑心呢？"

　　王翦果代李信击荆。荆闻王翦益军而来，乃悉国中兵以拒
王翦接替李信讨伐楚国。楚国得知王翦率领强大的援兵来战，于是也集中了全国的

王翦和士兵一起下河洗澡

1　乞贷：要求。
2　怚：同"粗"，粗暴。

秦。王翦至，坚壁而守之，不肯战。荆兵数出挑战，终不出。
兵力来抗拒秦兵。王翦到达后，构筑坚固的阵地营垒，不肯出战。楚军多次挑战，始终

王翦日休士洗沐，而善饮食抚循之，亲与士卒同食。久之，王
闭营不出。王翦天天令士兵休息洗沐，又改善生活安抚全军，亲自与士兵同吃一样的饭。

翦使人问军中戏乎？对曰："方投石超距[1]。"于是王翦曰："士
过了一段时间，王翦派人询问军中开展活动吗？回答说："正在投石，跳远。"于是王

卒可用矣。"荆数挑战而秦不出，乃引而东[2]。翦因举兵追之，令
翦说："士兵可打仗了。"楚军多次挑战秦兵不出，于是向东撤退。王翦乘机发起追击，

壮士击，大破荆军。至蕲南，杀其将军项燕，荆兵遂败走。
挑选精壮的士兵勇猛攻击，大破楚军，一直追到蕲县以南，斩杀楚将项燕。楚军全线败逃。

秦因乘胜略定荆地城邑。岁余，虏荆王负刍，竟平荆地为郡
秦军乘胜扩大战果，攻取楚国城邑。一年后，俘获了楚王负刍，完全平定楚地为郡县。接着，

县。因南征百越之君。
又南征百越之君。

---

1 投石超距：投掷石头，跳远比赛。这些游戏是练武活动，表示士兵的临战意识，故曰"可用"。
2 乃引而东：指楚军向东撤退。

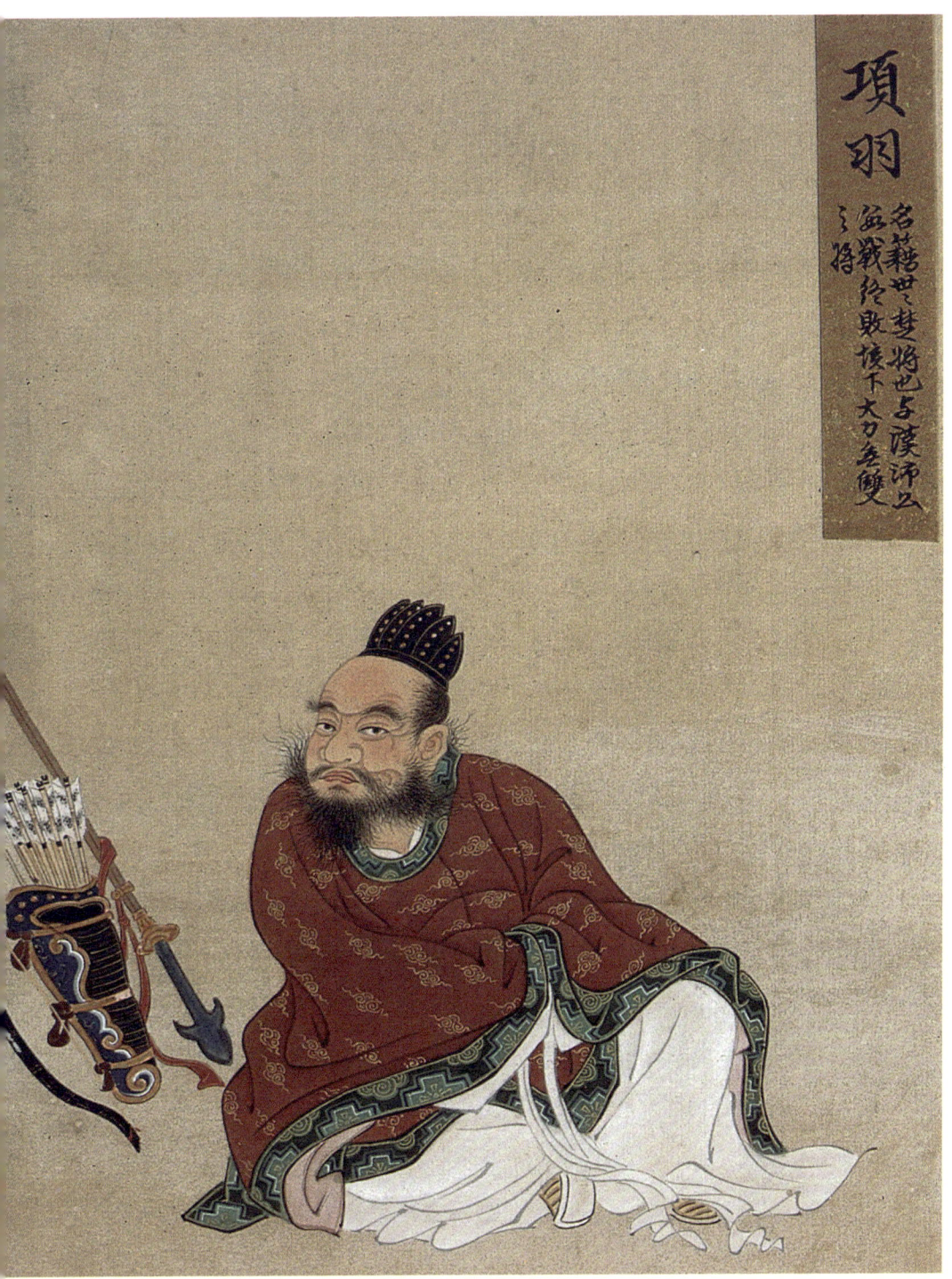

清·佚名《中国名人像·项羽》

破釜沉舟项羽建奇功

破釜沉舟的故事，讲的就是秦末巨鹿大战，项羽以他的无比神勇和必死决心，以少击众，打败了强横的秦军，奠定了灭秦的基础。

巨鹿大战，发生在公元前207年十月。交战的双方，一方是秦军，另一方是以楚为盟主的诸侯之军，也就是秦末农民起义军。巨鹿，秦朝的一个郡名，郡城就在巨鹿县（在今河北平乡县西）。秦朝末年，巨鹿是一个军事重镇。秦将章邯率领的秦军有五十多万，楚将项羽率领的楚军及诸侯之军有四十万。因此，这一战役，是近一百万人的大会战，前后进行七个多月，在中国军事史上也是少见的大战役。决战前夕，项羽率军渡过漳河，过河后把饭锅打破，把渡船凿沉，激励将士勇往直前，不打胜仗决不生还，这一壮烈行动，惊天地，泣鬼神，表现了秦末起义军拼死战斗的勇猛精神。这一精神产生了一个成语，叫"破釜沉舟"，比喻干一件事，要下定决心，不顾一切干到底的意思。釜，就是古代的饭锅。

公元前207年九月，秦将章邯在定陶击杀项梁，使河南起义军遭受沉重打击，转入低潮。章邯认为河南局势已定，率军二十余万转到河北作战。河北的赵国最强。章邯命令驻屯长城的三十万秦军由王离率领南下增援，两路秦军合围赵军于巨鹿。如果赵军被打败，秦军将取得全胜，秦末大起义将会受到彻底的打击。因此各地反秦的诸侯之军也会聚于巨鹿，联合抗击秦军。

项梁是项羽的叔父。叔侄俩是战国末年楚将项燕的后裔，项燕在秦

项羽军队打破饭锅

灭楚的战争中兵败被杀。项梁、项羽遭到秦朝的通缉,他们流亡到吴中避难。秦末起兵,打着陈胜王的旗号渡过长江北上。陈胜死后,项梁立楚国怀王之孙熊心为楚王,仍然用楚怀王作号召,军政大权决于项梁之手。楚军是河南各支起义军的中坚力量。

项梁死后,转战山东、河南的各支楚军收缩会合在彭城,楚怀王熊心夺取了军事领导权。楚怀王分兵两路,大将宋义率领主力北上救赵,称河北之军;由沛公刘邦率领支军在河南作战,策应河北,称河南之军。楚怀王与诸将约,谁先入关灭秦,谁就做关中秦王。

项羽有国难家仇,极端仇视秦朝,他向楚怀王要求在河南作战,西向灭秦。楚怀王不同意,让他做宋义的副将北上。这一安排,显然是压制项羽,不让项羽独当一面。楚怀王的目的是摆脱项羽对他的控制。项羽对此很不满意。

宋义是一介书生,他率领大军北上,害怕与秦军作战,不敢渡过黄河,把军队屯驻在安阳(在今山东省曹县东),滞留四十六日不进。当时天寒大雨,士卒冻饥。项羽建议立即进兵河北,与被围的赵军里应外合击破秦军,解赵国之围,同时也使自己的部队在赵国取得给养。宋义既害怕秦军,又想保存实力以图割据,他当然不会听项羽的建议,反而下令说:"像猛虎一样的勇猛,像公羊一般的顽强,像狼一般的贪婪,而不听号令的杀无赦。"宋义的命令,句句对着项羽。宋义还当面挖苦项羽说:"冲锋陷阵,我不如你;运筹帷幄,你不如我。秦赵相斗,我们坐观成败,可以收渔人之利。"

宋义挖苦项羽

项羽忍无可忍，决定排除宋义这块北上救赵的绊脚石。一天清晨，他进中军帐参见宋义，趁机砍了宋义的头，大义凛然地向全军宣布："宋义阴谋割据反楚，不北上救赵，还说什么坐收渔人之利，强大的秦军攻击新建的赵国，赵国哪能抵挡秦军？我奉楚怀王的手谕把宋义处死，立即北上。"全军欢呼，众将军说："拥立楚怀王本来是项家将军，现在你处死叛将是完全应该的。"于是众将推举项羽为全军统帅。

从此，楚军主力就牢牢掌握在项羽手中。

项羽杀了宋义，威名震动全军，楚怀王也只好任命项羽为上将军。项羽号令全军："我们现在应该做的事，就是合力攻秦，到赵国那里取得食粮。"他挥师前进，渡过黄河，进抵漳河南岸，与围困赵国的秦军隔岸相持。由于秦军势大，把赵军团团围困在巨鹿城中。诸侯救赵的各路大军在巨鹿城外，驻扎了十几座营盘，坚壁自守，谁也不敢与秦军交战。赵国危在旦夕。项羽召来先锋猛将黥布，让他率领两万精兵渡过漳河，逼退秦兵，建立了滩头阵地。接着，项羽率领全军渡河，凿破渡船，打碎炊具，烧掉营盘，自己切断了归路，向全军显示如不战胜，只有死路一条，使每一个战士都断了后退之心，人人奋勇，个个争先。楚军以高昂的战斗意志投入了战斗，向秦军发起总攻，士卒们无不以一当十，喊声震天动地。项羽一日九战，九战全胜，杀了秦将苏角，俘虏了王离，另一秦将涉间自杀。精锐的秦朝长城军，一天之内急剧崩溃。

秦、楚两军大战，诸侯之军都在营寨中作旁观，不敢投入战斗，真是人人恐怖，惊骇万分。项羽大破秦军之后，召见各诸侯将领。诸侯将领进了辕门，都跪倒在地，膝行向前，不敢抬头仰望。项羽被公推为盟主，所有诸侯之军都归项羽指挥，有四十万人之多。

秦军章邯还保存有实力，驻守在漳水北岸棘原，继续顽抗。章邯军还有二十余万，是秦军精锐，加上章邯又足智多谋，项羽虽然数量上占有优势，仍不能一口吞掉秦军。两军相持半年多，还没有决出胜负。项羽召开军事会议，与各诸侯将商议对策。赵将陈馀献计，欲要速胜，只有智取，不可力敌。这时传来河南之军的消息，刘邦已胜利进逼武关。项羽要争取时间先入关中，他采纳了陈馀的劝降之计，决定与秦军和谈。

陈馀写信给章邯，说："秦朝皇帝忌刻功臣，秦昭王杀了白起，秦二世杀了蒙恬。现在将军立功太多，已经声震秦朝皇帝，还有赵高嫉贤妒能，早就恨上将军。将军即使打了胜仗也没好下场。再说，天下的人都恨透了秦朝，全国起义如火如荼，无论聪明人还是愚笨的人，都知道秦朝早晚要灭亡，将军何苦为虎作伥，与天下人为敌，做无益的牺牲。我替将军考虑，与诸侯联合，共同灭秦，还可以做一个诸侯王。"

章邯读了陈馀的书信，狐疑不决。这时副将司马欣从咸阳回来，流着眼泪向章邯报告。原来司马欣到咸阳请求援军，奸臣赵高不让司马欣见秦二世，不让秦军战败的消息传进宫中。又听说，秦二世责备赵高，赵高为了推脱责任，正在找借口召回章邯，把失败的责任全推在章邯身上，舍车保帅。司马欣是逃出咸阳从小路赶回军中的。章邯到了前进不能、后退不得的绝境。项羽为了加快和谈，软硬兼施，发动了几次进攻，打得秦军连连后退。双方经过讨价还价，章邯在河南安阳殷墟地方向项羽投降。项羽答应，入关后让章邯和两个副将司马欣、董翳三人瓜分关中为秦王。

章邯投降，标志着巨鹿之战的结束，秦军主力全部瓦解，实际象征秦国灭亡——时间是公元前206年七月。从公元前207年十二月巨鹿城下大战，至此章邯投降，这次战役长达七个月。

公元前206年十二月,项羽入关,晚了刘邦一个多月。项羽违背楚怀王之约,封刘邦为汉中王,而把关中分为三块,封章邯为雍王,封司马欣为塞王,封董翳为翟王。从此关中称为三秦,因为项羽封了三秦王。

智慧启示

巨鹿之战,项羽破釜沉舟,把楚军战士置之死地而后生,与后来的韩信井陉之战置背水阵破赵,两者有异曲同工之妙。项羽劝降章邯,军事外交相辅为用,缩短了战争的进程,也是值得称道的。

项羽本纪

章邯已破项梁军,则以为楚地兵不足忧,乃渡河击赵,
<small>章邯打败了项梁军队,以为楚地的形势已经不用担心了,就率军渡过黄河,</small>
大破之。当此时,赵歇为王[1],陈馀为将,张耳为相,皆走入
<small>攻打赵国,大破赵军。这时,赵歇为赵王,陈馀为将,张耳为相,都退到巨鹿</small>
巨鹿[2]。章邯令王离、涉间围巨鹿,章邯军其南,筑甬道而输
<small>城据守。章邯命令王离、涉间围攻巨鹿,他自己驻扎在巨鹿南面,修筑甬道输</small>
之粟[3]。陈馀为将,将卒数万人,而军巨鹿之北,此所谓河北
<small>送粮食。陈馀作为赵军主帅,率兵数万人驻扎在巨鹿北面,这就是所说的河北</small>
之军也。
<small>之军。</small>

楚兵已破于定陶,怀王恐,从盱台之彭城,并项羽、
<small>楚军在定陶打了败仗,楚怀王很恐惧,从盱台前往彭城,把项羽、吕臣的军队合</small>
吕臣军自将之[4]。以吕臣为司徒[5],以其父吕青为令尹[6]。以
<small>在一起,亲自挂帅。以吕臣为司徒,以其父吕青为令尹。又以沛公为砀郡长,封为永安侯,</small>
沛公为砀郡长,封为武安侯,将砀郡兵。
<small>率领砀郡军队。</small>

---

1 赵歇:赵国后裔,为陈馀、张耳两人所立为赵王。
2 巨鹿:巨鹿郡治,在今河北省平乡县西南。
3 甬道:两旁有墙垣保护的交通线。
4 自将之:怀王自将,夺项氏兵权。
5 司徒:主管教化之官。
6 令尹:旧中国时楚官名,掌政务,位同丞相。

初，宋义所遇齐使者高陵君显在楚军，见楚王曰："宋义论武信君之军必败，居数日，军果败。兵未战而先见败征，此可谓知兵矣。"王召宋义与计事，而大悦之，因置以为上将军[1]；项羽为鲁公，为次将，范增为末将，救赵。诸别将皆属宋义，号为卿子冠军[2]。行至安阳，留四十六日不进。项羽曰："吾闻秦军围赵王巨鹿，疾引兵渡河，楚击其外，赵应其内，破秦军必矣。"宋义曰："不然。夫搏牛之虻不可以破虮虱，今秦攻赵，战胜则兵疲，我承其敝；不胜则我引兵鼓行而西，必举秦矣[3]。故不如先斗秦、赵。夫被坚执锐[4]，义不如公；坐而运策，公不如义。"因

---

1. 上将军：主帅。
2. 卿子冠军：卿子，是当时对男子的尊称，犹如称"公子"，这里含有风流倜傥的意思。宋义以一介书生为上将军，故人称"卿子冠军"。
3. 举：攻取。
4. 被坚执锐：身穿铁甲，手执兵器，即冲锋陷阵。被，通"披"。

下令军中曰:"猛如虎,很如羊¹,贪如狼,强不可使者,皆
猛如虎,狠戾如羊,贪婪如狼,逞强不听指挥的人,一律斩首。"宋义又派遣他的
斩之²!"乃遣其子宋襄相齐,身送之至无盐,饮酒高会。
儿子宋襄去辅助齐国,亲自送他到无盐这个地方,摆酒设宴、大会宾客。当时,天
天寒大雨,士卒冻饥。项羽曰:"将戮力而攻秦³,久留不
气寒冷,又下大雨,士卒冻饿交加。项羽说:"本欲并力攻秦,却长时间停留不进。

楚军以豆类、芋头为食

---

1 很如羊:如羊相斗之凶狠。
2 皆斩之:此令句句暗指项羽。
3 戮力:合力、并力。

行。今岁饥民贫,士卒食芋菽[1],军无见粮[2],乃饮酒高会,
<small>现在年荒岁饥,民众贫困,士卒只能以薯豆充饥。军中没有存粮,宋义却大设酒宴,</small>

不引兵渡河因赵食,与赵并力攻秦,乃曰'承其敝'。夫
<small>不会宾客,不率军渡河就地取食赵国地方的粮食,而说什么'等待秦军疲惫'。以秦</small>

以秦之强,攻新造之赵[3],其势必举赵。赵举而秦强,何敝
<small>国强大的实力,进攻新建立的赵国,必然是秦胜赵败。赵军被打垮了,秦军会更强,</small>

之承!且国兵新破[4],王坐不安席,扫境内而专属于将军,
<small>还有什么疲惫的机会可乘!而且楚军最近被打败,国王坐不安席,把国内所有的兵</small>

国家安危,在此一举。今不恤士卒而徇其私[5],非社稷之
<small>力都集中起来,统属于上将军,国家安危,在此一举。为今不体恤士卒,而徇情营</small>

臣[6]!"项羽晨朝上将军宋义,即其帐中斩宋义头[7],出令军
<small>私,不是与国家休戚与共之臣!"项羽早晨进帐参见上将军宋义,割下他的头颅,</small>

中曰:"宋义与齐谋反楚,楚王阴令羽诛之。"当是时,诸
<small>出帐发令军中说:"宋义和齐国阴谋反楚,楚王密令我杀了他。"这时,将领们都</small>

将皆慴服,莫敢枝梧[8]。皆曰:"首立楚者,将军家也。今
<small>恐惧屈服,没有敢抗拒的。都说:"创建楚国的,是将军一家。现在又是将军处死</small>

---

1 菽:豆类。
2 见粮:存粮。见,读"现"。
3 新造之赵:刚建立的赵国。
4 国兵新破:指楚军在定陶之败。国兵,楚人自称。
5 恤:体怜。徇其私:徇私情,指宋襄相齐事。这里的"徇"作图谋解,与前"徇下县""徇广陵"的"徇"不同。
6 社稷之臣:忠于国家,能与国家共存亡的大臣。社稷,帝王祭祀社神和谷神的坛,国亡则社稷不祀,故以社稷指代国家。
7 帐中:宋义所住的中军营帐。
8 枝梧:枝为架屋之小柱,梧为斜柱。枝梧,支撑屋盖,引申为抵触、抗拒。

将军诛乱。"乃相与共立羽为假上将军[1]。使人追宋义子，及
了叛乱的人。"将领们共推项羽为代理上将军。派人去追宋义的儿子，在齐国赶上了，
之齐，杀之。使桓楚报命于怀王，怀王因使项羽为上将
杀了他。项羽派桓楚向楚怀王报告，楚怀王不得不任命项羽为上将军，当阳君黥布、
军，当阳君、蒲将军皆属项羽[2]。
蒲将军都归项羽管制。

项羽已杀卿子冠军，威震楚国，名闻诸侯，乃遣当阳君、
　　项羽杀了卿子冠军，威震楚国，名闻诸侯，他派遣当阳君黥布，蒲将军率两万
蒲将军将卒二万渡河，救巨鹿，战少利。陈馀复请兵[3]，项羽
士卒渡漳水，援救巨鹿。战事稍有胜利，陈馀又向项羽请求救兵。项羽率全军渡河，
乃悉引兵渡河，皆沉船、破釜甑[4]、烧庐舍，持三日粮以示士
凿沉船只，砸破炊具，烧毁营舍，每人只携带三日口粮，用以表示全军将士拼死
卒必死[5]，无一还心[6]。于是至则围王离，与秦军遇，九战绝其甬
决战，没有一个活着回来的打算。军队一到就围困了王离部。与秦军多次交战、
道，大破之[7]，杀苏角，虏王离。涉间不降楚，自烧杀。
截断秦军运粮甬道，大破秦军，杀苏角、虏王离。涉间不降，自焚而死。

当是时，楚兵冠诸侯[8]。诸侯军救巨鹿下者十余壁，莫敢纵
　　这时，楚军勇冠诸侯。援救巨鹿的诸侯军队有十多个营垒，都不敢纵兵出战。

1　假上将军：代理上将军。
2　当阳君：黥布的爵号。
3　复请兵：再次要求增援。
4　釜（fǔ）：饭锅。甑（zèng）：蒸米用具。
5　必死：以敢死精神奋战，不胜即死。
6　无一还心：自断退路，使全军皆有必死之心，无一人思后退。
7　大破之：章邯守甬道，"大破之"，即首先破了章邯军，进而击虏王离等。
8　冠诸侯：压倒了救援巨鹿的各支反秦军。

兵[1]。及楚击秦，诸将皆从壁上观。楚战士无不一以当十，楚
<small>楚军进攻秦军时，诸侯将领都在营垒上观战。楚军士卒无不以一当十，楚军喊声</small>

兵呼声动天，诸侯军无不人人惴恐。于是已破秦军，项羽召
<small>震天，诸侯军人人胆战心惊。打垮秦军后，项羽召见诸侯将领，他们走进辕门，</small>

见诸侯将，入辕门[2]，无不膝行而前，莫敢仰视。项羽由是始
<small>无不膝行而前，不敢抬头仰视。项羽从此成为反秦诸侯军的上将军，多路诸侯军</small>

为诸侯上将军，诸侯皆属焉。
<small>隶属于他。</small>

---

1 莫敢纵兵：不敢出兵作战。
2 辕门：营门。辕，本是驾车用的木杠。古代行军以战车为阵门，辕相向为门，故称营门为辕门。

▲ 清·任熊《姚大梅诗意图·楚关峨峨》

斗智故事
七则

退避三舍晋克楚师

这个故事讲的是春秋时著名的城濮之战。众所周知,战争是政治的继续,城濮之战是一个典型例证。表面上是楚国攻宋,晋国救宋,晋文公攻曹、卫以报无礼之仇,而实际上是晋、楚两大国争霸,所以是一场必须要打的战争。双方的交涉,不是谋求和解,而是用计掌握主动权。这方面晋国很成功,达到了孤立楚国的目的。晋军"退避三舍"的策略,既礼让对方,又诱敌深入,在道义和地利上都争取了主动。楚将子玉恃强凌弱,骄傲轻敌,虽然也运用智谋,但策略上输人一筹,最后走上失败之路。楚军强大而失道寡助,晋军较弱却得道多助,双方的强弱形势就发生了逆转。城濮之战,给予人们的反思是多方面的。

晋文公退避三舍胜楚师,生动地概括了晋国君臣的智计谋略,它体现在城濮之战的进程中。此战的详细资料见于《左传》僖公二十七、二十八年。《史记·晋世家》的记载来源于《左传》,作了删节复述。本篇原文据《史记》之文。下面就是城濮之战的过程。

城濮是卫国的一个地方,在今山东省鄄城县南。公元前632年,晋、楚两国在城濮开战,争夺霸权,史称城濮之战。

当时楚军强于晋军,晋文公采取先让一着,后撤九十里,诱使楚军深入,晋军占据有利地势与楚军决战,后发制人,打了胜仗。古时行军三十里是一天的路程叫一舍,晋军后撤九十里,是三天的路程。这段史实,后来化成了一个成语,就叫"退避三舍"。

晋楚城濮之战（明内府彩绘本《春秋五霸七雄通俗演义列国志传》插图）

重耳给予楚王承诺

城濮之战前六年,即公元前638年,楚、宋泓水之战,楚国战胜宋国,成为霸主。鲁、宋、陈、蔡、曹、卫、郑等中原小国都依附楚国,楚成王成为霸主。公元前634年,宋国背离楚国,向晋国靠拢。楚成王十分恼火,在公元前633年冬,亲自率领楚、陈、蔡、郑、许五国的军队攻打宋国。宋国派人向晋文公告急求救。晋文公认为这是从楚国手中夺取霸权的好机会,于是就答应了。

晋军援助宋国,如果直接去与楚军对抗,这是硬碰硬,晋军比楚军弱,一定要吃亏。还有晋国国君重耳,做公子时曾经在外流亡了十九年,在曹、卫两国受到冷落,在楚国却受到贵宾的礼遇。楚成王设盛宴招待重耳。在席间,楚成王对重耳说:"公子回国以后,拿什么报答我?"重耳回答说:"金珠宝贝,楚国样样有,大王是不需要物质回报的。假如晋、楚两国要打仗,我将退避三舍以作报答,那时还得不到楚国的原谅,只好在战场上一决胜负了。"国与国之间,不论古代和现代,说话都要讲信誉。现在晋、楚两国真的面对面打仗了,如果晋军直接去援助宋国,对抗楚国,岂不是恩将仇报,道义不顺?晋文公左右为难。晋军将领先轸、狐偃两人想出了办法,出兵攻打曹、卫两国,既报了两国曾经无礼于晋文公的仇怨,又师出有名。曹、卫两国吃不住晋军进攻,这就迫使楚军解除对宋国的包围来救援曹、卫,晋军再迎上去与楚军作战,晋军处于自卫,士气一定高昂。这真是一箭三雕之策略:报复曹、卫,解宋之围,与楚军决战。

晋文公采纳了先轸、狐偃两人的计谋,完成了伐卫攻曹的战斗。但是宋国的危难仍没有解除。楚军加紧攻打宋国,等宋国屈服以后,再回师全力对付晋军。这也是一个很高明的策略。楚军统帅叫得臣子玉。楚、晋两国,一个攻宋,一个攻打曹、卫,其实醉翁之意不在酒,晋、楚争夺霸权才是实质。两国都想进行一场决战,但双方都不想承担发动战争的罪名,想方设法挑动对方首先出击。楚军猛攻宋国,宋国十万火急向晋军求救。晋文公与谋臣们商议对策。

晋文公说:"宋国又来告急,晋国不救,不能取信立威于诸侯。如果救宋,就一定要与楚军决战,怎么办?"

先轸献计说:"晋国救宋,打败楚国,做诸侯盟主,在此一举,这一仗必须要打。楚国恃强欺弱,诸侯都怨恨楚国,我们要利用这个形势在外交上孤立楚国。办法是,让宋去向齐、秦两个大国求救,多带礼品,请齐、秦两国出面调解,要求楚国退兵。另一方面,我们却把曹国国君扣押起来,并把曹、卫两国的一部分土地割让给宋国。这个策略,既让宋国坚决抵抗楚国,又迫使楚国拒绝齐、秦的调解,来和我们决战。这样,列国都支持晋国,声讨楚国,我方就争取主动了。"晋文公觉得这个主意不错,依计一一施行。

楚军统帅子玉也不是等闲之辈,他识破晋军的计谋,放弃攻坚战,从宋国撤退,直接挑起向晋军的战斗。他认为楚军强于晋军,有信心打败对方。子玉也使出了外交手段,让晋军理亏。他派大夫宛春到晋军营中与晋文公谈判双方和解条件。宛春说:"楚军从宋国撤退,但是晋军也要退出曹、卫,重建这两个国家。"子玉这一着棋十分高明。晋、楚和解,使宋、曹、卫三国立即得到安定,楚国在道义上就占了上风。而且恢复曹、卫,使晋国的进攻前功尽弃,楚军的进攻就堂堂正正了。但是魔高一尺,道高一丈。晋军先轸看穿了子玉的计谋,将计就计提出反措施。他的办法是,由晋国与曹、卫两国定盟,只要两国公开脱离楚国,晋国就恢复他们的国家。曹、卫两国自然愿意。晋军还扣留了楚使宛春,用以激怒子玉,欲罢不能。这样一来,晋、楚两军决战就打响了。

楚将子玉的计谋失败,丢了面子,十分恼怒,立即带兵逼近驻在曹国境内的晋军。晋文公见楚军来势凶猛,下令晋军"退避三舍",表示自己报答楚成王当年礼遇的许诺,同时更加使子玉陷于理亏的境地,晋军更加理直,士气大增。楚军将士见晋军后撤,而且晋文公以国君之尊作出礼让,都想停止追击,但子玉不肯,咬住晋军追击了三天。

夏四月初三日,晋军撤退到城濮扎营。齐、秦调解失败,态度转硬,派出军队参战。齐、秦、宋三国军队早已结集在城濮与晋军会合。三国援军虽然不多,但精神的鼓舞进一步增强了晋军的士气。

晋军为了麻痹子玉,有意将一处险要的高地鄢让给了楚军。子玉占领鄐地后，更加得意忘形，以为胜券在握，就派出大将斗勃向晋军挑战，说："我请求和君王的斗士作一次角力游戏，君王靠在车横板上观看，我得臣可以陪同君王一起观看。"得臣，是子玉的字。晋文公派出栾枝答话说："寡君听到这个建议了，没敢忘记楚君的恩惠，所以一直退到这里。我们见了子玉大夫尚且退避三舍，怎么敢和贵国国君作战呢？可是子玉大夫不肯谅解我们，那就请你们认真做好战斗准备，明天早晨再见面吧！"

晋军有兵车七百辆，士卒五万二千五百人，分为上、中、下三军。狐毛为上军主帅，狐偃做副手；先轸为中军主帅，郤溱做副手；栾枝为下军主帅，胥臣做副手。晋文公登上高地检阅军队，晋军披挂整齐，士气高昂，十分满意地说："编制很整齐，可以和楚军决一胜负。"他下令派人砍伐树木，以备战斗之用。

楚军左中右三军摆下阵势。左军由子西指挥，右军由陈蔡两国军队组建而成，由斗勃指挥，子玉亲自坐镇中军。子玉得意地吹嘘："晋军今天统统要完蛋。"

战斗开始，晋军下军副帅胥臣指挥一队精兵，向楚军右翼陈蔡之师发起攻击。胥臣给晋战车的马背披上老虎皮，陈蔡军中的马匹突然望见大群老虎冲过来，失惊奔逃，全军很快溃散。晋军的上军主帅狐毛，在自己车上竖起中军大旗，伪装出后撤的样子，给楚军制造假象，引诱楚军追击脱离阵地。晋军下军主帅栾枝也带领一部分战车后退，车后拖着树枝，一霎时尘土飞扬，仿佛晋军全线溃退了。楚军主帅子玉一心只想打胜仗，趾高气扬，也不作认真调查，就派出左军追击晋军。晋军中军主帅先轸和副帅郤溱看到楚军已经中计，就指挥中军拦腰切断楚军，分割成两半。这时伪装撤退的晋军调转头来与中军配合，夹击楚军子西率领的楚军，团团包围，没有多久，楚军左军也溃散了。子玉见楚军左右两翼都被击败，不敢恋战，立即收兵，才保存住了中军，避免了全军覆没的命运。

晋军大获全胜，俘获了大量的楚军和粮食。晋文公下令让全军享用三天，胜利班师回国。晋文公又打出"尊王"的旗号在践土（今河南省郑州市北）盟会诸侯，给周天子襄王建立行宫，请求周天子来慰劳晋军，并接受献俘。郑国见晋国打了胜仗，也转而倒向晋国，参加践土盟会。晋文公向周天子派来的使臣献上一千多楚俘，周天子赏赐晋文公许多礼物，有大辂车、戎辂车以及弓箭等物，这些礼物象征晋文公的霸主地位，有权征讨不服号令的诸侯。周天子还正式颁下晋文公为盟主的策书，诸侯也就不得不服了。城濮之战，晋文公一战赢得霸主的地位，先轸前前后后的退让谋略起了重要作用。

楚军统帅子玉也是一个难得的人才，他一时轻敌打了败仗，而率领的中军却安然无恙。晋文公怕他报仇，吃不下饭。楚成王得到子玉战败的消息，非常生气，下令自裁。子玉不得已在一棵树上自缢身死。晋文公听到这消息后，高兴得手舞足蹈，楚成王清醒后却后悔得不得了。

晋世家

五年春，晋文公欲伐曹，假道于卫，卫人弗许。还自河
_{晋文公五年（前632年）春，文公想攻打曹国，把军队集中在晋国和卫国边境上，向卫国借道，}

南度，侵曹，伐卫。正月，取五鹿。二月，晋侯、齐侯盟于
_{卫成公拒绝。晋军撤回绕过卫国从南河津渡过黄河，攻打曹国，进讨卫国。正月，占领卫国的五鹿。}

敛盂。卫侯请盟晋，晋人不许。卫侯欲与楚，国人不欲，故
_{二月，晋文公和齐昭公在敛盂订立同盟。卫成公要求和晋国结盟，晋国不答应。卫成公想与楚国结}

出其君以说晋。卫侯居襄牛，公子买守卫。楚救卫，不卒[1]。
_{盟，大夫元咺不赞成，要杀成公，成公逃奔楚国。卫成公出居在边邑襄牛，由公子买留守卫国。楚}

晋侯围曹。三月丙午，晋师入曹，数之，以其不用僖负羁言，
_{国救援卫国，没有取胜。晋文公包围曹国。三月初九日，晋军攻入曹国，指责曹侯不听信忠臣僖负}

而用美女乘轩者三百人也。令军毋入僖负羁宗家以报德。楚
_{羁的忠告，而应用逢迎拍马的三百个小人。晋文公禁止晋军不得闯入僖负羁的家中表示报答他的恩}

围宋，宋复告急晋。文公欲救则攻楚，为楚尝有德，不欲伐
_{德。楚军围攻宋国，宋国再次向晋国告急，晋文公想救宋国，这样就得与楚国交战，而楚国曾经有}

也；欲释宋，宋又尝有德于晋：患之[2]。先轸曰："执曹伯，分
_{恩于己，又不想与楚国交战。不得罪楚国，就要丢掉宋国，宋国也曾经有恩德于晋。进退两难，晋}

曹、卫地以与宋，楚急曹、卫，其势宜释宋。"于是文公从之，
_{军元帅先轸说："把曹伯抓起来，将曹、卫两国的部分土地送给宋国，楚国要急于保护曹、卫，这}

---

[1] 不卒：不成功。
[2] 患之：进退两难。

子玉请战

而楚成王乃引兵归。

势必有利于解宋国之围。"于是晋文公采纳了这个策略,楚成王也决定从宋国撤兵回国。

楚将子玉曰:"王遇晋至厚,今知楚急曹、卫而故伐

楚国元帅子玉不同意撤军,他对楚成王说:"你以前给晋文公高规格的礼遇,现在他知道楚国要

之,是轻王。"王曰:"晋侯亡在外十九年,困日久矣,果

保护曹卫两国,却故意进攻,是看不起你啊。"楚成王说:"晋文公流亡在国外十九年,长期经受磨难,

得反国,险厄尽知之,能用其民,天之所开,不可当。"子

最后回国做了国君,艰难险患全都知道,懂得体谅民情,是上天给了他智慧,不可抵挡。"子玉请战,他说:"我

玉请曰:"非敢必有功,愿以间执谗慝之口也[1]。"楚王怒,

不敢保证一定能战胜晋国建立功业,但希望打一仗用事实来堵住那些说怪话人的嘴巴。"楚成王很不高

---

1 间执谗慝之口:我要借这机会来封住进谗言人的嘴。执,服。谗慝,揭人之短,指苏贾之言,苏贾说子玉带兵过三百乘就要打败仗。

少与之兵。于是子玉使宛春告晋："请复卫侯而封曹，臣
兴，只给他少量军队。于是子玉派宛春告诉晋国："请恢复曹、卫两国的原有国土，楚国也从宋国撤兵。"

亦释宋。"咎犯曰："子玉无礼矣，君取一，臣取二，勿
晋大夫咎犯说："子玉太蛮横，晋国君才保护了一个国家，子玉为臣却保护了两个国家，不能允许。"

许[1]。"先轸曰："定人之谓礼。楚一言定三国，子一言而亡
先轸说："使人安定才叫礼。楚人一句话保护了三个国家，你一句话断送了三个国家，这样晋国就理屈了。

之，我则毋礼。不许楚，是弃宋也。不如私许曹、卫以诱
如果不赞同楚人的建议，就是抛弃宋国。不如暗中允许曹、卫复国，以诱使两国与楚断交，并扣留宛春

之，执宛春以怒楚，既战而后图之。"晋侯乃囚宛春于卫，
以激怒楚国，楚国一定兴兵来战，然后我们再作打算。"晋文公于是在卫国扣押了宛春，并且私下允许曹、

且私许复曹、卫。曹、卫告绝于楚。楚得臣怒[2]，击晋师，
卫复国。曹、卫立即和楚国断绝了关系。楚军元帅得臣非常恼怒，立即率军攻击晋军，晋军后退。将领们问：

晋师退。军吏曰："为何退？"文公曰："昔在楚，约退三
"为什么要后退？"晋文公说："先前我流亡时曾到楚国，答应如果两国交战，晋军退避三舍，今天怎

舍，可倍乎！"楚师欲去，得臣不肯。四月戊辰，宋公、
能背信呢？"三舍，就是三日路程，九十里，晋军退到有利的作战地形城濮地方停止下来。楚军将士都

齐将、秦将与晋侯次城濮。己巳，与楚兵合战，楚兵败，
不想追击晋军，得臣不肯。四月初一日，宋齐秦晋四国联军集结在城濮。四月初三日，四国联军共同与

得臣收余兵去。
楚军决战，楚军惨败，得臣收拾残余部队回到楚国。

---

1 勿许：不能同意。
2 得臣：楚将子玉名。

庞涓断掉孙膑两足（明内府彩绘本《春秋五霸七雄通俗演义列国志传》插图）

围魏救赵孙膑用智

《史记·孙子列传》记载战国时孙庞斗智的故事，1972年在山东临沂银雀山汉墓中出土失传了一千多年的《孙膑兵法》，证实了《史记》的记载。《孙膑兵法·威王问》，提出战胜强敌的办法，一是构筑坚固的防御工事来坚定我军的斗志；二是制定严明的法令条文来规范全军行动，促进全军团结；三是避开敌军正面锋芒，诱使敌军东奔西跑，耗尽锐气；四是趁敌不备时出其不意进行攻击。做到这些，再经过持久作战，一定能赢得胜利。围魏救赵的桂陵之战，就是孙膑这些军事理论的光辉实践。

桂陵之战，经过如下。

战国中期，秦、齐、楚、燕、魏、赵、韩七雄争立，都想依靠武力一统天下，魏国为了扩大疆土，不断东征西伐，四面出击。周显王十五年（前354年）魏国派将军庞涓统兵八万、战车五百大举进攻赵国，很快就包围了赵国的都城邯郸（今河北省邯郸市西南），企图一举灭赵。魏乃中原大国，先后攻占了秦国的西河地区，灭掉了中山国，攻破齐国的长城，抢占了楚国的不少地方，魏惠王于公元前362年又大败韩、楚，对赵国更是觊觎已久，早有吞并的野心。邯郸守将连战俱败，赵成侯急派人前往齐国求救。齐国是东方大国，齐威王从自身利益出发，答应救赵。一方面先用部分兵力，联合宋、卫两个小国，攻打魏国的襄陵（今河南省睢县），分散魏军的力量，使它处于两面作战的境地；另一方面，让赵、魏两国继续激战，等到

孙膑分析战争形势

魏、赵两军相持不下，双方都受到很大损伤，齐威王才派田忌担任主将，拜孙膑为军师，统帅八万大军前去救赵。

齐威王原本要拜孙膑为主将，孙膑说："刑余之人不可为将。"于是孙膑做了田忌的军师。田忌打算率军直奔邯郸，与赵军里应外合，夹击魏军，以解赵围。孙膑主张，趁魏军远征，国内空虚的时机，率领齐军直走大梁，攻击魏国都城，这样进攻赵国的魏军必然回救，其围自解。齐军可以逸待劳，选择地形设伏，沉重打击疲惫的魏军。田忌采纳了孙膑的策略，率领齐军挺进魏国。

孙膑与庞涓同学，深知庞涓贪利。魏军攻打邯郸近一年，赵国不支，魏军疲困。但庞涓不会丢掉眼看到手的果实，于是日夜攻打邯郸，进一步增加了魏军的伤亡。孙膑劝田忌故意缓行，促使魏赵双方拼命相斗，以便齐军坐收渔人之利。等到庞涓攻下了邯郸，魏军已成强弩之末，齐军这才大势挺进，摆出直趋魏都大梁的架势。魏惠王十分惊恐，连忙命令庞涓火速回救。庞涓来不及休整，留下部分兵力守邯郸，自己率领大军日夜兼程回救大梁。

庞涓只顾赶路，没有料到齐军会在自己必经的道路上设伏。原来孙膑与田忌进攻大梁只是一种姿态。他们估计了庞涓的回程日期，只留少量兵力在大梁围攻，因留守大梁的魏军待援，绝不敢贸然出战，于是田忌暗中抽走主力拉到桂陵（今河南省长垣市西北）设伏，只等庞涓钻进口袋。这一切完全在孙膑掌握之中。庞涓行至桂陵，遭到齐军阻击，惊慌失措，大败。这就是历史上著名的"围魏救赵"的桂陵之战。

魏国战败，在齐军压力下被迫求和，邯郸回归赵国。孙膑声名大振。他创造的"围魏救赵"，声东击西的战略，为后世兵家所称道。桂陵之战，成为一次在运动中歼灭敌人的经典之战而载入史册。

战国时代，七雄并立，魏国强大想统一三晋，进而统一全国，因而遭到列国的共同打击，这是必然的形势。而战斗主要在齐、魏两国之间进行，这就夹杂了孙庞两人的斗智，复仇。原来庞涓与孙膑两人是同学，共同师事鬼谷子学兵法，庞涓被魏惠王看中，任用为将军。庞涓认为，他善于用兵，天下无敌，但自己不是孙膑的对手。正当的办法，是把孙膑请来共同辅佐魏惠王，两人取长补短，共建功业，一定会在历史上流传一段佳话。但庞涓心胸狭隘，害怕孙膑本领高强，受到魏惠王重用。庞涓于是动了坏心眼，他把孙膑骗到魏国来，说要推荐给魏惠王，两人共同辅政。

孙膑被庞涓治罪

　　孙膑信以为真,来到魏国投靠老同学,没想到庞涓要出了毒计,找个借口给孙膑治罪,剜去了孙膑两腿的膝盖骨,使他成了一个废人,这样庞涓自认为就可以无敌于天下了。齐国听到消息后,派出使者到魏国来,暗中劫走了孙膑,用为军师。孙膑借齐兵报仇,于是历史上演出了孙庞斗智的战斗故事。

　　孙膑是春秋时大军事家孙武的后代。由于他受了膑刑,所以史称孙膑。膑刑就是剜去两腿的膝盖骨。

孙子吴起列传·孙膑

　　孙膑尝与庞涓俱学兵法。庞涓既事魏，得为惠王将军，
<small>孙膑与庞涓同在一个老师门下学习兵法。庞涓后来做了魏惠王的将军，知道自己本领赶不上孙膑，</small>
而自以为能不及孙膑，乃阴使召孙膑。膑至，庞涓恐其贤于
<small>秘密派人召来孙膑。孙膑到了魏国，庞涓害怕孙膑的才干胜过自己，既嫉妒又仇恨他，就找借口用刑法</small>
己，疾之，则以法刑断其两足而黥之[1]，欲隐勿见[2]。齐使者如
<small>砍了孙膑的两腿，还在脸上刺了字，想把孙膑埋没起来不用于世。正好齐国使臣来到大梁，孙膑想法暗</small>
梁[3]，孙膑以刑徒阴见，说齐使。齐使以为奇，窃载与之齐。
<small>中联络上了，向齐使述说一切。齐使认为孙膑是个奇才，偷偷地用车把他送到齐国。齐国将军田忌很赏识，</small>
齐将田忌善而客待之。
<small>用客礼优待他。</small>

　　忌数与齐诸公子驰逐重射[4]。孙子见其马足不甚相远，
<small>田忌常常和齐王诸公子比赛跑马下赌注。孙膑看到双方的马力相差不多，马有上、</small>
马有上、中、下辈[5]。于是孙子谓田忌曰："君弟重射，臣
<small>中、下三等。于是孙膑对田忌说："你只管和他们再进行一次比赛，多下赌注，我能让</small>

1　以法：假借法令以陷害之。黥：在犯人脸上刺字。
2　欲隐勿见：想把孙膑埋没起来不用于世。见，读"现"。
3　梁：指魏国，因都大梁（今河南开封），史称魏为梁。
4　诸公子：国君、太子之外的众子。驰逐重射：下大赌注赛马。射，猜赌。
5　上、中、下辈：即指下文的上驷、中驷、下驷三个等级的马力。辈，等级。

能令君胜。"田忌信然之，与王及诸公子逐射千金。及临

你得胜。"田忌听了孙膑的话，就和齐王及诸公子下了千金的大赌注。到了比赛的时候，

质[1]，孙子曰："今以君之下下驷与彼上驷，取君上驷与彼中

孙膑说："现在用你下等马对他们的上等马，用你上等马对他们的中等马，用中等马

驷，取君中驷与彼下驷。"既驰三辈毕，而田忌一不胜而再

对下等马。"这样，上、中、下三等马比赛完毕，田忌只输了一次而赢了两次，结果赢

胜[2]，卒得王千金。于是忌进孙子于威王。威王问兵法，遂

了齐王的千金。于是田忌把孙膑推荐给了齐威王。齐威王向孙膑询问兵法，于是用他做

以为师。

了军师。

其后魏伐赵，赵急，请救于齐。齐威王欲将孙膑，

后来，魏国出兵攻打赵国，赵国危急，向齐国求救。齐威王想用孙膑为将军，孙膑辞谢说：

膑辞谢曰："刑余之人不可[3]。"于是乃以田忌为将，而

"受过刑的人身体不健全，不能做将军。"于是任命田忌为大将，以孙膑为军师，住在有帐帷的

孙子为师，居辎车中[4]，坐为计谋，田忌欲引兵之赵，孙

大车中，坐着策划计谋。田忌想领兵去救赵国，孙膑说："想要快速地解开杂乱纷纠的绳索，只

子曰："夫解杂乱纷纠者不控卷，救斗者不搏撠[5]，批亢

能细心地用手去解，不能急躁地用力去抓，或用拳头去砸；排解争斗，只能用嘴劝说，不能帮着

---

1 临质：临到比赛开始。
2 再胜：胜两场。
3 刑余之人：受过肉刑的人，身体残损，已非完人。按，孙膑，在魏被刖刑断其两足，又被黥面，身残蒙垢，故辞为将。
4 辎车：有篷的车。
5 搏撠：动手打人。

捣虚[1]，形格势禁[2]，则自为解耳。今梁赵相攻，轻兵锐卒

去打；避实击虚，在形势上遏制对方，那么不救其围自解。现在赵魏两国打仗，魏国的精兵一定

必竭于外，老弱罢于内。君不若引兵疾走大梁，据其街

全都开进了赵国，国内只留下老弱官兵守卫。你不如带兵勇猛地插向大梁，占据它的交通要道，

路[3]，冲其方虚[4]，彼必释赵而自救。是我一举解赵之围而

袭击它的空虚地方，魏军必然要放下赵国回来自救。这样我军一举既解了赵国之围，还能以逸待

收弊于魏也。"田忌从之，魏果去邯郸，与齐战于桂陵，

劳挫败魏军。"田忌采纳了孙膑的计谋，魏军果然撤离了对赵国都城邯郸的包围，同齐军战于桂陵，

大破梁军。

被齐军打得大败。

1　批亢捣虚：避（批）实（亢）就虚。
2　形格势禁：在形势上阻遏（格）制止（禁）敌方。
3　街路：交通要道。
4　方虚：正好是空虚的地方。

万箭射杀庞涓(明内府彩绘本《春秋五霸七雄通俗演义列国志传》插图)

减灶诱敌庞涓丧命

　　战国时魏惠王用庞涓为将，志在一统三晋，因此，魏与韩、赵两国的冲突不可避免。当时魏国强盛，韩、赵两国都敌不过魏国，于是向齐国求救。齐、秦两国不愿三晋统一于强大的魏国，东西夹攻魏国，使魏国四面受敌，连吃败仗，差点灭亡。几乎称霸的魏国从此衰落，魏惠王迫于秦国的压力从安邑迁都大梁，魏国又称梁国，魏惠王又称梁惠王。《孟子·梁惠王上》中，梁惠王对孟子说："魏国的强大，当时天下是没有别的国家能够赶得上的，这一点，你是晓得的。但到我这时候，东边和齐国打仗，杀得我大败，连我的太子都牺牲了；西边又败给秦国，丧失河西之地七百里；南边又被楚国抢去了八个城池。我实在认为这是奇耻大辱，我想替死者报仇，你有什么办法吗？"这里梁惠王说东边败于齐，指的公

孟子见梁惠王

元前353年的桂陵之战与公元前341年的马陵之战。这两次战争,从双方的军事指挥员来看,就是孙膑与庞涓斗智。第一回合孙膑围魏救赵,引诱庞涓出击,齐军在桂陵大败魏军,史称桂陵之战。过了十二年,孙庞展开了第二个回合的较量,孙膑用减灶办法诱使魏将庞涓追击,齐军在马陵设伏大败魏军,庞涓被杀,魏国太子申被俘,史称马陵之战,时间在公元前341年。第二年,公元前340年秦国商鞅发动安邑之战,夺取魏国河西地,迫使魏国迁都大梁。

孙、庞两人用兵,孙膑擅长运动战,庞涓擅长进攻战和阵地战。桂陵之战和马陵之战,都是孙膑用计诱使庞涓脱离阵地,在运动中交战,孙膑以己之长攻庞涓之短,取得大胜。孙膑智慧多端,桂陵之战用围魏救赵的办法诱使庞涓追击,堕入运动之中。马陵之战则示人以怯,用减灶办法诱使庞涓追击,使庞涓再次堕入运动之中。由此看出,庞涓确实非孙膑对手。

上一篇讲了桂陵之战,这篇来讲马陵之战。导火线是魏国攻韩,韩国向齐国求救,齐国出兵攻魏。孙膑用的是老办法,不是与庞涓打阵地

孙膑使用减灶办法

战,而是直趋大梁。如果说桂陵之战是围魏救赵,马陵之战则是围魏救韩。不同之处是如何设伏,诱使庞涓追击。桂陵之战,是齐、魏第一次交战,孙膑把齐军埋伏在庞涓回师救大梁的必经之路上,突袭成功。庞涓上了一次当,再用老办法,对齐军不利。这次孙膑不是把齐军埋伏在庞涓回师救大梁的必经道路上,而是等到庞涓率领魏军长途跋涉回到大梁,然后撤退齐军。第一天齐军埋锅造饭,造了十万个灶,表示有十万人吃饭。第二天减到五万,佯装齐军溃逃的假象。第三天减到三万,表示齐军只剩下三万人了。庞涓大喜,对部属说:"齐军一向胆怯,不是魏军对手,逃了三天,散了一大半,我们要兼程追赶,全歼齐军。"庞涓把大队人马交给太子申率领,他亲自带领轻骑先锋加速追赶齐军。孙膑计算魏军行程,当天夜里到达马陵山谷,这里地形险要,谷中道路狭窄,可以打伏击战。孙膑在路中一棵大树上刮去树皮,在白色树干上写上"庞涓死于此树下"七个大字。孙膑下令,到了夜晚见火光就万箭齐发。当夜庞涓果然行军到马陵山谷,发现谷中一棵大树写有几个大字,因暮色看不清,于是取火照看树上的字,还没读完树上的七个大字,埋伏于山谷两旁的齐军矢如雨下,庞涓自知又上了当,现在又没了退路,只有死路一条。庞涓不愿当俘虏受辱,拔剑自杀而死,临死仍不服气说:"且成全孙膑这小子的声名吧。"齐军在马陵谷中全歼轻骑魏军,然后乘胜攻击后续魏军,俘虏了太子申。

1972年山东银雀山汉墓出土《孙膑兵法》,有《擒庞涓》一篇,证实了《史记》的记载。庞涓嫉贤妒能,加害同窗,罪有应得。他才智不敌孙膑,采用卑劣手段,害人不成,反倒成就了孙膑的声名,自己成了陪衬的小丑,以不光彩的形象载入史册。孙庞合作,可以成就两个英雄;孙庞斗智,给人留下许多反思。

孙子吴起列传 · 孙膑

魏与赵攻韩[1],韩告急于齐。齐使田忌将而往,直走大
<small>魏国联合赵国攻打韩国,韩国向齐国告急求救。齐国派田忌领兵救援,径直向魏国都</small>
梁[2]。魏将庞涓闻之,去韩而归,齐军既已过而西矣。孙子
<small>大梁进军。魏将庞涓听到消息,立刻从韩国撤军回国,齐国军队已经越过疆界向西进入了魏</small>
谓田忌曰:"彼三晋之兵素悍勇而轻齐,齐号为怯,善战者
<small>国。孙膑对田忌说:"魏国军队一向骄悍勇猛看不起齐军,齐军向来有胆怯的名声,善于打</small>
因其势而利导之。《兵法》[3]:'百里而趣利者蹶上将[4],五十里
<small>仗的人就要利用这些条件争取胜利。《兵法》说:'冒进百里之外去追求利益,一定要丧失</small>
而趣利者军半至[5]。'使齐军入魏地为十万灶,明日为五万
<small>大将;冒进五十里之外去争利,只能有一半的军队赶到。'齐军现在从魏地退走,第一天造</small>
灶,又明日为三万灶。"庞涓行三日,大喜,曰:"我固知齐
<small>灶十万个,第二天减为五万个,第三天减为三万个。"庞涓追赶了三天,非常高兴说:"我</small>
军怯,入吾地三日,士卒亡者过半矣。"乃弃其步军,与其
<small>本来就知道齐军胆怯,进入魏地才三天,士兵逃亡的过了半数。"于是留下步军,只率领轻</small>

---

1. 齐魏马陵之战发生在公元前341年。
2. 直走大梁:扬言直取魏都大梁。
3. 《兵法》:指《孙子兵法》。
4. 百里趣利:指奔突到百里之外去追求胜利。蹶上将:折损上将。蹶,跌,栽跟斗。
5. 军半至:军队只有一半能到达。

轻锐倍日并行逐之[1]。

骑兵一天赶两天的路程追逐齐军。

孙子度其行，暮当至马陵。马陵道陕，而旁多阻隘[2]，可

孙膑估计庞涓的行军速度，天黑时当到达马陵。马陵道路狭窄，两边地势险要，可以埋伏军队。

伏兵，乃斫大树白而书之曰："庞涓死于此树之下。"于是令齐

于是孙膑将一棵大树剥去了皮，在白木上写："庞涓死于此树下。"孙膑派出善射的一万齐军，埋伏在

军善射者万弩，夹道而伏，期曰[3]："暮见火举而俱发。"庞涓果

道路两旁，约定说："晚上以火为号万箭齐发。"庞涓果然在当夜来到了被剥皮写字的树下，看到了白

孙膑剥树皮写上大字

---

1 倍日并行：昼夜兼程。
2 阻隘：险要地带。
3 期曰：约定说。

夜至斫木下，见白书，乃钻火烛之[1]，读其书未毕，齐军万弩俱
木上的字，但黑暗看不清，就钻木取火照见树上的字，还没等他读完，齐军万箭齐发，魏军没有防备，

发，魏军大乱相失。庞涓自知智穷兵败，乃自刭[2]，曰："遂成
乱成一团，死伤溃散。庞涓心里明白，自己智穷力竭，败局已定，于是自杀，愤愤地说："成全这小子

竖子之名！"齐因乘胜尽破其军，虏魏太子申以归[3]。孙膑以此
的名声！"齐军乘胜进军，大破魏军的后续部队，俘虏了魏国的太子申，回到齐国。孙膑从此扬名天下，

名显天下，世传其兵法。
他的兵法流传于后世。

1　钻火：古人钻木取火，这里指点火。烛：照。
2　自刭：刎颈自杀。
3　太子申：魏惠王的太子，与庞涓同领魏军抗齐，因而被俘，后死于齐。

甘茂攻韩取宜阳

战国之世，秦国称雄诸侯的著名战将有樗里子、甘茂、穰侯、司马错、白起、王翦、王贲父子等人，经过了数代人的努力，秦蚕食诸侯，才替秦始皇的统一创造了条件、奠定了基础。樗里子、甘茂是第一代战将，穰侯、白起、司马错是第二代战将，王翦、王贲父子是第三代战将，直接为秦始皇效力。

樗里子是秦惠王的异母弟，秦武王的叔父。樗里子母亲为韩国女，故樗里子亲近韩国，不愿秦国进攻韩国。公孙奭也是秦国王室诸公子。甘茂是楚国下蔡人，为秦国的客卿，是通过张仪引荐，托樗里子的人情，得见先王秦惠王。秦惠王任用甘茂为将，辅佐魏章攻取了楚国的汉中地。秦国自商鞅变法以来，奖励耕战，崇尚实功，大臣、将军都在秦王面前争功。甘茂想要展示自己的才能，必须首先取得秦武王的信任。秦武王想要攻打韩国，不能依靠樗里子，必须起用新人。这就是武王召见甘茂，用为丞相的背景。

秦武王三年，把攻韩提上议事日程，并向甘茂挑明，用他为将。甘茂没有飘飘然，他非常冷静，在出兵之前想办法取得武王深信，要大发兵攻韩。甘茂深知秦兵越过殽关、函谷关数道险关，千里奔袭韩国西部边境的重镇宜阳，不是一件容易的事。他运用心计，要求出使魏国，提出秦王的外戚、亲信向寿为副使，利用他来传话。秦武王也乐意派个亲信以便督察甘茂。当时东方合纵已被张仪的连横外交所击破，秦国

▲ 周王都九鼎形制（据明·方于鲁《方氏墨谱》插图重制）

主动与魏国结盟攻韩，魏国迫于压力只能服从，所以甘茂使魏，十分顺利。按理，秦魏出兵攻韩，这正是甘茂的出使目的，而恰恰是甘茂让向寿传达报告给秦武王停止攻韩。这突如其来的变故，使秦武王感到必有文章，他因为攻韩心急，于是迫不及待走出国都赶到息壤迎接甘茂，以示隆重。甘茂仍不动声色，没有提出大发兵的要求，而是讲了曾参杀人与乐羊攻中山，一正一反两个例子来说明，将在外，成功与否决定于君主的支持，君主不听流言，坚决支持，才能取胜。由于甘茂通过讲故事，十分亲切地说出一番君臣相知的道理，秦武王非常高兴，主动与甘茂盟誓，表示支持到底，于是秦国发兵攻韩，打了五个月还没有进展。果然樗里子、公孙奭提出了反对意见，秦武王也动摇了决心，他召回甘茂，指示退兵。甘茂提醒秦武王，说"息壤在彼"。息壤还在那里，意思是盟誓有约啊。秦武王猛然省悟，甘茂攻不下宜阳，岂不是自己用人不明，盟誓昏聩吗？再说，甘茂没有打败仗，只是没有攻下宜阳，原因是力量有限。于是秦武王大发全国之兵，韩国也努力坚守，双方展开激战，韩国守兵被斩杀的就达六万之多，韩国终于支持不住，决定与秦国讲和，退出宜阳。秦、韩的宜阳之战是战国时期的一场大战役，从此以后，韩国元气大伤，西边屏障消失，韩国成了秦国的附庸。而甘茂的伐韩之战，也是他个人功业的顶峰。甘茂不怕敌方韩国而害怕内部人的谗言，他非常有心计，运用智慧取得秦武王信任，最后赢得秦王大发兵，取得了攻韩战役的全胜。此战秦国的胜利，说明内部的团结一致是多么重要。一个主将不仅会打仗，还要懂政治，团结内部，才能取得胜利。

樗里子甘茂列传

甘茂者，下蔡人也[1]……以甘茂为左丞相，以樗里子为右丞相。
<small>甘茂，是下蔡人。当时，秦武王任用甘茂为左丞相，任用樗里子为右丞相。</small>

秦武王三年，谓甘茂曰："寡人欲容车通三川[2]，以窥周室，
<small>秦武王三年（前308年），武王召见甘茂说："寡人有个心愿，想乘坐垂帷挂幔的车子，通过三川，</small>

而寡人死不朽矣。"甘茂曰："请之魏，约以伐韩，而令向寿
<small>之地，去看一看周朝的都城，死也瞑目了。"甘茂说："请允许我出使魏国，联合魏国攻打韩国，而大王</small>

辅行[3]。"甘茂至，谓向寿曰："子归，言之于王曰'魏听臣矣，
<small>要委派向寿为副使辅助我前往。"武王答应了。甘茂到魏国后，对向寿说："您先回去，向秦王报告，就说：</small>

然愿王勿伐'，事成，尽以为子功。"向寿归，以告王，王迎
<small>'魏国已经听从我的主张，但希望大王还是不要攻打韩国。'事情成功了，全算作您的功劳。"向寿回国，</small>

甘茂于息壤[4]。甘茂至，王问其故。对曰："宜阳，大县也，上
<small>把甘茂的话报告给了武王。秦武王亲到息壤迎接甘茂。甘茂到了息壤，秦武王问他不攻打韩国是什么缘故。</small>

党、南阳积之久矣。名曰县，其实郡也。今王背数险[5]，行千
<small>甘茂回答说："宜阳是个大县，相邻的上党，南阳经过了长久的积蓄。宜阳名义是个县，实际是一个郡。</small>

里攻之，难。昔曾参之处费（bì），鲁人有与曾参同姓名者杀
<small>现在大王要派兵越过数道险关，远行千里去攻打宜阳，取胜有很大的困难。从前曾参住在费邑，鲁国有个</small>

---

1 下蔡：在今安徽省凤台县。
2 容车：饰有帷帐的车。三川：今洛阳地区，其地有伊、洛、河三川而得名。
3 向寿：秦昭王母宣太后外族，为秦武王所亲幸。辅行：副使。
4 息壤：秦邑，在咸阳东。
5 背数险：犯数险，如崤、函等关。背，犯。

人，人告其母曰'曾参杀人'，其母织自若也。顷之，一人又
与曾参同名的人杀了人，有人告诉曾参的母亲说'曾参杀人了'，曾参的母亲正在织布，神情肃然自若。
告之曰'曾参杀人'，其母尚织自若也。顷又一人告之曰'曾
过了一会儿，另一个人来告诉曾参母亲说'曾参杀人了'，曾参的母亲仍然织布，表面上还是神情不变。
参杀人'，其母投杼下机，逾墙而走。夫以曾参之贤与其母信
又过了一会儿，第三个人来告诉曾参母亲说'曾参杀人了'，曾参的母亲扔下梭子，走下织布机，翻墙逃
之也，三人疑之，其母惧焉。今臣之贤不若曾参，王之信臣
走了。凭着曾参的贤德，以及他母亲的信任，有三个人都怀疑曾参杀了人，曾参的母亲就害怕了。现今，
又不如曾参之母信曾参也，疑臣者非特三人，臣恐大王之投杼
我的贤德比不上曾参，大王对我的信任也比不上曾参的母亲对曾参的信任，可是怀疑我的人却不止三个人，

有人说曾参杀人了

也。始张仪西并巴蜀之地，北开西河之外，南取上庸，天下
我担心大王也像曾参母亲那样扔下梭子啊。当初，张仪在西边兼并了巴蜀的土地，在北边又扩展了西河及

不以多张子而以贤先王。魏文侯令乐羊将而攻中山[1]，三年而
其以外的疆土，还在南边夺取了上庸，天下的人并不因此赞扬张仪，而是认为先王贤明。魏文侯任命乐羊

拔之。乐羊返而论功，文侯示之谤书一箧。乐羊再拜稽首曰：
为将攻打中山，经过三年才攻下中山。乐羊回到魏国论功行赏，魏文侯拿出一箱子告发乐羊的信给他看。

'此非臣之功也，主君之力也。'今臣，羁旅之臣也[2]。樗里子、
乐羊又惊又喜，再次跪拜魏文侯说："攻下中山不是臣下的功劳，全靠主上的权威。"现今，我是秦国的

公孙奭二人者挟韩而议之[3]，王必听之，是王欺魏王而臣受公仲
客卿，樗里子、公孙奭两人会以韩国难攻来抨击我，大王一定会听从他们的意见。这样，大王势必停止攻韩，

侈之怨也。"王曰："寡人不听也，请与子盟。"卒使丞相甘茂
岂不是欺骗了魏国同盟，而使我遭到韩国丞相公仲侈的怨恨吗？"武王说："我不听他们的，请让我跟您盟誓。"

将兵伐宜阳。五月而不拔，樗里子、公孙奭果争之。武王召
结果，武王让甘茂以丞相身份领兵攻打宜阳。经过了五个月还没攻下来。樗里子、公孙奭果然提出了反对意见。

甘茂，欲罢兵。甘茂曰："息壤在彼。"王曰："有之。"因大悉
武王召甘茂，打算退兵。甘茂说："息壤还在那里，大王不要忘记。"武王说："有过盟誓。"于是秦武

起兵，使甘茂击之。斩首六万，遂拔宜阳。
王大力调兵支援甘茂，让甘茂放手进攻宜阳，斩敌六万人，终于攻下了宜阳。

---

1 中山：国名，春秋之鲜虞，在河北省定州市一带。
2 羁旅之臣：客卿也；羁，寄。
3 樗里子：秦惠王异母弟。公孙奭：秦之诸公子，两人为王室成员而党韩。

清代顾绣《萧何月下追韩图》

韩信拜将对策汉中

诸葛亮隆中对策，预知天下三分，家喻户晓，诸葛大名因此而名垂后世。早于诸葛亮隆中对策四百年，韩信拜将汉中对策，预知楚汉相争，汉胜楚亡，精彩绝伦，只有隆中对策方可媲美。隆中对策在公元207年，汉中对策在公元前206年，四百年整。

韩信，淮阴人，年少时家贫，无以为生，寄食南昌亭长，乞食漂母，曾受胯下之辱，一个不为人称道的青年。但韩信胸怀壮志，喜读兵书，习武仗剑，自信"天生我材必有用"，将来一定发迹。他的母亲死了，连棺

韩信为亡母择坟地

材板也买不起，他却自己看好一块又高又平的荒地埋葬了母亲，认为日后这块地方将有万家邑，成为热闹的都邑。这表明韩信有封侯壮志。

  公元前208年，起兵江东的项梁、项羽过江北上，路过淮阴，韩信仗剑从戎，在项梁帐下做警卫，项梁死后从项羽。韩信多次出善谋，项羽不听，韩信很失望。公元前206年项羽入关，分封十八王，刘邦被封为汉中王，韩信脱离项羽，投归了刘邦。刘邦左右，萧何、夏侯婴等人都很赏识韩信，多次推荐，但没引起汉王刘邦的重视。韩信又一次大失所望，他月夜逃走，打算到关东闯荡。萧何听说韩信逃走，他大惊失色，来不及报告汉王，乘上一匹快马去追韩信。汉王左右的人以为萧何也逃走了，连忙报告刘邦，刘邦惊了一身虚汗，饭吃不下，仿佛掉了魂一样。因为萧何是刘邦的智囊和丞相，是刘邦的左膀右臂，一刻也离不开。过了三天，萧何回来报告，刘邦又惊又喜，又怒又恨。惊喜萧何回归，怒恨萧何逃亡。刘邦喝问萧何："为何逃亡？"萧何说："我没逃亡，而是追逃亡的人？"刘邦说："追哪一个？"萧何说："追韩信。"刘邦又骂道："你在骗我！逃了多少将领你不追，追一个韩信，值吗？"萧何说："诸将易得，才不值得追，韩信是国士无双，所以我来不及报告去追。所幸追回来了，大王只安心做一个汉中王，用不上韩信；大王想争天下，没有韩信不能成功。"萧何的反常举动与这样说话，打动了刘邦。刘邦说："我恨不得立即东出争天下，谁愿意老死汉中。我听你的，重用韩信。"萧何说："要大用韩信，必须尊重韩信，大王要选择吉日，建筑坛场，还要斋戒，举行隆重拜将礼，这样才能留住韩信的心，好为大王效命。"刘邦一一答应，传出号令，择日拜大将。长期追随刘邦的多位将领都喜滋滋地自认为能拜大将。结果，拜将的一天，举行隆重大礼，出场的原来是新来的韩信，全军为之震惊。

汉王部属大多来自丰沛，日夜思归故乡。汉王举行拜将大礼，表示整军讲武，是东出的前奏，全军有了盼头，人人欢欣鼓舞。拜将大礼成了一项激励士气的盛典。萧何做了认真的准备，庄严、隆重。午时正刻，汉王登坛祭祀，萧何主司仪。汉王祭拜天地、祖宗，表示拜将的隆重，天地祖宗，神明皆知。然后举行拜将大礼。全军注目接印大将何许人。出乎所有人的意料，原来就是韩信。历史上一颗杰出的将星，就这样在汉王建筑的拜将坛上冉冉升起。开汉家四百年基业的韩信正式登上了政治舞台。

拜将礼毕。汉王当众咨询韩信以何策争天下。这实际也是一种考问方式，是真金还是黄铜，在千军万马的瞩目中就要亮相了。

汉王说："丞相多次推荐将军，将军有何良策教导寡人？"

韩信成竹在胸，他先致礼汉王，不做正面回答，而是提出问题，作为铺垫。韩信说："现在大王东出争天下，对手恐怕就是项王吧？"汉王说："正是。"韩信又问："大王您自己估量一下，勇敢、剽悍、仁德、刚毅，比得过项王吗？"韩信这一问，着实厉害，它使汉王陷入尴尬，答也不是，不答也不是，谁愿当众承认自己不如人呢？可是现实十分严峻，知彼知己，才能百战百胜，自己哪些方面不如别人，找出差距才可弥补，发挥优势，以己之长击人之短。汉王豁达大度，他沉思良久，终于回答："不如也。"韩信直率的提问，表现了对知遇的忠诚；汉王坦诚的回答，表现了干大事业的帝王气度，虚心请教的胸怀。韩信见汉王如此谦虚，非常高兴，拜了两拜，话像打开的匣子，无拘无束地倾吐出来。韩信说："我韩信私下也认为大王勇悍仁强比不上项王。过去，我在项王手下做过事，知道项王的为人，大王总体上超过了他，可以打败项王。"于是韩信在对比中对天下

韩信直言相问刘邦

大势,楚汉强弱及转化条件,作了极为精彩的分析,足可称为汉中对策。

韩信说,项王个人很有能耐,他发一声吼,能吓倒千千万万的人,但项王只不过是匹夫之勇,因为他不能信用贤人。项王对部属施小恩小惠,婆婆妈妈,却舍不得封赏,让人失望。项王自称霸王,想统治诸侯,却不定都关中,失了地利,又有背义帝之名,再加上残暴嗜杀,失去了天下的人心。项王的权威,全靠暴力维护,因此外强中干,不能持久。而大王恰与项王相反,因此处处显出优势。大王能用贤,服天下之人,没有战不胜的敌人。大王入关,秋毫无犯,秦民没有一个不愿意大王统治关中的。相反,秦人把项羽封的三个秦王恨之入骨。大王部下都是山东人,东向争天下人人奋勇。现在只要大王一声号令,向东进击,关中三秦王只消一道

韩信拜将对策汉中

讨伐令就可攻下来。

韩信知识渊博，识见高明，有远大的政治战略眼光，分析形势，考虑了天时、地利、人和，一席话说得汉王及全军皆服。汉王高兴非常，只恨相见之晚。于是汉王言听计从，放手让韩信部署诸将，日夜操练，做好战备东出。

汉元年（前206年）四月，汉王入汉中，五月拜韩信为大将。八月汉兵东出，在韩信指挥下，明修栈道，暗度陈仓，出其不意，一战就平定了关中。韩信接着将雍王章邯率领的残敌包围在废丘（今陕西省兴平市），乘胜率主力东出。汉二年（前205年）四月，汉军长驱直入打到了彭城，并攻克了彭城。由于汉王的麻痹大意，日置酒高会，遭到项羽的突击，楚军战胜。又是韩信在京索地区设伏打败了楚军乘胜的势头，于是楚、汉围绕对成皋的争夺进入了相持阶段。此后韩信开辟北方战场，又打了多次胜仗，替汉家开创了半壁河山。

韩信的军事天才和政治战略眼光，不同寻常，汉中对策就是生动的例证。

淮阴侯列传

信数与萧何语，何奇之。至南郑，诸将行道亡者数
韩信多次跟萧何谈话，萧何赏识他是一个奇才。到达南郑，大小将官从半道逃亡的

十人。信度何等已数言上，上不我用，即亡。何闻信
有几十个。韩信估量萧何等人已多次向汉王作了推荐，汉王既然不用我，也跟着逃亡。

亡，不及以闻[1]，自追之。人有言上曰："丞相何亡。"上大
萧何听说韩信逃亡，来不及向汉王报告，亲自追赶韩信。有人报告汉王说："丞相萧何

怒，如失左右手。居一二日，何来谒上[2]，上且怒且喜，骂
逃跑了。"汉王大怒，好像失去了左右手。过了一两天，萧何来拜见汉王，汉王既恼怒

何曰："若亡，何也？"何曰："臣不敢亡也，臣追亡者。"
又高兴，骂萧何说："你逃跑了，为什么？"萧何说："臣不敢逃亡，臣是去追逃亡的人。"

上曰："若所追者谁何？"曰："韩信也。"上复骂曰："诸
汉王说："你追的是哪一个？"萧何说："追韩信。"汉王又骂说："各将领逃亡了几十个，

将亡者以十数，公无所追[3]；追信，诈也。"何曰："诸将
你没有去追，单单追韩信，是假话。"萧何说："其他将领容易得到，至于像韩信这样的人，

易得耳。至如信者，国士无双。王必欲长王汉中，无所
天下无双。大王如果长期只在汉中称王，韩信派不上用场；一定要争夺天下，没有韩信

事信；必欲争天下，非信无所与计事者。顾王策安所决
就找不到和您商量大事的人。这要看大王怎样决策了。"汉王说："我也想要向东发展，

---

1 不及以闻：来不及向刘邦报告。
2 谒：进见。
3 公：同"若"，前称"若"，此改称"公"，表示刘邦心转喜而亲切尊称。

萧何月下追韩信

耳[1]。"王曰:"吾亦欲东耳,安能郁郁久居此乎?"何曰:
怎能郁郁不乐地长期居留在这里呢?"萧何说:"大王决计向东发展,能够任用韩信,

"王计必欲东,能用信,信即留;不能用,信终亡耳。"王
韩信就留下来;不能任用,韩信终究要跑走的。"汉王说:"我看在你的面子上用他做

曰:"吾为公以为将。"何曰:"虽为将,信必不留。"王
将军。"萧何说:"虽然用为将军,韩信也一定不会留下来。"汉王说:"用他做大将军。"

曰:"以为大将。"何曰:"幸甚。"于是王欲召信拜之。何
萧何说:"太好了。"于是汉王就要召见韩信任命为大将军。萧何说:"大王向来傲慢,

---

1 顾:但,只是。

曰："王素慢无礼[1]，今拜大将如呼小儿耳，此乃信所以去
不讲礼节，如今任命大将军就像呼唤小孩子似的，这就是韩信之所以要离开的原因。大
也。王必欲拜之，择良日，斋戒[2]，设坛场[3]，具礼[4]，乃可
王如果想任用他，就选个吉祥日子，进行斋戒，在广场上搭高台，举行拜将仪式，那才
耳。"王许之。诸将皆喜，人人各自以为得大将。至拜大
行啊！"汉王答应了。各个将领都很高兴，人人都认为自己能做大将军。等到登坛拜将时，
将，乃韩信也，一军皆惊。
原来是韩信，全军都惊奇。

信拜礼毕，上坐[5]。王曰："丞相数言将军，将军何以
韩信授任仪式结束，汉王就座。汉王说："丞相多次称道将军，将军有什么良策指教我？"
教寡人计策？"信谢，因问王曰："今东向争权天下，岂
韩信谦让了一番，趁势问汉王说："如今向东争夺天下，难道对手不就是项王吗？"汉王说："是
非项王邪？"汉王曰："然。"曰："大王自料勇悍仁强孰与
这样。"韩信说："大王自己估量在勇敢、强悍、仁厚、兵力等方面与项王比较，谁强？"汉王
项王？"汉王默然良久，曰："不如也。"信再拜贺曰："惟
沉默了好长一阵时间，说："赶不上项王。"韩信拜了两拜，十分赞佩地说："我也认为大王比
信亦为大王不如也[6]。然臣尝事之，请言项王之为人也。项
不过项王。但是我曾经跟随过项王，请允许我说说项王的为人。项王震怒咆哮时，吓得上千人瘫软，

---

1 素慢：一向对人傲慢。
2 斋戒：古人在祭祀或举行庆典之前，先沐浴、更衣、戒酒、素食、独宿，表示虔诚庄重，叫"斋戒"。
3 坛场：举行典礼的场所，筑土台为坛，除地为场。
4 具礼：举行拜将仪式。
5 上坐：指刘邦礼毕而坐。上，指刘邦。
6 惟：通"虽"。为：认为。

王暗恶叱咤[1]，千人皆废[2]，然不能任属贤将，此特匹夫之勇
但不能放手任用有才干的将领，这只是匹夫之勇罢了。项王待人孝敬慈爱，言语温和，有生病的人，
耳[3]。项王见人恭敬慈爱，言语呕呕[4]；人有疾病，涕泣分食
心疼得流泪，将自己的饮食分给他，等到所任用的人立下战功，应当加官晋爵时，却把刻好的印
饮；至使人有功当封爵者，印刓敝，忍不能予，此所谓妇
章把玩在手中，磨去了棱角，也舍不得给人家，这就叫妇人的仁慈啊。项王虽然称霸天下，使诸
人之仁也。项王虽霸天下而臣诸侯，不居关中而都彭城[5]。
侯臣服，但不居留关中而定都彭城。又违背义帝的约言，把自己偏爱的亲信封为王，诸侯都不服。
有背义帝之约，而以亲爱王，诸侯不平。诸侯之见项王迁
诸侯看到项王迁徙、驱逐义帝，把他安置在江南，也都回去驱逐原来的国君，然后自己占据好的
逐义帝置江南，亦皆归逐其主而自王善地。项王所过无不
地方称王。项王军队所过的地方，没有不横遭摧残毁灭的，天下的人大多怨恨他，百姓不归附，
残灭者，天下多怨，百姓不亲附，特劫于威强耳。名虽为
只不过迫于威势，勉强服从罢了。项王虽然名义上是霸主，实际上却失掉了天下的民心，所以说
霸，实失天下心，故曰其强易弱。今大王诚能反其道，任
他的强大容易转化为弱小。如今大王如果能采取和项王相反的做法，任用天下英勇的人，没有什
天下武勇，何所不诛！以天下城邑封功臣，何所不服！以
么不可以被诛灭的对手；用天下的城邑分封给有功之臣，没有什么人会不心服！用正义的战争，

---

1 喑（yīn）恶（wù）叱（chì）咤（chà）：斥骂声。
2 废：瘫软。
3 特：只是。匹夫：一个普通的人。
4 呕（xū）呕：温和的样子。
5 不居关中：指项羽不都长安。彭城：秦县名，今江苏省徐州市。

义兵从思东归之士[1]，何所不散！且三秦王为秦将[2]，将秦子
顺从思乡想东归的战士，没有什么不能被击溃的敌人！何况三个秦王原都是秦将，率领秦地的子

弟数岁矣，所杀亡不可胜计[3]；又欺其众降诸侯，至新安，
弟打了几年仗，被杀死和逃跑的多到无法统计；三秦将又欺骗自己的部属投降诸侯，走到新安，

项王诈坑秦降卒二十余万，唯独邯、欣、翳得脱。秦父兄
项王用诈骗的办法活埋秦降兵二十多万，唯独章邯、司马欣和董翳得以脱身。秦地的父老兄弟怨

怨此三人，痛入骨髓。今楚强以威王此三人，秦民莫爱
恨这三个人，痛入骨髓。而今楚王项羽凭着威势，强行封立这三个人为王，秦地的百姓没有一个

也。大王之入武关，秋毫无所害，除秦苛法，与秦民约法
爱项王的。大王攻入武关，秋毫无犯，废除了秦朝的苛酷法令，与秦地百姓约法三章，秦地百姓

三章耳[4]，秦民无不欲得大王王秦者[5]。于诸侯之约，大王当
没有一个不想大王在秦地做王的。根据诸侯的约定，大王理当在关中做王，关中百姓都知道这件事。

王关中，关中民咸知之。大王失职入汉中，秦民无不恨
大王失掉应得的秦王才到汉中的，秦地百姓没有一个不怨恨的。如今大王起兵东进，三秦王的封

者。今大王举而东，三秦可传檄而定也。"于是汉王大喜，
地只要下道文书就可以平定。"于是汉王十分高兴，自认为得到韩信太迟了，就听从了韩信的计谋，

自以为得信晚，遂听信计，部署诸将所击。
部署众将安排了攻击的目标。

---

1 思东归之士：想要打回老家的士兵。刘邦入汉中所带士兵多关东卒，故"思东归"。
2 三秦王：即雍王章邯、翟王董翳、塞王司马欣。三人本秦将，降项羽，项羽入关，分关中地封三人为王以御刘邦。
3 杀亡：战死的和逃亡的。胜：尽。
4 约法三章：即杀人者死，伤人及盗抵罪。
5 王秦：在关中为王。

八月[1],汉王举兵东出陈仓[2],定三秦。汉二年,出关,

八月,汉王起兵东出指向陈仓,平定三秦。汉二年(前205年),兵出函谷关,收服了魏王、

收魏、河南、韩、殷王皆降[3]。合齐、赵,共击楚。四月,

河南王、韩王、殷王都来投降。汉王又联合了齐王、赵王共同攻击楚军。四月,到达彭城,汉军兵败,

至彭城,汉兵败散而还。信复收汉兵与汉王会荥阳,复击

溃散而回。韩信重新收集溃散的士兵在荥阳与汉王会合,发动对楚军的反攻,在京、索间打败楚军,

破楚京、索之间,以故楚兵卒不能西。

因此楚军终于不能再向西挺进。

---

1 八月:汉元年八月,即公元前206年秦历八月。
2 陈仓:秦县名,在今陕西省宝鸡市东。
3 魏、河南、韩、殷:指魏王魏豹、河南王申阳、韩王郑昌、殷王司马卬。

▲ 明·佚名《圣君贤臣全身像册·韩信》

乘势传檄不战降燕

《孙子兵法·谋攻篇》，提出了最会打仗的标准。孙子说："百战百胜，非善之善者也；不战而屈人之兵，善之善者也。"只会打胜仗，不是最好的将军，而用和平的手段降服对手，这才是最好的将军。

孙子的话有很深的哲理和辩证观点。项羽作风顽强，最善打硬仗，他身经七十余战，没有打过败仗，可是垓下一战败北，前功尽弃，自己落得悲剧下场。韩信打仗用智，也能用武，智勇兼备，也是战无不胜，攻无不克。但韩信还能做到"不战而屈人之兵"，成为孙子所说最善战的将军，着实了不起。

韩信打胜仗有诀窍，他不仅自己绝顶聪明，他还虚心下问，采纳众智为自己所用，这是一般人做不到的。人们常说："虚心使人进步，骄傲使人落后。"话人人都会说，事却不是人人都能做。这就是韩信。他不战而降燕，就是采纳了原先是对手的李左车的计谋。

韩信在攻打赵国的时候，赵国广武君李左车向主帅陈馀提出，韩信远来，利在速战；赵军在国境内作战，占有地利、人和，粮食充足，利在持久。赵军坚壁不战，另出奇兵切断韩信的后勤粮食，不出半月汉兵不战自溃。陈馀不采纳，与韩信打阵地战，被韩信用背水阵一个上午就消灭了赵国二十万大军。在战前，韩信下令，不许伤害李左车。韩信深深敬服李左车。如果赵军是李左车指挥，韩信就不会轻易取胜了。韩信要部下生俘李左车，他要向李左车请教。果然汉军生俘了李左车，把他押进了中军

韩信向李左车请教

帐。韩信亲自为李左车松绑,把他请到贵宾的座位上,虚心地像学生一样向李左车请教,待以师父之礼。李左车很感动,也就替韩信分析形势,出谋献计。

韩信问李左车说:"我受命于汉王,开辟北方战场,最后要打到齐国,战略包围楚国。我想立即进兵燕国和齐国,先生有何良策给我?"

李左车做了几番推辞,但经不住韩信的诚恳下问,于是替韩信分析形势,提出不战降燕的策略。李左车说:"韩将军一个时辰消灭了二十万赵军,威名远播,汉军士气高涨,这是汉军的长处。但汉军连续作战,疲劳已极,经不起连续作战,需要休整,这又是汉军的短处。善于作战的人,要扬己之长击敌之短。如今替韩将军打算,最好的办法是休整军队,不要进攻燕国,但要进行宣传,摆出向燕进攻的姿态,利用将军的声威征服燕国。"韩信认为李左车的计谋可行。于是,韩信大造进攻燕国的舆论,调兵遣将,做出立即进攻燕国的样子。燕王臧荼十分惊恐。接着韩信派出使者,游说燕国降汉,长保王位,不要自取灭亡。燕王听从劝告,和平归降汉王。

有人说,李左车不说话,韩信也会想到这个策略。韩信左右的人众多,必然是七嘴八舌,各种意见争执不下。韩信请教于李左车,坚定了不战降燕的信心。即便如此,韩信虚怀若谷的精神是值得学习的。

淮阴侯列传

韩信问广武君曰[1]:"仆欲北攻燕,东伐齐[2],何若而有
_{韩信向广武君请教破燕之策,说:"我想北上攻打燕国,东边讨伐齐国,怎么样才}
功?"广武君辞谢曰[3]:"臣闻败军之将,不可以言勇;亡国之
_{能取得成功?"广武君谦逊地推辞说:"我听说败军之将,没资格谈论勇敢;亡国的大夫,}
大夫,不可以图存。今臣败亡之虏,何足以权大事乎!"信
_{没资格谋划国家的生存。如今我是一个败军的俘虏,哪有资格来计议大事呢?"韩信说:}
曰:"仆闻百里奚居虞而虞亡[4],在秦而秦霸,非愚于虞而智于
_{"我听说百里奚在虞国而虞国灭亡了,在秦国而秦国称了霸,并不是他在虞国时愚笨,而}
秦也,用与不用,听与不听也。诚令成安君听足下计,若
_{在秦国时聪明,是任用与不任用,听从意见与不听从意见的结果啊。假如成安君听从了你}
信者亦已为禽矣。以不用足下,故信得侍耳[5]。"因固问曰[6]:
_{的计谋,像我韩信也早已被生擒了。因为成安君没有任用你,所以我才得以亲聆教训呀!"}
"仆委心归计[7],愿足下勿辞。"广武君曰:"臣闻'智者千虑,
_{韩信一再请教,说:"我诚心诚意听你的计谋,希望你不要推辞。"广武君说:"我听说'智}

---

1. 广武君:赵国擅长权谋的大将李左车,封广武君。
2. 燕、齐:燕王臧荼,都蓟(jì),在今北京市。齐王田广,都临淄,在今山东临淄城北。
3. 辞谢:谦让。
4. 百里奚:春秋时虞国大夫。晋假道于虞以伐虢,百里奚谏虞君,虞君不听,虢亡虞亦被晋所灭。虞亡百里奚流落至楚为人奴,秦穆公闻其贤,用五羊皮换至秦国,用为相,七年而秦霸西戎。
5. 故信得侍耳:所以我得以亲聆教训啊!这是韩信诚心请教的谦辞。
6. 固问:一再请教。
7. 委心归计:诚心诚意听取你的计谋。

必有一失；愚者千虑，必有一得。'故曰'狂夫之言，圣人
者千虑，必有一失；愚者千虑，必有一得。'所以说'狂人的话，也可供圣人选择。'只
择焉。'顾恐臣计未必足用，愿效愚忠。夫成安君有百战百
是我献的计谋未必能实用，但愿忠心效力，说说浅见。成安君本来有百战百胜的计谋，
胜之计，一旦而失之，军败鄗下[1]，身死泜（zhī）上。今将军
一旦不用，军队在鄗城打了败仗，自己死在泜水上。如今将军渡过西河，俘虏了魏王，
涉西河，虏魏王，禽夏说阏与，一举而下井陉，不终朝破赵
在阏与生擒了夏说，一战而下井陉，不到一个上午打败二十万赵军，杀了成安君。
二十万众，诛成安君。名闻海内，威震天下，农夫莫不辍耕
将军名声传四海，威望震天下。农夫百姓生怕兵灾来临，无不放下农具，停止耕作，
释耒，褕衣甘食[2]，倾耳以待命者[3]。若此，将军之所长也。然
穿好的，吃好的，拉长耳朵在听你出兵的消息。这一些，是将军的长处。但是你连续作战
而众劳卒疲，其实难用。今将军欲举倦弊之兵，顿之燕坚城
的军队十分疲劳，很难继续作战。如今将军想率领疲劳的士兵，停留在燕国坚守的城池之
之下，欲战恐久力不能拔，情见势屈[4]，旷日粮竭，而弱燕不
下，想要进攻作战，恐怕拖得太久，力量不能攻克，实情暴露，主动权就要丧失，相持日久，
服，齐必拒境以自强也。燕齐相持而不下，则刘项之权未有
粮食耗尽，而弱小的燕国都不能降服，那齐国一定增强信心把守边境。燕国和齐国坚持对抗，

---

1 鄗（hào）下：鄗城之下。鄗，秦县名，故治在今河北省高邑县东南。
2 褕（yú）衣甘食：吃好的，穿好的。
3 倾耳以待命：侧着耳朵在等候着你出兵的消息。以上几句形容韩信兵威远播，使敌国老百姓放下生产，吃好穿好，等待命运的摆布。
4 情见势屈：自己的实情（短处）就要暴露出来，主动权也就随之丧失。势，态势，主动权。

所分也[1]。若此者，将军所短也。臣愚，窃以为亦过矣。固
而又攻不下来，那么刘、项相争的胜负就难说了。这一些，是将军的短处。我很愚笨，个人认

善用兵者不以短击长，而以长击短。"韩信曰："然则何由？"
为北攻燕、东伐齐的计划是不对的。本来善用兵的人不是以短击长，而是以长击短。"韩信说："那

广武君对曰："方今为将军计，莫如案甲休兵，镇赵抚其孤，
么该怎么办呢？"广武君回答说："现今替将军打算，最好按兵不动，休整士卒，稳定赵国，抚恤阵

百里之内，牛酒日至，以飨士大夫醳兵[2]，北首燕路[3]；而后遣
亡将士的遗孤。在方圆百里之内，每天都送来牛肉美酒犒劳将士，摆出向北进军的架势，驻守在通往

辩士奉咫尺之书[4]，暴其所长于燕[5]，燕必不敢不听从。燕已
燕国的要道上。然后派一个会说话的辩士，送一封书信，把自己的绝对优势充分显示给燕国看，燕国不

从，使喧言者东告齐[6]，齐必从风而服，虽有智者，亦不知为
敢不从。燕国既已听从，再派一个能说会道的人向东劝降齐国，齐国也一定听到消息就服从的，即使有

齐计矣。如是，则天下事皆可图也。兵固有先声而后实者，
大智大慧的人，也不知该怎样替齐国谋划了。如果是这样，那么天下大事就都好办了。用兵之道，本来就

此之谓也。"韩信曰："善。"从其策，发使使燕，燕从风
有先虚张声势而后采取实际行动的，我说的就是这样的情况。"韩信说："好啊！"听从广武君的计谋，

而靡[7]。
派出使者前往燕国，燕国听到消息真的立即投降了。

---

1 权：秤锤，这里喻胜负的比重。
2 飨士大夫醳兵：犒赏将士。飨，宴请。士大夫，指将军们。醳（yì），醉酒。
3 北首燕路：摆出北向进攻燕国的态势。首，向。
4 咫（zhǐ）尺之书：尺来长的书信，喻短小的文章。咫尺，八寸。
5 暴其所长于燕：把自己的绝对优势显示给燕国看。
6 喧言者：会说话的人，即辩士。
7 从风而靡：顺风倒下。喻燕国听到消息，立刻投降。靡，倒下，这里作投降讲。

乘势传檄不战降燕

▲ 清·周培春《虞姬舞剑图》

四面楚歌霸王别姬

垓下之战是楚汉相争最后的一次大战,楚霸王穷途末路,在四面楚歌声中,霸王别姬。

垓下之战,发生在公元前202年。这一仗,韩信指挥的汉军有三十二万,项羽率领的楚军十万。无论是人数,还是战略态势,汉军都占了绝对优势,汉胜楚败,大局已定。但是项羽善战,身经七十余战,所向披靡,没有打过败仗,何况还有十万大军,打败他也不是一件容易的事。战争是生与死的搏斗,会打仗的人,总是要用最小的代价,换取最大的收获。韩信在这场战役中的指挥艺术,正体现了这一原则。

汉王刘邦与楚王项羽,两人率领的楚汉军队在成皋对峙,已经达三年之久,刘邦靠智谋和地利,项羽靠勇猛善战,各自发挥长处达到顶点。楚汉势均力敌,一时还难分胜负。

项羽的后方粮道,经常遭到汉军彭越的袭扰,感到十分疲乏。汉王刘邦靠关中后方支持战争,拖了几年,也感到筋疲力尽。张良向刘邦献计,打破僵局,利用和平手段,引诱项羽后退,瓦解楚军士气,在追击中消灭项羽。

计议已定,刘邦派出能说会道的陆贾和侯生,轮番劝说项羽停战。项羽性格暴躁,残忍好杀,攻城屠地,杀人以千万数。但是,另一方面,项羽又有菩萨心肠,看不得百姓遭殃,老弱妇孺受祸。陆贾对项羽说:"楚汉相争打了好几年,年轻力壮的人都上了战场,老弱妇女在后方运输,全天下骚动，百姓生活在水深火热之中，还是罢兵言和，让天下的人缓一口气。"侯生说："楚汉订立和约，中分天下，以鸿沟为界，鸿沟以东归项王，鸿沟以西归汉王。"项羽终于同意，送还扣为人质的汉王妻子和父亲，领兵东归彭越。

项羽全军开拔东走，军中齐呼"和平万岁"，放松了战备。汉王谋臣张良又献计说："楚军兵疲粮尽，这正是天亡楚的好时机。汉军趁着楚军东移，紧随其后突然袭击，一定大获全胜。"汉王刘邦说："楚汉已订立和约，怎么好追击？"

张良说："兵不厌诈，订立和约原是麻痹楚军斗志，大王切不可放虎归山。"

陆贾劝项羽停战

汉王的另一谋士陈平也说："机不可失，时不再来。天予不取，会自受灾祸。"

汉王刘邦说："好，就这么办。"汉军全线出动追击楚军。项羽向固陵方向转移，设下埋伏大败汉军前锋。于是楚、汉两军又在固陵地方对峙起来。固陵，在今河南省周口市淮阳区西北。

刘邦在固陵吃了败仗，韩信、彭越等汉将按兵不动，违背军令不来会师。刘邦闷闷不乐。张良又献计说："派使者带着地图去召韩信、彭越，约期会战。齐王韩信、梁王彭越，各有地界。"齐王韩信、梁王彭越果然回报说："臣等立刻发兵攻楚。"齐王韩信从齐出兵，彭越、刘贾也攻入楚地。楚司马周殷叛楚，从九江发兵北上。四周大军合围上来，项羽夺路东逃，在垓下地方陷入了合围。垓下，在今安徽省灵璧县东。

汉王刘邦命大将韩信统一指挥各路汉兵，总计兵力三十万。韩信统率大军在正面，汉王跟在后面应援。交战之日，韩信令孔将军、费将军率领骑兵扩张在两翼。又派周勃、柴武各率一支军队夹在汉王两边。韩信的部署，汉军是三层梯队，汉王刘邦受到严密保护。项羽有兵十万，集中在正面挡敌。韩信亲自打起中军大旗向项羽挑战，项羽出击，战斗一个时辰以后，韩信向后撤退。项羽追击，孔将军、费将军从两翼包抄过来，将项羽之军拦腰切为两段。韩信此时又反冲锋杀上来。项羽左冲右突，终于没有杀出重围，被围困在垓下。

这时项羽之军已不足十万，只有数万人，却是楚军最精锐的中军，如果打硬仗，汉军仍要付出很大代价。韩信将项羽围困起来。楚军兵少粮尽，陷入了绝境。夜间，汉军四面唱起楚地歌曲，迷惑项羽。项羽惊惶不解地说："难道汉军把楚地都占领了吗？为何有这么多人唱楚歌？"项羽心烦意乱，一个劲地喝闷酒。项羽不理解自己会落到这步田地！他让人牵来陪他南征北战的乌骓马，面对爱妾虞姬，禁不住唱起了离别的悲歌：

力拔山兮气盖世，时不利兮骓不逝。
骓不逝兮可奈何，虞兮虞兮奈若何。

项羽一遍又一遍地慷慨悲歌，泪流不止，左右的人也一个个泣不成声。英雄陷入了生离死别的窘境，他在痛苦中思索，得出结论，"时不利兮骓不逝"，慨叹时运不济，战马跑不快。项羽决定突围。夜已经很深，项羽跨上乌骓马，率领八百多壮士悄悄地冲出重围。次日清晨，汉军觉

听到四面楚歌的楚军想家了

察，立即出动五千骑兵追击。项羽过了淮河，只剩一百余骑。且战且退，行经阴陵，迷失道路，被汉兵追了上来。项羽被逼到长江边上的乌江浦，身边只有二十八骑了。前面是浩瀚的大江，后面有黑压压的追兵，英雄已到末路。但项羽并不服输，他向天地抗争，仍要一展雄风。项羽对身边的二十八骑说："我起兵八年，身经七十余战，从没打过败仗，所以能称霸天下。今天走投无路，是上天要我失败，不是我不会打仗，不信我再痛痛快快打一仗给你们看。我要冲入汉军中杀一汉将，夺取战旗，并替你们解围。"

项羽说毕，把身边二十八骑分为四队，分四个方向。这时汉军四面围了上来，一层又一层。项羽发出号令，四队骑士从四个方向如旋风一样突入汉军阵中，穿出重围，约定在东边山头分为三处集合。项羽一马当先，直奔一汉将，刀起人落，砍下马来。

项羽和他的骑士在东山集合成三队，汉军找不到项羽，就分兵为三部，合围三处。此时项羽又驰马冲杀，再斩杀汉军一个都尉，再次集合他的骑士，仅仅少了两骑。项羽对他的骑士说："你们看到了吧？怎么样？"骑士们都佩服说："完全像大王说的一样。"

项羽带领二十六位骑士来到乌江西岸，要渡江东归。乌江亭长把船撑好，等待项羽上船。项羽见一只小船，只能渡自己一人一骑，他不忍心把骑士丢在岸上，改变主意决定与骑士同生共死，战死沙场。项羽对亭长说："十分高兴感谢你撑船接待，你是一个有德之人。我把这匹追随我南征北战的战马送给你做个纪念。我项羽率领八千江东子弟突进中原打仗，现在只有我一个人生还，有何面目见江东父老？"

项羽将乌骓马交与亭长，自己步行作战。他命骑士们都下马步行，用

项羽放弃渡江

短兵器与围上来的汉军展开肉搏。项羽和他的骑士杀死了几百汉兵,最后只剩项羽一个人,身上受伤十余处。项羽面不改色,挥剑自刎而死。

智慧启示

垓下之战,韩信用智,项羽逞勇,都表现了精绝的战争艺术。韩信先切割项羽军,而后四面楚歌,涣散楚军斗志。项羽走到绝路,还能突围、斩将、夺旗,真是一位无敌的勇士。宋代词人李清照有诗赞扬项羽,说:"生当作人杰,死亦为鬼雄。至今思项羽,不肯过江东。"这是诗人怀着对项羽崇敬心情留下的绝唱,它表达了千百年来人们对悲剧英雄项羽的肯定。

项羽本纪

汉兵盛食多，项王兵罢食绝。汉遣陆贾说项王，请太公，
<small>汉兵士气旺盛众多，粮食充足，项王兵少疲困，粮食已绝。汉王派陆贾劝说项王</small>
项王勿听。汉王复使侯公往说项王，项王乃与汉约：中分天
<small>和约，释放太公，项王不答应。汉王派侯公去劝说项王，项王于是与汉王订立和约，平</small>
下，割鸿沟以西者为汉，鸿沟而东者为楚。项王许之，即归
<small>分天下，划鸿沟以西归汉，鸿沟以东归楚。项王同意这个条件，就释放汉王的父母妻儿，</small>
汉王父母妻子，军皆呼万岁。
<small>全军齐呼万岁。</small>

汉欲西归，张良、陈平说曰："汉有天下太半，而诸侯皆
<small>汉王打算西撤，张良、陈平劝说道："汉已据有天下大半，诸侯全部归附，</small>
附之。楚兵疲食尽，此天亡楚之时也，不如因其机而遂取之。
<small>楚军已兵疲食尽，这正是上天灭亡楚国的时候，如不趁此时机消灭楚军，却释放</small>
今释勿击，此所谓'养虎自遗患'也。"汉王听之。汉五年[1]，
<small>不去攻击，这就是人们常说的养虎给自己留祸患啊。"汉王听从了他们的计策。</small>
汉王乃追项王至阳夏南，止军[2]，与淮阴侯韩信、建成侯彭越，
<small>汉王五年，汉王追赶项王到阳夏南边，把军队驻扎下来，与淮阴侯韩信、建成侯</small>
期会而击楚军。至固陵，而信、越之兵不会。楚击汉军，大
<small>彭越约定时间会合后攻打楚军。到达固陵，而韩信、彭越的军队不来会合。楚军</small>

1　汉五年：公元前202年。
2　止军：屯驻下来。

破之。汉王复入壁,深堑而自守,谓张子房曰:"诸侯不从约,
出击,大败汉军。汉王逃回营垒,深挖壕堑来防守。对张良说:"诸侯不遵从约定,

为之奈何?"对曰:"楚兵且破,信、越未有分地[1],其不至固
怎么办呢?"回答说:"楚军将被攻破,韩信、彭越没有分封土地,他们不来本是

宜。君王能与共分天下,今可立致也[2]。即不能,事未可知也。
正常的。君王如能与他们共分天下,现在可以立即招来他们。如果不能这样,事态

君王能自陈以东傅海,尽与韩信;睢阳以北至谷城,以与彭
就不可预知了。君王能把从陈县以东直到海滨的地区,分给韩信;睢阳以北到谷城,

越:使各自为战,则楚易败也。"汉王曰:"善。"于是乃发使
分给彭越;让他们各自为自己而战,那么楚国就容易打败了。"汉王说:"好。"

者告韩信、彭越曰:"并力击楚,楚破,自陈以东傅海与齐王,
这时就派使者通告韩信、彭越道:"合力击楚。楚败后,从陈县以东到海滨给齐王,

睢阳以北至谷城与彭相国[3]。"使者至,韩信、彭越皆报曰:"请
睢阳以北到谷城给彭相国。"使者到达后,韩信、彭越都回报说:"请现在就出兵。"

今进兵。"韩信乃从齐往,刘贾军从寿春并行,屠城父,至垓
韩信就从齐出发前往,刘贾的军队从寿春并进,屠灭了城父,到达垓下。大司马

下。大司马周殷叛楚,以舒屠六,举九江兵,随刘贾、彭越,
周殷叛离楚国,以舒县的兵力屠灭了六邑,征发九江的兵员,跟随刘贾、彭越,

皆会垓下,诣项王[4]。
都会合在垓下,直逼项王。

---

1 未有分地:没有明确划界。
2 立致:立即召来。
3 彭相国:彭越曾为魏豹相国。
4 诣项王:各路汉军都追向项王。

项王军壁垓下，兵少食尽，汉军及诸侯兵围之数重。夜
<small>项王军队在垓下筑起营垒。兵少粮尽，汉军及诸侯兵把他包围了好几层。晚上听到</small>
闻汉军四面皆楚歌[1]，项王乃大惊曰："汉皆已得楚乎？是何楚
<small>汉军在四面都唱着楚地的歌曲，项王就大惊道："汉军已经全部得到楚国的土地了吗？为</small>
人之多也？"项王则夜起，饮帐中。有美人名虞，常幸从；
<small>什么楚人这么多呢？"就连夜起来，在营帐中饮酒。有位美人名叫虞姬，经常受宠随行；</small>
骏马名骓[2]，常骑之。于是项王乃悲歌慷慨，自为诗曰："力
<small>有匹骏马名叫骓，经常骑它。这时项王就慷慨悲歌，自己作诗吟唱道："力能拔山呀，气</small>
拔山兮气盖世，时不利兮骓不逝[3]。骓不逝兮可奈何，虞兮虞
<small>势盖世无双；时运不济呀，骓马难于驰骋！骓马不前行呀，可怎么办，可怎么办？虞姬呀</small>
兮奈若何！"歌数阕[4]，美人和之。项王泣数行下，左右皆泣，
<small>虞姬，你何处把身安！"唱了几遍，美人虞姬应和伴唱。项王泪流数行，左右的侍从人员</small>
莫能仰视。
<small>都哭泣，没有人能抬头看他。</small>

于是项王乃上马骑，麾下壮士骑从者八百余人，直夜溃
<small>这时，项王就骑上战马，部下壮士骑马相从的有八百多人，趁夜向南突围，</small>
围南出[5]，驰走。平明，汉军乃觉之，令骑将灌婴以五千骑
<small>飞奔而逃。天明时分，汉军才发觉，派骑将灌婴带领五千骑兵追赶。项王渡过淮河，</small>

1　四面楚歌：汉军收缩包围，其歌声达于项羽军营，此时汉军多楚人，刘邦令唱楚地民歌，用以瓦解项羽军心。
2　骓（zhuī）：毛色青白相间的马。
3　逝：奔驰。
4　歌数阕：连唱了几遍。阕，曲终，指唱完一遍。
5　直夜：正夜，即中夜、半夜。

四面楚歌霸王别姬　133

追之。项王渡淮，骑能属者百余人耳[1]。项王至阴陵，迷失
骑兵能跟得上的只剩一百多人。项王到达阴陵，迷了路，去问一个农夫，农夫欺骗

道，问一田父[2]，田父绐曰[3]："左。"左，乃陷大泽中。以故汉
他说："问左走。"项王向左，结果陷入大沼泽中。因此汉军追上了他们。项王就

追及之。项王乃复引兵而东，至东城，乃有二十八骑。汉
又领兵向东，到达东城，只剩下二十八个骑兵了。汉军骑兵追上的有数千人。项王

骑追者数千人。项王自度不得脱，谓其骑曰："吾起兵至今
自己估计不能脱身，就对他的骑兵说："我起兵到现在有八年了，身经七十多次战斗，

八岁矣，身七十余战，所当者破，所击者服，未尝败北，遂
阻挡我的敌人都被打垮，所攻击的敌人无不降服，从未失败过，于是称霸，据有天

霸有天下。然今卒困于此[4]，此天之亡我，非战之罪也。今
下。然而今天终于被困在这里，这是上天要灭亡我，不是作战的过错啊！今天肯定

日固决死，愿为诸君快战，必三胜之[5]，为诸君溃围、斩将、
得决一死战了，愿为诸君痛快地打一仗，一定胜它三次，给诸君冲破重围，斩将夺

刈旗[6]，令诸君知天亡我，非战之罪也。"乃分其骑以为四队，
旗，让大家知道是上天要灭亡我，并不是作战的过错。"于是把他的骑兵分成四队，

四向。汉军围之数重，项王谓其骑曰："吾为公取彼一将。"
面向四方。汉军包围起好几层。项王对他的骑兵说："我为你们拿下一员汉将。"

---

1. 骑能属者：能追随他的骑兵。属，跟随。
2. 田父：老农夫。
3. 绐（dài）：欺骗。
4. 卒：终于。
5. 三胜：即下文的溃围、斩将、刈旗。
6. 刈（yì）旗：砍倒军旗。

令四面骑驰下[1]，期山东为三处。于是项王大呼驰下，汉军
命令骑兵们四面奔驰而下，约定在山的东边分做三处集合。这时项王大声呼喊奔驰

皆披靡[2]，遂斩汉一将。是时，赤泉侯为骑将[3]，追项王，项
而下，汉军如草木随风倒伏，于是斩杀一名汉将。这时，赤泉侯连人带马都受惊吓，

王瞋目而叱之，赤泉侯人马俱惊，辟易数里[4]。与其骑会为三
倒退好几里。项王与他的骑兵们在三处会合。汉军不知道项王在哪里，就分为三路，

处。汉军不知项王所在，乃分军为三，复围之。项王乃驰，
再次包围楚军。项王就飞奔过去，又斩杀了一名汉军都尉，杀死数十上百人，又聚

复斩汉一都尉，杀数十百人。复聚其骑，亡其两骑耳。乃
集他的骑兵，仅损失了两名骑兵。于是向他的骑兵说："怎么样？"骑兵都佩服地说：

谓其骑曰："何如？"骑皆伏曰[5]："如大王言！"
"正如大王所说的那样。"

于是项王乃欲东渡乌江[6]。乌江亭长舣船待[7]，谓项王曰：
这时项王想东渡乌江。乌江亭长把船停靠在岸边，等待项王，对项王说："江

"江东虽小，地方千里，众数十万人，亦足王也。愿大王急
东虽小，地方纵横千里，民众数十万人，也足以称王。希望大王赶快渡江，现在

渡。今独臣有船，汉军至，无以渡。"项王笑曰："天之亡我，
唯独我有船，汉军追过来，他们没法渡江。"项王笑着说："上天要灭亡我，我

---

1 驰下：冲下去。
2 披靡：草木随风倒伏的样子，喻汉军之惊惧四散。
3 赤泉侯：即杨喜，汉骑将，因获项羽尸体封赤泉侯。
4 辟易：四散倒退。
5 伏：同"服"。
6 乌江：指乌江浦，津名，即今安徽省和县东北四十里长江西岸渡口。
7 舣（yǐ）船：移船靠岸。

我何渡为！且籍与江东子弟八千人渡江而西，今无一人还，
<small>还渡江干什么！况且项籍与江东子弟八千人渡江西进，现在没有一人返回，纵使</small>
纵江东父兄怜而王我，我何面目见之？纵彼不言，籍独不愧
<small>江东父老怜爱我，让我为王，我有何面目去见他们？纵然他们不说什么，我项籍</small>
于心乎？"乃谓亭长曰："吾知公长者，吾骑此马五岁，所当
<small>难道心中没有愧吗？"就对亭长说："我知道您是一位长者，我骑这匹马五年了，</small>
无敌，尝一日行千里，不忍杀之，以赐公。"乃令骑皆下马
<small>所向无敌，曾经日行千里，不忍心杀它，把它送给您吧。"于是命令骑兵全部下</small>
步行，持短兵接战[1]。独籍所杀汉军数百人。项王身亦被十余
<small>马步行，拿着短兵器交战。单是项王所杀掉的汉军就有几百人。项王也身受十几</small>
创。顾见汉骑司马吕马童曰："若非吾故人乎？"马童面之，
<small>处创伤。回头看到汉军的骑司马吕马童，说："你不是我的老相识吗？"马童与</small>
指王翳曰："此项王也。"项王乃曰："吾闻汉购我头千金[2]，邑
<small>项王打个对面，指给王翳说："这就是项王。"项王就说："我听说汉王用黄金</small>
万户[3]，吾为若德。"乃自刎而死。王翳取其头，余骑相蹂践争
<small>千斤、封邑万户来悬赏我的人头，我把这份好处送给你吧！"说完拔剑自刎而死。</small>
项王，相杀者数十人。最其后，郎中骑杨喜，骑司马吕马童，
<small>王翳取下项王头颅，其余骑兵互相践踏争夺项王身体，互相残杀的有几十人。最</small>
郎中吕胜、杨武，各得其一体。五人共会其体，皆是。故分
<small>后，郎中骑杨喜，骑司马吕马童，郎中吕胜、杨武，分别得到项王躯体的一部分。</small>

---

1 短兵：短小的轻便兵器，因步战所用。
2 购：悬赏征求。
3 邑万户：封邑万户侯。

其地为五：封吕马童为中水侯，封王翳为杜衍侯，封杨喜为
_{五个人一起拼合项王尸体，正好对上。因此划分万户土地为五部分：封吕马童为}
赤泉侯，封杨武为吴防侯，封吕胜为涅阳侯。
_{中水侯，封王翳为杜衍侯，封杨喜为赤泉侯，封杨武为吴防侯，封吕胜为涅阳侯。}

　　项王已死，楚地皆降汉，独鲁不下，汉乃引天下兵欲屠
_{项王已经死了，楚国土地全部归降汉王，唯独鲁地不降服，汉王就率领天下的兵马想屠}
之。为其守礼义，为主死节，乃持项王头视鲁[1]，鲁父兄乃降。
_{灭鲁地。因为他们坚守礼义，为君主以死尽忠，汉王就拿着项王的头颅给鲁地人看，鲁地父老}
始，楚怀王初封项籍为鲁公，及其死，鲁最后下，故以鲁公礼
_{们这才投降。当初，楚怀王封项籍为鲁公，等到项籍死后，鲁地又最后投降，因此用鲁公的礼}
葬项王谷城。汉王为发哀，泣之而去。
_{仪把项王埋葬在谷城。汉王给他发丧，哭吊以后才离去。}

---

1 视鲁：即示鲁，把项王头给鲁人看。

▲ 五代·胡瓌《胡人出猎图》

郑武公设局袭胡

郑人袭胡，是春秋初期发生在两个小国之间的一场战争。郑武公处心积虑要去攻打胡国，扩大郑国的疆域，他想得到奇袭的效果，就把自己的女儿嫁给胡国的国君，拉拢关系，麻痹胡国国君放松戒备。郑武公又故意开大臣会议商讨作战方案，大臣关其思说了真话，攻打胡国最有利。郑武

郑武公冤杀关其思

公把关其思杀了，造成震动，使这消息传播出去，让胡国国君看到自己亲善的诚意。这一切都是伪装的，关其思忠心耿耿，白白丢了性命。但关其思的死，起到了麻痹敌人的作用，对郑国来说是有收获的。

　　这个故事从不同的立场，有着多方面的意义，从关其思的立场上说，他死得很冤，因他说了对国家有利的真话，但说得不是时机，丢了脑袋，对个人来说是一个悲剧。避免这悲剧，有时真话也不能说，伴君如伴虎，如果不明白国君的心意，忠心话也说不得。从郑武公立场上说，他用诈谋取胜，使郑国攻打胡国少付代价，少牺牲战士，却要关其思付出牺牲，要借他的头来麻痹敌人，可以说也是郑国攻灭胡国所付出的代价。另一方面，也说明了政治斗争、军事斗争的残酷，凡使用诈计往往是要付出高昂的代价，流血就是不可避免的了。

韩非列传·郑武公伐胡

昔者郑武公欲伐胡[1],乃以其子妻之。因问群臣曰:
从前,郑国国君郑武公想消灭胡国,于是把自己的女儿嫁给了胡国国君为妻。郑武公召集群臣商议说:

"吾欲用兵,谁可伐者?"关其思曰:"胡可伐。"乃戮关
"我想出兵去攻打别的国家,壮大郑国,进攻哪一个国家有利呢?"大臣关其思建议说:"攻打胡国最有利。"

其思[2],曰:"胡,兄弟之国也,子言伐之,何也?"胡君
郑武公杀了关其思,说:"胡国与我们郑国是兄弟友好国家,你建议郑国出兵去攻打它,是什么居心?"

闻之,以郑为亲己而不备郑。郑人袭胡,取之。
胡国国君得知这个消息,认为郑国与自己亲善,不加戒备。郑国发动了突然袭击,一举灭了胡国。

---

1. 郑武公:春秋时郑国国君,公元前770至前744年在位。郑国在今河南新郑市境内。胡国,在今河南省漯河市郾城区。
2. 戮(lù):杀。

商鞅计赚公子

商鞅计赚公子卬，是战国时秦、魏之间的一场战争，发生在公元前340年，秦将商鞅率兵攻魏，史称安邑之战。

战国初年，魏国的都城在安邑（今山西省运城市安邑镇北）。魏国重心在西部，黄河西岸的陕北河西之地属魏国领土。秦孝公用商鞅变法图强后向东发展，魏国横挡在秦国正面，而且河西地又在秦国的侧背，居高临下，虎视关中。秦国东向争天下，首先要打败魏国，夺取魏国河西之地，逼迫魏国都城东迁，重心东移。当时魏国连败于齐，桂陵之战、马陵之战，魏国元气大伤。在这一背景下，商鞅劝说秦孝公，东征魏国。

秦孝公听取了商鞅的计谋，派商鞅出征。商鞅率领秦军杀向魏都安邑。魏国派王室公子卬领兵迎敌。商鞅原是卫国人，与魏王室同宗，所以称公孙鞅。商鞅在魏国不受重用，这次征战也有个人雪恨的成分在内，志在必胜，所以不择手段。他利用与公子卬原来交情，诈称和好结盟，同时朋友叙旧。公子卬信以为真，不加戒备，与商鞅盟会，商鞅布置伏兵在宴会上活捉公子卬，使魏军丧失了主将。然后商鞅发动突然袭击，大破魏军。魏国遭此一败，无法在安邑立都，献出河西地与秦，徙都大梁（今河南开封）。魏国原来的河西地有少梁城。西有少梁，东有大梁，东西相对。安邑之战，魏国丧失河西地与少梁。

兵不厌诈，从用兵取胜之道来看，商鞅计赚公子卬，好像是无可挑剔。但商鞅的诈计，不是用于战役，而是用于会盟，以诈取胜，这在道义上是不可取的。因为战争、战斗就是两军厮杀,你死我活,以求胜利为终极目的,所以兵不厌诈;而会盟是外交,外交讲求信誉,不可使诈。商鞅又利用朋友之谊,计赚公子卬,这也有失道义,不合道德。因此,安邑之战,商鞅军事上取得胜利,破军杀将,但个人品质道义上输了,从此商鞅的恶名远播。后来商鞅被逐,他流亡奔逃,各国都不收留。单就用兵取胜,设计破敌而言,商鞅的诈计是成功的。

商君列传

卫鞅说孝公曰[1]:"秦之与魏,譬若人之有腹心疾,非
<small>商鞅对秦孝公进言说:"秦国与魏国,好比是腹中的恶疾,不是魏国吞没秦国,</small>
魏并秦,秦即并魏。何者?魏居领厄之西,都安邑,与
<small>就是秦国吃掉魏国。为什么这样说呢?因魏国东靠山岭险要之地,建都在安邑,与</small>
秦界河而独擅山东之利[2]。利则西侵秦,病则东收地。今
<small>秦国以黄河为界而独占崤山以东的有利地域。有利时向西侵扰秦国,不利时则可向</small>
以君之贤圣,国赖以盛。而魏往年大破于齐,诸侯叛之,
<small>东扩张领土。现在秦国依靠国君的贤能圣明,尚称富强。魏国去年大败于齐,诸侯</small>
可因此时伐魏。魏不支秦,必东徙。东徙,秦据河山之
<small>叛离,可趁此机会进攻魏国。魏国经不住秦国的进攻,一定向东迁移。魏国东移,</small>
固[3],东向以制诸侯,此帝王之业也。"孝公以为然,使卫
<small>秦国控制黄河、崤山作为金城汤池,向东可以制服诸侯,这是建立帝王的大业啊。"</small>
鞅将而伐魏。魏使公子卬将而击之。军既相距,卫鞅遗
<small>秦孝公认为很好,派卫鞅领兵伐魏。魏国派公子卬为将抵抗秦兵。两军对峙,卫鞅</small>
魏相公子卬书曰:"吾始与公子欢,今俱为两国将,不忍
<small>给公子卬写了一封信说:"我与公子曾经是要好的朋友,现在成为两国敌对的将领,</small>

---

1. 卫鞅:即商鞅(约前390年—前338年),姓公孙,名鞅。战国时卫国人,入秦变法有功,封为商君,因称商鞅。孝公:秦国国君,公元前361至前338年在位。
2. 山东:指崤山之东。
3. 河山:指黄河、崤山。

商鞅计赚公子

相攻。可与公子相见，盟，乐饮而罢兵，以安秦、魏。"
我不忍心互相攻战，想和你面商，订立盟约，饮宴停战，使秦、魏两国和平相处。"

魏公子卬以为然。会盟已，饮，而卫鞅伏甲士而袭虏魏
魏公子卬信以为真。会盟完毕，欢饮畅叙，这时卫鞅埋伏的甲士突然偷袭活捉了公

公子卬，因攻其军，尽破之以归秦。魏惠王兵数破于齐、
子卬，接着全线攻击魏军，魏军大败，全部投降。魏惠王多次兵败于秦和齐，国内

秦[1]，国内空，日以削，恐，乃使使割河西之地献于秦以
空虚，国势一天天削弱，害怕与秦国再战，于是派使臣出使秦国，把魏国黄河西岸

公子卬被伏兵俘虏

1 魏惠王：魏国国君，公元前370年至前319年在位。受齐、秦夹击，多次兵败，畏秦之强东迁大梁，称梁惠王。

和。而魏遂去安邑，徙都大梁。梁惠王曰："寡人恨不用
的土地割让给秦国讲和。魏国于是离开了安邑，迁都大梁。梁惠王说："我后悔没

公叔痤之言也。"卫鞅既破魏还，秦封之於、商十五邑[1]，
有采纳公叔痤的意见啊！"卫鞅大破魏军回国，秦孝公将於、商等十五个城邑封给

号为商君。
了卫鞅，称为商君。

---

[1] 於（wū）、商：邑名。於邑在今河南省内乡县东，商邑在今陕西省商洛市商州区东南。

李牧投饵破匈奴

李牧是战国末年赵国的一员良将，他官至赵国丞相，率领十余万大军抗击秦军，多次打败秦军的进攻。李牧不死，秦人睡不好觉；李牧统兵，秦人不敢入赵境。秦王运用反间计，收买赵王迁的宠臣郭开，由郭开散布流言，诬陷李牧要投敌，赵王信以为真，除掉了李牧，秦军一战破赵，赵王迁也成了俘虏。

这个故事是讲李牧青年时守卫赵国边境，抗击匈奴扰边的故事。

赵王任用李牧为代郡太守，主要职守是保护赵国北方边境的安全，抗击匈奴。匈奴是北方游牧民族，擅长骑术，所以匈奴人来如影，去如风。匈奴骑兵骁勇善战，中原军队马力不及，步战更不利，因此北方边界不宁，时常受到匈奴骑兵的骚扰。代郡在今山西省北部大同以东的大片地区。这里是高原山地，容易设伏打击敌人。李牧守边，深知匈奴骑兵的厉害，硬拼的话赵军要吃亏。李牧筑垒固守，不与侵扰的匈奴骑兵贸然决战，他外示柔弱，麻痹匈奴，而内里暗中积蓄力量，准备寻求战机一举歼灭匈奴的有生力量，大败匈奴人，使他们不敢犯边。

按赵国当时的行政管理，边地战区的太守可以便宜行事，自置官吏，自己确定税收，全部用于边境守备，不向国库缴纳。李牧把代郡的税收全部用于军费，犒赏战士，几乎每天都宰杀几头牛犒劳军士，激励他们保家卫国的自觉精神，勇于战斗。李牧训练战士骑马射箭，要求十分严格，对通报消息的烽火台更是严加管理，并经常派侦察人员搜集与掌握敌人动

▲ 清人绘《李牧像》

向。李牧对部下作出明确规定:"倘若匈奴侵入边境,骚扰掠夺,士兵应立即回到营垒坚守,不许抵抗,如有擅自抓捕匈奴士兵者斩首治罪。"因此,匈奴每次侵入,士卒们就点燃烽火报警,随即退回营垒坚守,不予抵抗。就这样一连好几年,军队没有什么伤亡和损失,也没有什么战绩。匈奴认为李牧怯懦,赵国守边的官兵也认为李牧胆小。赵王听信小人之言,不问青红皂白,便召回李牧,责备他的无能,并派另外的将领替代李牧领兵。

李牧离开之后一年多,匈奴每次入侵,新将领总要带兵迎敌作战,可是多次出击都是失利,士兵伤亡和财物损失很严重,致使边境百姓无法耕田和放牧牲畜。这样迫使赵王又派李牧去把守雁门郡。李牧听说后闭门不出,执意说明自己有病,不能胜任守边之职责。于是,赵王不得不强行下令起用李牧,使其领兵。李牧就对赵王说:"大王一定要让我领兵驻守边疆,抵御匈奴,请允许我还像从前那样的做法,才敢接受大王的使命。"赵王答应了李牧的要求。于是,李牧又回到了代郡、雁门郡。

李牧复出后,仍按以前的办法守边,匈奴人又来入侵,李牧收缩到堡垒中抵抗,匈奴人再次得出结论:李牧是一个胆小的将军。这时李牧更加厚赏战士,日夜训练战士,将部队进行精选,发挥各人的长处分编,总计得到骑兵三万人,精锐步兵五万人,善射手十万人,近二十万大军。将士们也多次要求打一个胜仗。李牧认为时机已到,就故意漫山遍野让人们自由畜牧,派几千老弱兵护卫。匈奴人又来侵扰,起初是小股的骑兵来侵犯,李牧让这几千老弱兵出战,全部被匈奴抓了俘虏,人畜也损失了不少。匈奴人尝到了甜头,又认为李牧胆小,不敢打仗,于是匈奴单于亲自率领十余万骑兵大举入寇。李牧便趁机把多年训练的近二十万

李牧称病不出

人全部拉出去作战，预先选好地形埋伏起来。匈奴人大模大样突入赵境，横冲直撞，进入了李牧预设的伏击圈。李牧部一举大破匈奴十余万骑兵，打了一个全胜的大仗。这一下匈奴人丧胆，十多年不敢靠近赵国边境，赵国还向北边扩张了地盘。

李牧大破匈奴骑兵的胜利，才真正显露了良将的峥嵘。李牧用智，做了十多年的长期积累，真个是放长线钓大鱼。李牧故意示人以弱，韬略深藏胸中，忍受委屈和被人误解，个人品质的坚毅刚强，超越了常人。李牧者，赵之良将也。

廉颇蔺相如列传·李牧

李牧者，赵之北边良将也。常居代、雁门，备匈奴，以便
_{李牧是赵国防守北部边境的良将。长期防守代郡、雁门郡，抗击匈奴。李牧可以相机行事，}

宜置吏[1]，市租皆输入莫府[2]，为士卒费。日击数牛飨士[3]，习射骑，
_{委任官吏，所收租税可以全部用于军费。他优待战士，制定约束说："匈奴来侵犯抢掠，只可快速}

谨烽火，多间谍，厚遇战士。为约曰："匈奴即入盗，急入收
_{收拢人马物资退入城堡，谁要敢去捕斩敌人的，一律处斩。匈奴每次进犯，烽火及时警报，立即收}

保[4]，有敢捕虏者斩。"匈奴每入，烽火谨，辄入收保，不敢战。
_{拢人马物资退入城堡，不敢交战。像这样连续防守了好几年，人马物资没有伤亡损失。然而匈奴却}

如是数岁，亦不亡失。然匈奴以李牧为怯，虽赵边兵亦以为吾
_{认为李牧胆小怕打仗，就是赵国的边防守军也认为自己的将军胆怯。赵王责备李牧，李牧还是照样。}

将怯。赵王让李牧[5]，李牧如故。赵王怒，召之，使他人代将。
_{赵王发怒，召他回京，派别人代他为将。}

岁余，匈奴每来，出战。出战，数不利，失亡多，边不
_{过了一年多，匈奴每次前来侵掠，边将出营交战，多次不利，损失伤亡很多。边境上无}

---

1 便宜置吏：根据需要，自行任用官吏。
2 莫府：即幕府，李牧的驻军公署。
3 飨（xiǎng）士：犒赏将士。
4 急入收保：迅速进入营垒，收缩固守。
5 让：责备。

得田畜[1]。复请李牧。牧杜门不出，固称疾。赵王乃复强起使
_{法耕种、放牧。于是赵王重新起用李牧，李牧关上大门不出来，坚决称病。赵王再三勉强他出}
将兵。牧曰："王必用臣，臣如前，乃敢奉命。"王许之。
_{来带兵，李牧说："大王一定要用我，我还和先前一样，才敢接受命令。"赵王答应了他。}

　　李牧至，如故约。匈奴数岁无所得，终以为怯。边士日
_{李牧到达边境驻地，还照以前的约束命令办事。匈奴一连几年抢掠不到东西，但始终认为李}
得赏赐而不用，皆愿一战。于是乃具选车得千三百乘[2]，选骑得
_{牧胆怯。边防战士每天得到赏赐却没有战斗，都愿意好好打一仗。李牧于是做好战备，挑选了战车}
万三千匹，百金之士五万人[3]，彀者十万人[4]，悉勒习战[5]。大纵畜
_{一千三百乘，挑选好马一万三千匹，勇士五万人，射手十万人，一齐组织起来训练作战。故意放出}
牧，人民满野。匈奴小入，佯北不胜[6]，以数千人委之[7]，单于闻
_{大批牛羊马匹，牧人农民满山遍野。匈奴小股兵力入侵，李牧故意败逃，把几千人丢给他。匈奴单}
之，大率众来入。李牧多为奇陈[8]，张左右翼击之，大破匈奴十
_{于听到消息，率领大批军队入侵，李牧部署数道奇兵埋伏，张开两翼包抄围击，把匈奴打得大败，}
余万骑。灭襜褴，破东胡，降林胡，单于奔走。其后十余岁，
_{斩杀匈奴十几万骑兵。接着灭掉襜褴，攻破东胡，收降林胡，单于逃命跑走。从这以后十多年，匈}
匈奴不敢近赵边城。
_{奴不敢靠近赵国边城。}

1　田畜：耕作畜牧。
2　具选车：备齐精选的兵车。下文"选骑"，即指精选的骑兵。
3　百金之士：勇士。《史记正义》引《管子》说："能破敌擒将者赏百金。"
4　彀（gòu）者：善射手。彀，张弓。
5　悉勒习战：全部组织起来操练战术。
6　佯北：假装败走。
7　委：抛弃。
8　奇陈：用奇兵。陈，同"阵"。

冒顿单于计灭东胡

匈奴冒顿单于是一个铁腕人物，是他在西汉初年统一了匈奴各部，扩张了部曲，把许多北方游牧部落兼并到匈奴中，其疆域辽阔万里，西起祁连山，东到大海，北有蒙古高原，成为汉帝国北边的强国。冒顿单于杀父自立，既暴虐而又刚毅果敢。他用计灭杀东胡，表现了他的高超的智计和政治谋略。

当时东胡据有今我国东北以及以北、以西广阔领土，水草丰盛，部落

东胡向单于索要千里马

繁息，比匈奴强大。东胡王得知冒顿杀父自立，想要试探一下冒顿的铁腕手段。先是派遣使臣索要其父头曼单于所乘的千里马，冒顿故意问群臣，匈奴的宝马能不能给别人，群臣皆曰不可。冒顿说："怎么能为了一匹马而失掉邻国的邦交呢？"冒顿交出了千里马。东胡王见宝马来得如此顺利，紧接着提出索要冒顿单于的阏氏（单于的夫人）。东胡王如此无礼，冒顿单于也痛快答应了。于是东胡王认为冒顿单于软弱无能，进一步索取土地。东胡王所索要土地，表面看，他只索要的是两国间作隔离地带的瓯脱地。匈奴群臣认为这是无用的废弃之地，答应给东胡王。恰恰与群臣意见相反，冒顿单于认为土地是国家的根本，一寸土地也不能让出。冒顿单于杀了主张给土地的大臣，进行全国总动员，大发兵一举击灭了东胡。这个故事，不仅表现了冒顿单于的诈谋智计，而且启迪人们，什么最重要，哪些可以让步，哪些不能让步，要拼全力与之争。冒顿单于不愧为匈奴人的圣主，他做了很好的榜样。

匈奴列传

冒顿既立[1]，是时东胡强盛[2]，闻冒顿杀父自立，乃使使谓
冒顿立为匈奴单于。这时东胡部落很强盛，听说冒顿杀了他的父亲自立为单于，于
冒顿，欲得头曼时有千里马。冒顿问群臣，群臣皆曰："千
是派使臣对冒顿说，东胡王很想得到头曼单于的坐骑千里马。冒顿召集群臣商议，群臣都
里马，匈奴宝马也，勿与。"冒顿曰："奈何与人邻国而爱一
说："千里马是匈奴的珍宝，不能送人。"冒顿说："为了睦邻友好，怎么能爱惜一匹马
马乎？"遂与之千里马。居顷之，东胡以为冒顿畏之，乃使
呢？"于是把千里马送给了东胡王。过了不长时间，东胡王认为冒顿害怕他，就又派使臣
使谓冒顿，欲得单于一阏氏。冒顿复问左右，左右皆怒曰：
对冒顿说，想得到一位单于的阏氏。冒顿再一次与左右的人商议，左右的人都愤怒地说：
"东胡无道，乃求阏氏！请击之。"冒顿曰："奈何与人邻国
"东胡霸道，竟敢要我们送阏氏！请求单于派兵征讨。"冒顿说："为了睦邻友好，一个
爱一女子乎？"遂取所爱阏氏予东胡。东胡王愈益骄，西
女人有什么舍不得的呢？"便把自己一位心爱的阏氏送给了东胡王。东胡王更加骄横，便
侵。与匈奴间，中有弃地，莫居，千余里，各居其边为瓯
向西侵扰。东胡与匈奴接壤的地方，有一条缓冲空地，无人居住，有千余里，双方各在控

---

1 冒（mò）顿（dú）：单于名，秦二世元年（前209年），冒顿杀其父自立。
2 东胡：乌桓之祖，居匈奴之东，故称东胡，其地在今内蒙古自治区及东北三省广大地区。秦朝时，乌桓强于匈奴，后为匈奴所并。

脱[1]。东胡使使谓冒顿曰："匈奴所与我界瓯脱外弃地，匈奴
_{制的边界上设有哨所。东胡王派使臣对冒顿说："在你们警戒哨所之外的地方，反正你们}
非能至也，吾欲有之。"冒顿问群臣，群臣或曰："此弃地，
_{到不了，我们东胡想要这些空地。"冒顿又召集群臣商议。群臣中有人说："这是无人居}
予之亦可，勿予亦可。"于是冒顿大怒曰："地者，国之本
_{住的空地，送给东胡可以考虑，也可以不给他。"于是冒顿大怒说："土地是国家的根本，}
也，奈何予之！"诸言予之者，皆斩之。冒顿上马，令国中
_{怎么能送给东胡王。"凡是建议割让的人，一律斩杀。冒顿跨上战马，宣布命令说，国内}
有后者斩。遂东袭击东胡。东胡初轻冒顿，不为备。及冒
_{青年拖拖拉拉不出征的人，也一律斩首。于是向东袭击东胡。东胡人起初看不起冒顿，没}
顿以兵至，击，大破灭东胡王，而虏其民人及畜产。既归，
_{有戒备。等到冒顿突然兴兵犯境，猛烈攻击，灭了东胡，俘虏了东胡人民及畜产。冒顿获}
西击走月氏，南并楼烦、白羊河南王[2]。悉复收秦所使蒙恬
_{胜回国以后，向西进击月氏，南边兼并了楼烦、白羊河南王。全部恢复秦时被秦将蒙恬夺}
所夺匈奴地者，与汉关故河南塞，至朝那、肤施，遂侵燕、
_{去的匈奴土地，以及汉人边关河南的要塞，直到朝那、肤施，于是侵扰燕国、代国。这时}
代。是时汉兵与项羽相拒，中国疲于兵革，以故冒顿得自
_{候，刘邦的汉兵与项羽的楚兵争战，中原地区楚汉双方的军队疲惫不堪，所以冒顿单于自}
强，控弦之士三十余万[3]。
_{我强大，有弯弓骑马的战士三十余万。}

---

1 瓯脱：胡人在边界上所挖斥候土穴叫瓯脱，即哨卡。瓯脱之间的弃地，即空地，是为边界缓冲地。
2 白羊河南王：匈奴别部，居河南地（今河套地区）。
3 控弦之士：能弯弓的士卒，即战士。

荀息献计伐虢国（明内府彩绘本《春秋五霸七雄通俗演义列国志传》插图）

奇谋故事

五则

晋献公假途伐虢

假途伐虢（guó），说的是春秋时晋献公灭虞，借道攻打虢国的故事。晋国在今山西曲沃一带，春秋初逐渐强大起来，到晋献公时，已经是一个较强大的国家。虢国，在山西平陆县西，位置在晋国的南边，是一个小国。在虢国的东北有一个小国叫虞国。虞国、虢国两国紧邻，一向关系很好。虞国夹在晋国和虢国的中间。晋献公想灭掉这两个国家，担心两国联合起来作战，晋国就没有百分之百的取胜把握。为此，晋献公愁眉不展，一连几天，上朝时无精打采。

晋献公的亲密大臣荀息，了解晋献公的心事。他对晋献公说："君上连日来愁眉不展，怕不是为虞国和虢国的事吧？"

晋献公说："荀大夫所说正是，有什么办法离间这两个国家，晋军才好各个击破啊？"

荀息说："只要您舍得花本钱，这有何难！"

晋献公说："大夫有何妙计，不妨说出来试试看，只要晋军取胜，我是不惜代价的。"

荀息说："虞国国君目光短浅，贪心爱财。如果用晋国屈地出产的马匹和垂棘出产的宝玉献给虞公，请求借路攻打虢国，两国不就分开了吗？"

晋献公说："这是晋国的宝贝啊！"

荀息说："只要向虞国借了路，灭了虢国，虞国就陷在包围之中，晋国的宝贝存放在那里，好比是换了一个仓库。"

晋献公说:"虞国大夫宫之奇聪明能干,他会出来阻止的。"

荀息说:"宫之奇肯定会劝阻虞公,但他性格懦弱,不能坚持自己意见。虞公见利忘义,只要晋国礼物丰厚,他不会听从宫之奇的。"

晋献公说:"这件事就交给你去办吧!"

荀息带着晋国的宝马、珠玉献给虞公,要求借路讨伐虢国。宫之奇出来劝阻,虞公果然不听,还主动承担做先锋。晋国、虞国联兵攻打虢国,夺取了下阳这块地方。晋兵回国休整。这事发生在公元前658

荀息劝晋献公不要在乎珍宝

年，孔子写《春秋》，记载这件事写成"虞师、晋师灭下阳"，把战争的祸首写成虞师。虞公只不过贪小利做了晋献公的帮凶，但虞师打头阵，把它写成祸首，表示对虞公不明事理的谴责。

过了三年，公元前655年，晋师第二次向虞国借路攻打虢国。宫之奇这次坚决劝阻虞公。他说："虢国是虞国的外围，虢国灭亡，虞国也保不住，晋国的野心是没有止境的。虞国不能引狼入室。借了一次路已经过分了，不能再借第二次。俗话说'唇亡齿寒'，虞国和虢国是唇齿相依啊。"

虞公说："虞国和晋国同姓，晋国不会害我的。"

宫之奇说："现在诸侯互相攻伐，一点同姓的关系，哪里靠得住？"

虞公说："我祭祀祖先神灵，祭品很丰盛，神灵会保佑虞国的。"

宫之奇说："我听说，神灵是公正的，它只保佑有道德的人。说起祭品，晋国占领虞国，可以用更丰盛的祭品，难道神灵还会吐出来吗？"

古人十分迷信，宫之奇不相信鬼神，他非常巧妙地说明神灵不可靠，不能保卫国家。但是虞公听不进去，仍然借路给晋师。宫之奇仰天长叹说："虞国没救了，我不能做亡国奴啊。"于是他带着家人逃到别的国家避难去了。

八月，晋师浩浩荡荡通过虞国攻打虢国，虞国还向晋师提供后勤。虢国坚决抵抗，战斗异常激烈。虢国都城上阳被晋围困近四个月，内无粮草，外无救兵，在十二月一日城破灭亡。晋师回军住在虞国，虞公不加提防，晋师乘机偷袭，不费吹灰之力，灭了虞国，虞公成了俘虏。虢公抗击晋师，城破时杀开一条血路，逃到京师周天子那里得到保护。虞公的下场比虢公更惨。孔子在《春秋》中又记载说："晋人执虞公。"讽刺虞公罪有应得，而且不堪一击。贪心的人，下场竟是这样的可悲。

晋师灭了虞国，收回宝马、珠玉，上呈晋献公。晋献公对荀息开玩笑说："晋国的宝物从外面仓库又回到了内库。宝玉还是原来的那个样，只是宝马长了岁数。"说毕，君臣大笑起来。

说起假途伐虢，并不是怎么高明的诈计，也不难识破，虞国宫之奇把道理说得十分深透。但是虞公还是甘愿上当，这是为什么？这就是利令智昏，贪小便宜，上大当。

晋世家

九年[1]，晋群公子既亡奔虢，虢以其故再伐晋，弗克。
晋献公九年，晋国一些在政争中幸存的公子纷纷逃往虢国，虢国因此再次起兵攻打晋国，未能取胜。

十九年，献公曰："始吾先君庄伯、武公之诛晋乱，而
十九年，晋献公说："从前我的祖先庄伯和武公讨伐晋国内乱时，虢国常常帮助晋国攻打我们，

虢常助晋伐我，又匿晋亡公子，果为乱。弗诛，后遗子孙
又庇护晋国流亡在外的公子，果然造成了乱子。假如不把它消灭，会给子孙后代留下祸患。"于是就派

忧。"乃使荀息以屈产之乘假道于虞[2]。虞假道，遂伐虢，取
荀息以屈邑所产之马贿赂虞公，向虞公借路。虞国答应了。晋献公就出兵攻打虢国，夺取了虢国的下阳，

其下阳以归。
胜利回师。

二十二年……晋复假道于虞以伐虢。虞之大夫宫之奇
二十二年……晋国又向虞国借路以攻打虢国。虞国大夫宫之奇劝谏虞国国君说："千万不

谏虞君曰："晋不可假道也，是且灭虞。"虞君曰："晋我同
能随便借路给晋国，借路之后，虞国也要被消灭了。"虞君说："晋国与我们是同姓一家人，应

姓，不宜伐我。"宫之奇曰："太伯、虞仲，太王之子也，
该不会攻打我们的。"宫之奇说："太伯和虞仲，都是周太王的儿子，后来太伯出逃了，所以没

太伯亡去，是以不嗣。虢仲、虢叔，王季之子也，为文
有继承君位。虢仲和虢叔，都是王季的儿子，做了周文王的大臣，他们的功劳都记载在王室，藏

1　九年：公元前668年。
2　屈产之乘：屈地所产的好马。假道：借道。虞：介于虢与晋之间。

晋献公与荀息互相玩笑

王卿士，其记勋在王室，藏于盟府[1]。将虢是灭，何爱于
在王室的府库。如今晋国连虢国都要消灭了，怎么会爱虞国呢？再说晋的亲近关系，能超过晋献

虞？且虞之亲能亲于桓、庄之族乎[2]？桓、庄之族何罪，
公与桓叔、庄伯的亲戚关系吗？桓叔与庄伯的族人究竟犯了什么罪，献公要把他们赶尽杀绝？虞

尽灭之。虞之与虢，唇之与齿，唇亡则齿寒。"虞公不
国与虢国，就像嘴唇与牙齿，失掉了嘴唇，牙齿必受寒冷。"虞公不听，还是答应借路给晋国。

听，遂许晋。宫之奇以其族去虞。其冬，晋灭虢，虢公
因此，宫之奇便带领他的族人离开了虞国。这年冬天，晋国灭了虢国，虢公丑逃往周王室所在地。

丑奔周。还，袭灭虞，虏虞公及其大夫井伯、百里奚，
晋国的军队在回国时，突然袭击虞国，一举将虞国灭了，还把俘虏来的虞公以及大夫井伯、百里

以媵秦穆姬，而修虞祀。荀息牵曩所遗虞屈产之乘马奉
奚等人作为献公嫁女给秦穆公时的仆从，灭虞之后，晋献公没有中断虞国的祭祀。荀息牵着从前

之献公，献公笑曰："马则吾马，齿亦老矣！"
赠送给虞国的屈邑之马奉还给献公，献公笑着说："马还是我的马，只是马的岁数老了不少！"

---

1 藏于盟府：古代封立诸侯，誓策曰"世世子孙，无相害也"，藏于王室之盟府。
2 桓、庄之族：指晋侯群公子，与桓侯、庄伯同族。晋献公八年，使大夫士蔿诛杀晋群公子。

即墨城

田单用火牛大破燕军（明内府彩绘本《春秋五霸七雄通俗演义列国志传》插图）

布火牛阵田单破燕

田单,是战国时齐国田氏的远房亲戚,公元前279年,他为齐襄王的将军,在即墨城用火牛阵大破燕军,恢复了齐国,成为著名的将军。这场战役,史称即墨之战,田单运用火牛攻战,创造了中国战争史上的一个奇迹,这一战术称火牛阵。

齐湣王时,田单没受到重用,只在齐国都城临淄担任管理市场的小官。公元前284年,燕国名将乐毅联合韩、赵、魏、秦五国攻齐,攻破齐国都城临淄,齐湣王东走,被名为援助齐国、实则趁火打劫的楚军所杀。齐国无主,燕军猛攻,半年之间攻下齐国七十二城,只有莒和即墨两座城池没有攻下。莒城人推举齐湣王的儿子田法章为王,这就是齐襄王。即墨军民推举田单做将军。莒城和即墨两地军民坚决抗燕,燕军一时攻不下,就把两座城包围起来,直到公元279年田单破燕,齐、燕两军相持达五年之久。

田单是怎样当上即墨城的将军呢?这还有一段小插曲。当燕军攻破临淄,临淄军民东逃之时,田单教自己的亲族把突出的车轴头截去,在那上面包上铁箍,以免车辆两端突出的车轴头互相碰撞,甚至造成车轴折断车身翻倒的灾祸。田单安全逃到安平,他见安平无险可守,立即转逃即墨。在兵荒马乱中,田单充分运用自己的智慧和高人一筹的谋略。燕军围攻即墨,即墨将军战死,军民公推田单为将军,认为他有智谋。田单不负众望,紧密团结即墨军民抗击燕军,把燕军主力吸引在即墨,减轻了齐王田法章在莒城的压力。

田单知道,面对强大的燕军,一座孤城无法抗衡,决定坚守等待机会用计破敌。燕国名将乐毅也非常聪明,他见莒城和即墨两地齐国军民团结,城池坚固,也不强攻,采取包围办法,长期围困,拖垮齐军。田单要战胜燕军,他用的第一计就是借刀杀人,就是离间燕王与乐毅的关系,用燕王的手来除掉乐毅。乐毅原是赵国人,燕昭王招贤,他投奔燕国,很得燕昭王的信任,在燕军中有很高的威信。公元279年,燕昭王死,燕惠王即位。田单利用燕惠王新君猜忌功臣的心理,派出大批间谍散布流言,说:"乐毅攻下齐国七十二座城,齐湣王也死了,现在只剩下莒城和即墨两座城,攻了五年打不下来,这是不可思议的。乐毅想当齐王,手里抓住军权不放,故意留下两座齐国的城池,目的是拖住燕军,等待时机造反。现在齐国最担心燕国改派别的将军。如果燕国换将,齐国就不保了。"

燕惠王听了,将信将疑,下令乐毅猛攻即墨,限期拿下,不然就回国述职。乐毅知道燕惠王不信任自己,害怕回国受迫害,他决定交出兵权,逃到赵国避难。燕惠王派骑劫代替乐毅领兵,燕国军民为此愤愤不平。

骑劫领兵,改变乐毅的围困策略,日夜强攻即墨。田单下令城中居民,每餐吃饭之前,一定在庭院祭祀祖先。热腾腾的食品饭菜,招引大批鸟儿在天空盘旋。攻城的燕军感到非常奇怪。田单散布流言,他说:"天神托梦,大批鸟儿朝贺齐军胜利,将有神人相助。"这时一个士兵心领神会对田单说:"我可以做军师吗?"田单说:"啊,你就是梦中神人托付的人。"当众拜那个士兵为军师,称他为"神师",每次发布军令,都宣称是神师的旨意。古时的人很迷信，田单这一招，极大地鼓舞了齐军的士气。

接着田单又派间谍，在燕军中暗中宣扬："齐军最害怕燕军把俘虏割掉鼻子，更害怕燕军刨掉即墨城的公墓区，让即墨人的祖先尸骨暴露。要是这样，即墨非垮不可。"燕将骑劫听了流言也不加分析，还认为是好主意。他派人挖了即墨人的坟墓，把俘虏的齐国士兵鼻子割掉，驱赶在燕军前面攻城。即墨城中齐国军民见了燕军的暴行，一个个愤恨得咬牙切齿，纷纷

田单利用迷信鼓舞齐军

请战，要求出城作战，与燕军拼命。

田单见全军斗志昂扬，知道决战的时机成熟了。为了麻痹燕军，他请城中的百姓凑集了两万多两金子，派城中有名望的富豪为代表，把金子送到燕军营中，说即墨城粮尽困乏，守不下去了，要求投降，请燕将保护百姓的安全。燕军听到消息，齐呼万岁。燕将收了礼物，满口高兴地答应了即墨人的要求。于是放松警惕，只等即墨人来投降。

当夜，田单收集了城中牛只，一共有一千多头，给它们披上绸缎制作的五彩衣裳。牛角上绑上利刀，牛尾上束上一把浸上油脂的芦苇。又挑选五千精兵，跟在牛后。装束停当，利用一个黑夜，在城墙上凿了几十个洞，在夜幕掩护下把牛群赶出城来。五千精兵，赶着一千多头牛冲向燕军营垒。当靠近燕军营寨时，一齐点燃浸油的芦苇。燃烧的芦苇，烧痛了牛尾，一头头牛狂奔怒吼，疯狂地突进燕军营寨中。燕军在睡梦中被吓醒，在牛尾巴燃烧的亮光下，迷迷糊糊看到一尊尊的庞然大物，不知是什么怪物，拖着火龙，如风扑来，只要碰上，非死即伤。尾随而来的五千壮士，呐喊进攻，燕军乱作一团。即墨城头，老弱妇孺，击鼓助威，有的拿着铜盆，凡是敲击发声的东西都被敲打起来，敲得震天响。城内、城外，一片杀敌之声，交织成惊天动地的声浪，在黑夜的天空传得很远很远。燕国军队，跑得慢的被杀死在军营，跑得快的逃到旷野，也受惊吓得半死。燕军几乎没有抵抗，全军溃散。燕将骑劫被乱军杀死。

田单乘胜追击燕军，很快恢复了齐国七十二城。齐襄王拜田单为大将，封他为安平君。燕惠王后悔赶走了乐毅，但是迟了。齐国又恢复了大国地位。

田单火牛阵破燕，史称即墨之战。对此战，太史公有精彩的评论。太

即墨城老幼妇孺在城头敲着锅碗瓢盆呐喊助阵

史公说:"兵以正合,以奇胜。善之者出奇无穷;奇正还相生,如环之无端。"又说:"夫'始如处女,适人开户,后如脱兔,适不及拒',其田单之谓邪!"意思是说,"作战总是正面交锋,侧面配合出奇兵取胜。善于用兵的人,每每是正奇变化,无穷无尽,像一个圆环那样没有起点和终点。田单破燕,奇计一个又一个,最后生出火牛阵,像奔逃的兔子那样快速地冲向敌人,神奇极了。田单,不愧是一位有智谋的将军!

田单列传

燕昭王卒[1],惠王立[2],与乐毅有隙[3]。田单闻之,乃纵反
燕昭王死后,太子燕惠王即位,他与乐毅不和。田单得知这一消息,就派出间谍到
间于燕,宣言曰:"齐王已死,城之不拔者二耳。"乐毅
燕国去施行反间计,扬言说:"齐王已经死了,齐国没被攻下的只有两座城池,乐毅害怕
畏诛而不敢归,以伐齐为名,实欲连兵南面而王齐。齐
回国被杀,所以不敢回去,就以攻打齐国为名,实际上是拖延,想在齐国南面称王。只是
人未附,故且缓攻即墨以待其事[4]。齐人所惧,唯恐他将
齐国百姓不肯归附,所以放慢进攻等待时机以便举事。齐国人最怕燕国派别的大将来进攻,
之来,即墨残矣[5]。"燕王以为然,使骑劫代乐毅[6]。乐毅
要是那样,即墨快完了。"燕惠王信以为真,就派骑劫去接替乐毅。乐毅被免职后就回归
因归赵,燕人士卒忿。而田单乃令城中人食必祭其先祖
家乡赵国,燕军士卒都愤愤不平。这时田单就命令城中百姓,吃饭前先要在院子里施饭食
于庭,飞鸟悉翔舞城中,下食。燕人怪之。田单因宣言
祭祀祖先,这样引来许多飞鸟在即墨上空盘旋,并飞下去啄食。燕国士兵见了,都觉得奇

---

1 燕昭王:战国时期燕国最有作为的国君,在位三十三年(前311年—前279年)。
2 惠王:昭王之子,在位七年(前278年—前272年)。
3 有隙:有仇隙,有矛盾。
4 待其事:等待即墨人民归附后再举事。事,指正式反叛。
5 残:破灭。
6 使骑劫代乐毅:派骑劫接替乐毅。骑劫,燕将。

布火牛阵田单破燕

曰:"神乃下教我。"乃令城中人曰:"当有神人为我师。"
怪。田单趁机扬言说:"这是上天降神来教导我们抗击敌人。"于是下令通告全城说:"当

有一卒曰:"臣可以为师乎?"因反走。田单乃起,引
有一个神人来做我的老师。"有个士兵听了,就说:"我可以当军师吗?"说完,转身就跑。

还,东乡坐[1],师事之。卒曰:"臣欺君,诚无能也。"田
田单站起来,把他拉回,让他朝东坐下,拜他为军师。士兵说:"我是骗你的,我实在没

单曰:"子勿言也[2]!"因师之。每出约束[3],必称神师[4]。
什么本领。"田单说:"你不要讲话。"就这样,田单尊那个士兵为军师。每一项发号施令,

乃宣言曰:"吾唯惧燕军之劓所得齐卒[5],置之前行与我
一定说是神师教导的。于是又四处宣言:"最担心燕军割掉被俘的齐人的鼻子,派他们到

战,即墨败矣。"燕人闻之,如其言。城中人见齐诸降
阵前打先锋,那样即墨就完了。"燕军听到了,果真这样做。城中齐人见被俘同胞都被割

者尽劓,皆怒,坚守惟恐见得[6]。单又纵反间曰:"吾惧燕
掉了鼻子,群情激愤,众志成城坚守即墨,唯恐被俘虏。田单又派出间谍施用反间计,说:

人掘吾城外冢墓[7],僇先人[8],可为寒心[9]。"燕军尽掘垄墓,
"我们害怕燕军挖城外的祖坟,侮辱祖先的尸体,这真叫人胆战心惊。"燕人听了,真的

---

1 东乡坐:请那个士兵向东坐着,古人席次以坐西朝东为尊。乡,同"向"。
2 子勿言也:你不要说!田单叫那个士兵不要把利用他装神弄鬼的事说出去。
3 约束:号令,规定。
4 必称神师:一定要说这是神师的指示。
5 劓(yì):割鼻的刑法。
6 见得:被俘。
7 冢(zhǒng)墓:坟墓。冢,隆起的坟墓。
8 僇(lù)先人:凌辱祖先。
9 可为寒心:正为此掘墓之事担心害怕。可,正,正在。

烧死人。即墨人从城上望见，皆涕泣，俱欲出战，怒自
全挖了齐人的坟墓，火烧死尸。即墨人在城头看了，个个哭泣，争相要求出战，怒火冲天，
十倍。
增加了十倍的勇敢。

田单知士卒之可用，乃身操版插[1]，与士卒分功[2]，妻妾编
田单知道士气高涨，可以打仗了，就亲自携带筑墙和掘土的工具，和士兵们一起修筑防御工
于行伍之间[3]，尽散饮食饷士[4]。令甲卒皆伏，使老弱女子乘
事，把自己的妻妾家人都编入部队服役，又拿出所有酒肉犒劳将士。然后下令，精壮的披甲士兵全
城，遗使约降于燕，燕军皆呼万岁。田单又收民金，得千
都埋伏起来，让老弱女子登城守卫，再派人出城与燕军谈判投降条件，燕军齐呼万岁。田单收集了
溢[5]，令即墨富豪遗燕将[6]，曰："即墨即降，愿无虏掠吾族家妻
民间的一千镒黄金，派即墨的富豪去送给燕将，说："即墨就要投降，希望燕军进城后不要惊动富
妾，令安堵。"燕将大喜，许之。燕军由此益懈。
豪人家的妻妾，保他们平安。"燕将十分高兴，满口答应下来。从此，燕军更加松懈了。

田单乃收城中得千余牛，为绛缯衣[7]，画以五彩龙文，
这时田单从城中收集到一千多头牛，他让人给牛身上披上大红色绸外套，上面画着五颜六色
束兵刃于其角，而灌脂束苇于尾，烧其端。凿城数十穴，
的蛟龙图像，在牛角上绑上锋利的尖刀，牛尾上扎一束浸透油脂的芦苇，可以在末端点火。又把城

---

1 乃身操版插：就亲自拿着筑墙和掘土的工具。版插，筑墙用具，筑墙时，用版夹土，用插挖土。插，同"锸"。
2 分功：分担工作。功，同"工"。
3 行伍：军队的编制，这里指军队。
4 饷士：以食物给士兵吃。
5 溢（yì）：通"镒"，一镒等于二十两。
6 遗（wèi）燕将：送给燕国将领。
7 绛缯（zēng）衣：大红色的丝绸外衣。缯，绢帛之类。

夜纵牛，壮士五千人随其后。牛尾热，怒而奔燕军，燕
墙凿了几十个洞，在夜里放出火牛，派五千精兵跟在牛群后面。芦苇束燃烧起来，烤烧牛尾，牛负

军夜大惊。牛尾炬火光明炫耀[1]，燕军视之皆龙文，所触尽
痛，发怒狂奔，直向燕军冲去，燕军在黑夜中遭到突然攻击，吓得胆战心惊。牛尾上的火把，照得

死伤。五千人因衔枚击之[2]，而城中鼓噪从之，老弱皆击铜
四处光明耀眼，燕军只看见一尊一尊的庞然怪物，全都满身龙纹，凡碰上的不死即伤。那五千精锐

器为声，声动天地。燕军大骇，败走。齐人遂夷杀其将
齐军，口中衔枚，不声不响地攻击上来，城中老弱妇孺，人人敲击铜器呐喊助威，声响震天动地。

田单被封安平君

---

1 炫耀：火光闪动之状。
2 五千人因衔枚击之：五千名战士默不作声，冲击燕军。衔枚，枚的形状如同筷子，行军时衔在口中，以禁喧哗。

骑劫。 燕军扰乱奔走，齐人追亡逐北[1]，所过城邑皆叛燕而
燕军十分惊骇，四散溃逃。齐人斩杀了燕将骑劫。燕军在慌乱中溃逃。齐人追击败兵，一路上经过

归。田单[2]兵日益多，乘胜，燕日败亡，卒至河上[3]，而齐
的城邑，都纷纷背叛燕国，回到齐国手中。田单的兵力一天天地壮大，乘胜追击，燕军一天天败亡，

七十余城皆复为齐。乃迎襄王于莒，入临淄而听政。襄王
终于追赶到黄河岸边，齐国的七十多座城邑全部收复。于是从莒城迎回齐襄王，进入临淄主持政事。

封田单，号曰安平君。
齐襄王封田单为安平君。

---

1 追亡逐北：追赶逃敌。亡，逃跑。北，败走。
2 叛燕而归：反叛燕国的统治，回归齐国。
3 卒至河上：最后逃到黄河边上。

明·董其昌《纪游画册·彭城》

畫城戲馬臺項王遺跡今
没方徐關張祠旁有文昌祠

迂回突袭项羽逞威

彭城之战是楚汉战争中刘邦与项羽的第一次交战,也是楚汉战争中最大规模的阵地战,汉兵五十六万,楚兵精锐轻骑三万。项羽以少击众,出其不意,大获全胜。

彭城大战发生在汉二年(前205年)四月。当时项羽在齐地作战,无法抽身西向抗击已夺取了关中的刘邦。汉王刘邦在汉元年(前206年)八月夺取了关中,将关中残敌雍王章邯包围在废丘(今陕西省兴平市),只留少量汉军监视,而亲率大军乘胜东出击项羽。这是军事家韩信大胆的决策,争取时间,给项羽来一个突然袭击,打他个措手不及。韩信深知,章邯在关中不得人心,因为他原为秦将,率二十余万秦兵与项羽作战,巨鹿之战章邯失败,投降项羽。项羽把二十余万秦军全部活埋,因此秦民恨章邯入骨,项羽又错误地用章邯为关中雍王阻挡汉王刘邦东出。汉将韩信就利用秦民怨恨章邯,支持汉王的形势,很快就夺取了关中,把章邯包围起来。章邯是秦国名将,如果硬拼,既要消耗汉军兵力,又要耗费时日,对汉军东出不利。韩信认为只要把章邯包围起来,使章邯内无粮草,外无救兵,不斗就会拖垮他。留下章邯不歼,反可麻痹项羽。果然项羽上当。项羽认为刘邦尚未平定关中,无力东出,他要全力平定齐地,打败田氏势力,然后西向与刘邦争天下,可以无后顾之忧。恰恰就在这时,汉王刘邦与韩信跑在了时间的前面,果断地挥师东出。

为了壮大声势,刘邦亲自率军出征,打着为义帝报仇的旗号声讨项羽。义帝楚怀王熊心，是秦末项梁、项羽拥立的楚王，刘邦投到项梁旗下也成了楚怀王的臣僚，曾与项羽并肩作战。项羽灭秦之后，分封十八王，自称西楚霸王，而楚怀王在彭城。项羽要占有彭城，据有楚地，就封楚怀王为义帝，说什么义帝要居住在上游，于是就把义帝迁到长江上游南方的郴县(今湖南省郴州市)，然后又派人刺杀了义帝。项羽此举，是政治上的大错，使自己处于不义地位。刘邦布告天下，派使者联络诸侯，为义帝报仇。于是赵王赵歇、代王陈馀、西魏王魏豹、殷王司马卬，以及在山东与项羽作战的齐王田广等都统一在诛不义的旗号下一致反对项羽。汉王刘邦率领的汉军就从蒲坂渡河到西魏王的地方，汉魏合兵，取道赵地，与赵合兵，从河内南渡平阴津(今河南省洛阳市孟津区北)，到达洛阳，给义帝发丧，声讨项羽罪恶，激发士气。这时汉王及诸侯之兵共五十六万，乘着楚境后方空虚，长驱直入彭城。

汉王占领彭城，政治力量与军事力量都占了绝对优势。这时项羽丧失了根据地，自己被陷入齐地，如果汉王乘势令韩信率精兵出击，汉军与齐军夹攻项羽，楚汉战争可以提前三年结束。可惜汉王刘邦是个好色之徒，他进入彭城之后，一头轧进项羽宫中，享受项羽掳掠的秦宫粉黛，天天置酒庆功，君臣享乐，忘了项羽这只猛虎。刘邦把汉军主力调到彭城的东面和南面，东面防止项羽回师反攻，南面防止项羽同盟九江王英布北上。彭城西面后防空虚，这给项羽的反攻提供了条件。这一疏失是汉王取胜骄傲的结果，再次证明"骄兵必败"的真理。

话说项羽在齐地，听说彭城失守的消息，十分吃惊而又震怒。这时项羽手下有个谋臣叫范增，好出奇计。他给项羽提出了偷袭彭城的作战计划。兵贵神速，抓准战机，乘虚而入，这些是取胜之道。项羽采纳了，他

刘邦在彭城享乐

挑选了三万骑兵精锐，轻装进发。项羽留下大军，由诸将击齐。他亲自率领三万轻骑飞速回救。项羽在齐地鲁县（今山东省曲阜市）结集，他没有从鲁县南下救彭城，而是迂回西行，绕过昭阳湖，从湖西南下胡陵（今山东省鱼台县），前出至彭城西面的萧县发起进攻。由于项羽率领的轻骑，快速挺进，汉王的探马都来不及报告，楚军像一阵轻风就直达彭城西。汉王置酒高会，入夜深睡，项羽在夜幕掩护下靠近汉军，在天刚刚发白的黎明时分从汉军背后发起进攻。汉兵还在梦乡，突遭袭击，许多汉兵还在睡梦中就被楚军杀死。仓皇抵抗的汉军，已不辨东西，慌不择路，只是后退。汉军布防的正前方横着一条睢水，这道天然陷坑是阻击楚军从南方、东方进攻的防线，而现在楚军从西面汉兵的背后进攻，汉兵退却恰好被挤入睢水中。兵败如山倒，又在夜色中，汉兵完全是自己把自己挤入睢水中。楚军只有三万多骑兵，汉军数十万，慌乱起来，混杂一团，自相挤压，落入睢水，睢水被阻断了不流。等到汉王惊觉，大势已去，只好弃彭城突围。汉王被楚军围困了三重，左冲右突在绝望中挣扎。仿佛有天意相助，突然刮起了天昏地暗的狂风，扬起沙石遮天蔽日，沙石扑面，楚军阵形大乱。汉王乘乱死战才杀开一条血路冲出了数十骑。汉王又被楚将丁公紧紧咬住，不得脱身。幸亏汉王老练，他在急迫中回头对丁公说："两贤岂相厄哉！"汉王称赞丁公是英雄，英雄应当惺惺惜惺惺，不要逼迫过甚，给自己留条后路。丁公一犹豫，放走了刘邦。

彭城大战是项羽军事生涯的巅峰，他以三万骑兵长驱奔袭打败五十六万汉军，不到一天时间就结束了战斗，创造了中外军事史上的奇观。此战来势之猛，消散之速，简直就像一颗重量级的氢弹爆炸，刹那间天昏地暗，忽然间天清云淡，只见大地白茫茫一片，除了尸骨成堆，什么也不见。由于《史记》《汉书》记载简略,没有被人注意。其实彭城大战比巨鹿大战还要猛烈,是典型的以少胜众,以质胜量,依靠勇猛、顽强而取胜的战争奇观。这是项羽和范增共同创作的大手笔。《史记》《汉书》都是汉朝人写的历史,不愿把汉王刘邦的失败写得过分,所以简略。尽管记载简约,也基本写出了彭城大战的风貌,司马迁和班固也都不愧是大手笔。《汉书·高帝纪》有记载:

汉王遂入彭城,收羽美人货赂,置酒高会。羽闻之,会其将击齐,而自

丁公放走刘邦

以精兵三万从鲁出胡陵,至萧,晨击汉军,大战彭城灵璧东睢水上,大破汉军,多杀士卒,睢水为之不流。围汉王三匝。大风从西北起,折木发屋,扬砂石,昼晦,楚军大乱,而汉王得与数十骑遁去。

楚兵在追击中把汉王刘邦的妻子吕雉以及刘邦的父亲刘太公抓了俘虏。项羽把吕雉及刘太公经常带在军中作为人质。

汉王彭城战败,诸侯见楚强汉弱,又纷纷脱离汉王,归附楚王。投降汉王的三秦王之一塞王司马欣,逃亡入楚。楚王从山东撤军,田横重新占据齐国全境,也不攻击楚国。

汉王在西逃途中,接受张良的谋略,派随何入楚游说九江王黥布归汉,派韩信为大将在北方开辟侧翼战场。刘邦凭险固守成皋阻住项羽向西推进,并把项羽吸引在成皋。由此,楚汉相争进入了相持阶段。经过近三年的对峙,楚汉强弱转化,最后垓下决战,项羽败亡,楚灭汉兴。历史又翻开了新的一页。

智慧启示

彭城大战分为两个阶段。第一阶段,项羽东向征伐山东齐国,刘邦乘机联络诸侯,以为义帝报仇为号召,政治为军事的先导,掌握了战略主动权。从军事态势看,刘邦击项羽之背。第二阶段,项羽回师救彭城,避开正面,迂回突袭汉军之背获得大胜,这是范增的智谋与项羽的勇猛相结合创造的奇迹。由于项羽只是一味战斗,用强,不懂政治、外交,终于败亡。刘邦彭城之败,失在骄傲轻敌,一旦克服,刘邦斗智不斗力,项羽就不是刘邦的对手了。

项羽本纪

春[1],汉王部五诸侯兵,凡五十六万人,东伐楚。项王闻
汉二年正月,汉王率领五路诸侯之兵共五十六万,东进伐楚。项羽听到这个消息,当
之,即令诸将击齐,而自以精兵三万人,南从鲁出胡陵。 四
即命令诸将留在齐地攻打齐王,而自己亲自率领三万轻骑精兵从鲁地出发,取道胡陵攻击汉军。
月,汉皆已入彭城,收其货宝美人,日置酒高会。 项王乃西,
四月,汉军进入了彭城,汉王收取了项羽宫中的财物、珍宝和美女,天天设宴庆功。这时项
从萧晨击汉军,而东至彭城,日中,大破汉军。 汉军皆走。
羽率领的楚军绕到了汉军的西面,早晨从萧县出发,向东彭城发起攻击,中午时分大破汉军。
相随入谷、泗水,杀汉卒十余万人。 汉卒皆南走山,楚又追
汉军溃逃。互相挤压,掉入谷水、泗水,楚军杀死十多万汉军士卒。汉军向南往山里逃跑,
击至灵壁东睢水上。 汉军却,为楚所挤[2],多杀,汉卒十余万
楚军又追击到灵壁东南的睢水上。汉军退却,被楚军挤压,多被杀伤,汉军十多万人落入睢
人,皆入睢水,睢水为之不流。 围汉王三匝[3]。 于是大风从西
水中,睢水为之不流。楚军把汉王包围了三层。这时大风从西北刮起,吹断树木,掀毁了房
北而起,折木发屋,扬沙石,窈冥昼晦[4],逢迎楚军[5]。 楚军大
屋,飞沙走石,天昏地暗(狂风夹着沙石),向楚军迎面扑来。楚军大乱,阵形溃散,汉王

---

1 春:单言春,即汉二年(前205年)正月。汉初沿用秦历,以十月为岁首,故上文先言冬。
2 挤:逼压、推挤。
3 三匝:三重包围。匝,四周环绕合围。
4 窈(yǎo)冥昼晦:天昏地暗,使白日如同黑夜。窈冥,幽暗昏黑的样子。
5 逢迎楚军:指大风卷起的沙石,正迎着楚军进击的方向,扑面打击。

刘邦逃亡中把儿女推下车

乱,坏散[1],而汉王乃得与数十骑遁去。欲过沛,收家室而西;
趁机和几十个骑兵逃走。打算经过沛县,接家眷西行,楚军也派人追往沛县,劫取汉王家眷。

楚亦使人追之沛,取汉王家,家皆亡,不与汉王相见。汉王
家眷都已逃亡,没有和汉王遇上。汉王在路上遇到奔逃的儿女孝惠、鲁元,让他们坐上车来。

道逢得孝惠、鲁元[2],乃载行。楚骑追汉王,汉王急,推堕孝
由于楚军追赶紧急,汉王也急了,几次把孝惠、鲁元推下车,赶车的滕公夏侯婴又把孝惠、

惠、鲁元车下,滕公常下收载之[3],如是者三。曰:"虽急,不
鲁元抱上车。夏侯婴说:"虽然情况很急,可以把车子赶快一点,怎么能把他们丢下呢?"

---

1 坏散:阵容混乱,四散奔逃。
2 孝惠、鲁元:即吕后所生之一男一女,孝惠帝刘盈和鲁元公主。鲁元公主为刘盈之姐,食邑鲁,故称鲁元公主。元,长,老大。
3 滕公:即夏侯婴,因曾为滕县令,故称滕公。

可以驱,奈何弃之!"于是遂得脱。求太公、吕后不相遇[1]。

汉王终于摆脱了楚军,逃出险境。审食其保护太公、吕后从小路逃跑,也在找汉王刘邦,反

审食其从太公、吕后闲行,求汉王,反遇楚军。楚军遂与归,

而在小路上遇上楚军被抓。楚军把他们作为战利品带回,向项羽做了报告,项羽就经常把太公、

报项王,项王常置军中。

吕后随军带着,留为人质。

---

1 太公:刘邦父亲。

▲ 关隘图（明万历本《边城御虏图说》插图）

背水列阵韩信斩陈馀

韩信是汉王刘邦手下的大将，他奉命在北方开辟侧翼战场，打破楚王项羽的同盟国，完成对楚国的战略包围。公元前204年，韩信以少击众，在井陉置背水之阵大破赵军，闻名当世。这次战役又称井陉之战。汉军只有几万人，赵军二十万，韩信用背水阵破赵，打破兵家的常规战术，因而成为我国历史上著名的战役。

当时赵军主帅陈馀不采谋臣李左车提出的劫取粮道，以逸待劳，不战而拖垮汉军的战略，轻视汉军人少，韩信列背水阵又犯兵家常规，要与韩信打堂堂之战。他见韩信率军进逼井陉关,于是发出号令,全军出击,战鼓齐鸣,催动前进,务必全歼汉军,活捉韩信。

韩信见赵军全军出击,非常高兴。他也下令击起战鼓,两军在阵地上厮杀起来。汉军坚持了一阵,按预定计划向水边阵地退却,故意丢弃旗鼓,抛掉一批战马。赵军认为汉军真的打了败仗,放心大胆压过来,营中的后备队也出动了,到阵前抢夺战利品。韩信领兵退到背水阵地后,与水边军汇合,轮番抵抗赵军,杀得难解难分。这时,埋伏的汉军突进赵营,拔去赵旗,插上汉军红旗,在赵军背后呐喊起来。汉军有预谋,而且没有退路,越杀越勇。相反,赵军久攻汉军阵地不胜,士气低落下来,正要退回营垒,发现已被汉军占领,自己倒成了前有坚兵,后退无路,斗志一下崩溃了。赵军四处逃跑,溃不成军。汉军前后夹击,全线胜利。陈馀被乱军杀死在泜水岸上,赵王赵歇成了俘虏,赵军全军覆没。

韩信一战灭了赵国。只用一个时辰打垮二十万赵军,果然在赵军营垒中吃午饭。赵军原来准备的庆功酒,成了对汉军的犒赏。在庆功宴上,众将向韩信敬酒,不理解汉军置背水阵,为什么打胜仗。众将说:"兵法上说,选择驻营和作战阵地,在右后方要靠山岭,在左前方应依河流,这样据守,后退有路,居高临下,河流阻住敌方。可是攻打赵军,将军违反这一原则,背水战斗,没有退路,真是太危险了。我们大家都捏了一把汗,而将军却胸有成竹稳操胜券,最后真的打胜了,这是什么原因?"

韩信听了众将之言,哈哈笑起来。他说:"列位将军,你们既然读兵书,就要弄个究竟。众将方才之言,是只知其一,未知其二。兵法上有这样一条：'陷之死地而后生，置之死地而后存。'死地就是无路可退，只有死战才能求活的绝境之地。汉军置背水阵，正是'置之死地而后存'。众将想一想，我们这支远道而来的汉军，面对强敌，不置背水阵，他们哪有勇气拼命。如果临阵逃跑，这个仗就没法打了。"

孙子说："知彼知己，百战不殆。"韩信敢置背水阵，他是在洞察对手后作出的决断。韩信的战法，别人不一定成功，因为他是活用兵法，不是生搬硬套。那我们从头说起吧。

公元前204年十月，韩信率领三万汉兵，乘着破魏取代的胜势，正式挥军横越太行山，向河北的赵国进攻。赵国用二十万大军守险，塞住井陉关企图阻挡汉军。

井陉，在今河北省井陉县东北，是横越太行山的一个隘口，古代兵家必争之地。井陉西边有一条长约一百里的狭长山间小道，"车不得方轨，骑不得成列"，意思是说，车不能两车并行，马排不成行列，因为道路崎岖，展不开大部队。赵国都城在邯郸，井陉是它西面的门户，韩信从山西攻赵，井陉是必经的路。

赵王赵歇和丞相陈馀得知韩信进兵，他们发兵二十万，屯驻井陉关，筑起工事营垒，做好迎击韩信的战斗准备。

韩信率领的汉军只有三万多人，千里行军，粮草也不充足。强弱对比悬殊，如果拼硬仗，汉军寡不敌众；如果长期相持，伺机攻敌，汉军后勤供不上。韩信要取胜，第一要斗智，第二要速战速决，捕捉战机，要立刻抓住，迅速决断。

赵王、陈馀的谋臣李左车，针对双方的形势，提出以逸待劳、不战而拖垮汉军的战略。李左车说："汉军乘胜而来，斗志旺盛，他们粮草不足,要在死中求活,打仗会拼命。赵军粮草充足,人数众多,又占据有利地势,可以固守营垒,拖住汉军不交战。然后赵军派出一支小部队,绕在汉军背后,切断粮草,不出半个月,汉军粮尽退军,士气低落,这时赵军再出击,以众凌寡,必然大获全胜。"

韩信探知李左车的计谋,非常担心,不敢轻易进兵井陉口。不久探子又来报告。赵王、陈馀不接受李左车的计谋。陈馀说:"我赵国有堂堂二十万大军,还怕韩信率领的几万汉军。大丈夫要打堂堂之战,俗话说:'兵来将挡,水来土掩。'韩信只要敢进井陉口,我要杀他片甲不回。"

韩信听了非常高兴。他知道陈馀是个书呆子。韩信就怕赵兵不出战,只要陈馀打堂堂之战,韩信就可施智谋了。什么叫堂堂之战,就是两军正面作战,击鼓冲杀,打硬仗,不用计谋智取。陈馀只看到赵兵数量占优,他认为打硬仗对赵军有利,一举歼灭韩信,让敌人丧胆。

韩信传令,全军饱食休息,带上一日干粮,在夜半轻装进军,并严密封锁消息。韩信先派出两千骑兵,每人手持一面红色旗帜,沿着小路,借助山间林木的掩蔽埋伏在赵军营垒四周。韩信与这支伏兵约定:"天明作战,赵军一定会倾巢出动,留下空营。这时,你们立刻突进赵营,插上汉兵红旗,然后固守营垒,不准赵军回营。"伏兵领令而去。

韩信率领大军进逼井陉关。天蒙蒙亮,韩信传令全军吃掉干粮,准备战斗,并说打了胜仗到赵军营中吃午饭。军中没有人相信韩信的话,大家倒提心吊胆,许多人都担心,怕是活不了啦。但都知韩信足智多谋,没有打过败仗,既然主帅有信心,当兵的也就安下心来,只有死中求活,听从号令拼命。汉军浮动的军心,在韩信的鼓励下逐渐稳定下来。

天一亮,韩信命令军队竖起主帅大旗,自己立在中军,擂起战鼓,浩

韩信传令全军饱食

浩荡荡走出井陉口，向赵军营垒逼进，摆下战阵。事先，韩信派出一万精兵在井陉口外绵蔓水岸边，背靠水边列成阵势，命令说："前线汉军退过来，是引诱赵军作战，你们后队要冲杀上去接应，让第一线的汉军进入阵地休整，这样轮番作战，一旦赵军后退，就要全军压上去。"韩信要引出赵军作战，所以挂出主帅旗帜，又分军为二，接应部队背水列阵，装出一副不懂军事的样子，以麻痹陈馀。陈馀果然上当。

韩信说："汉军有组织地退却诱敌，战斗起来，信心百倍。汉军预伏二千精兵，抄了赵军后路，赵军好比当头挨了闷棍，哪里还有心恋战呢？"

赵军是必败无疑的。"

井陉之战，韩信威名大振。北方的燕国听到消息，派遣使者与韩信联络，表示归附。由此可见，这场胜仗，影响是多么巨大。

智慧启示

《孙子兵法》说："知彼知己，百战不殆。"了解自己，了解敌情，就可以百战百胜。赵军统帅陈馀，不知己，不知彼，拒绝李左车的正确意见，盲目打硬仗，而这一切韩信了如指掌，所以敢于用计，创造了背水战斗的胜利奇迹。当然，这种"置之死地而后存"的策略，应该是万不得已，死中求活时才可采用，像韩信这样用作克敌制胜的策略，即使有十分的把握，也十分危险，为兵家所慎用。这样井陉之战成了空前绝后的有名战例。三国时，蜀汉马谡守街亭，把蜀军安置在高山上，生搬硬套"置之死地而后存"，结果被魏军切断水源，不战自溃，打了大败仗，成了笑柄。这说明，兵书上的奇谋善计，只有灵活运用，而且恰当，才能演出生动的活剧。

淮阴侯列传

信与张耳以兵数万，欲东下井陉击赵[1]。赵王、成安君陈馀
_{韩信和张耳带领数万军队，想向东指向井陉攻击赵国。赵王歇和成安君陈馀听说汉军将}

闻汉且袭之也，聚兵井陉口，号称二十万。广武君李左车说
_{来袭击，就集中兵力在井陉口，号称二十万。广武君李左车对成安君说："听说汉将韩信渡过}

成安君曰："闻汉将韩信涉西河，虏魏王，禽夏说，新喋血阏
_{西河，俘虏了魏王，擒获了夏说，最近血洗阏与，如今又派张耳辅助，计议要夺取赵国，这是}

与[2]，今乃辅以张耳，议欲下赵，此乘胜而去国远斗，其锋不可
_{趁着胜利的势头而又离开本土远征，那种锋芒是不可阻挡的。我听说千里运送粮饷，士兵就会}

当。臣闻千里馈粮[3]，士有饥色；樵苏后爨，师不宿饱。今井
_{面带饥色，临时砍柴割草烧火做饭，军队就不能经常吃饱。眼下井陉这条道路，两辆战车不能}

陉之道，车不得方轨[4]，骑不得成列，行数百里，其势粮食必在
_{并列行车，骑兵不能排成行列，行军队伍拉开几百里，这种形势粮食一定在后面。希望你暂且}

其后。愿足下假臣奇兵三万人[5]，从间道绝其辎重[6]；足下深沟
_{给我三万骑兵，从小道绕在汉军背后拦截他们的辎重粮草。你深挖战壕，高筑营垒，坚守军营，}

---

1 井陉（xíng）：井陉口，为太行八隘之一，即今河北省井陉县东北井陉山上的井陉关。
2 喋血：践血。形容战场杀人之多，血流遍地。
3 臣闻：千里馈粮以下四句见《黄石公·上略》，故曰"臣闻"，也是当时流行的成语。馈，运送。
4 方轨：两车并行。
5 假：暂时拨给。奇兵：正面当敌之兵，称为正兵，侧面迂回包抄之兵，称为奇兵。
6 间道：小道。绝：截断。辎（zī）重：军用物资。

高垒，坚营勿与战。彼前不得斗，退不得还，吾奇兵绝其后，
不跟他们交战。他们向前没有仗打，他们后退无法撤兵，我带领的奇兵切断他们的后路，使他

使野无所掠，不至十日，而两将之头可致于戏下。愿君留意
们在野外得不到给养，不到十天，韩信、张耳两将的首级就可送到将军的帐下。希望你注意我

臣之计[1]。否，必为二子所禽矣。"成安君，儒者也[2]，常称义兵
的计谋。不这样，一定会被这两小子擒获。"成安君是一个书呆子，常常说正义的军队用不着

不用诈谋奇计，曰："吾闻兵法：'十则围之，倍则战。'今韩
诈谋奇计，又说："我听兵法说：'十倍于敌人就全面包围，两倍于敌人就可以交战。'如今

信兵号数万，其实不过数千，能千里而袭我，亦已疲极。今
韩信的军队号称数万，其实不过几千。他们竟敢不远千里而来袭击我，已经疲困到了极点。现

如此避而不击，后有大者，何以加之[3]！则诸侯谓吾怯，而轻
在对这样的敌人都要回避不敢打击，后面来了更大敌人，怎么对付呢？诸侯也会看不起我们，

来伐我。"不听广武君策，广武君策不用。
认为我们胆怯，就很容易地来攻打我们。"因而没有采纳广武君的计谋。

　　韩信使人间视[4]，知其不用，还报，则大喜，乃敢引兵
　　韩信派人暗中打探，了解到陈馀没采纳李左车的计谋，回营报告，韩信非常高兴，才敢进兵井

遂下。未至井陉口三十里，止舍。夜半传发，选轻骑二千
陉狭道。离开井陉口还有三十里，停下来宿营。半夜传出命令，挑选了两千名精锐骑兵，轻装出发，

人，人持一赤帜，从间道萆山而望赵军[5]，诫曰："赵见我走，
每人拿一面红旗，从隐蔽的小道上山，在山上隐蔽着观察赵军的动静。韩信告诫说："交战时，赵军

1　留意：考虑采纳。
2　儒者：书生。
3　何以加之：怎么对付呢？
4　间视：暗中打探。
5　萆山：隐蔽在山上。萆，同"蔽"。

必空壁逐我[1]，若疾入赵壁，拔赵帜，立汉赤帜。"令其裨将传
见我军败逃，一定会倾巢出动追赶我军，你们迅速冲进赵军营垒，拔掉赵军旗帜，竖起汉军红旗。"

飧[2]，曰："今日破赵会食！"诸将皆莫信，佯应曰："诺。"谓军
又让副将传达开饭的命令，说："今天打垮了赵军后，我们大摆宴席。"各将领没有一个相信，表面

吏曰："赵已先据便地为壁[3]，且彼未见吾大将旗鼓，未肯击前
上答应说："遵命。"韩信又对领兵军官们说："赵军已经先占据了有利地形扎下营寨，他们没有看

行，恐吾至阻险而还。"信乃使万人先行，出，背水陈（zhèn）。
到我们的大将旗帜、仪仗，就不会攻击我军的先头部队，怕我们到了险要的地方就退回来。"韩信派

赵军望见而大笑。平旦，信建大将之旗鼓，鼓行出井陉口[4]，
一万人为先头部队，开出营寨，背靠河水摆开阵势。赵军望见汉军没有退路的阵地，大笑起来。天刚

赵开壁击之，大战良久。于是信、张耳佯弃鼓旗，走水上
刚大亮，韩信摆开大将的旗号和仪仗鼓吹，大吹大擂地开出井陉口。赵军打开营垒，攻击汉军，激战

军。水上军开入之[5]，复疾战[6]。赵果空壁争汉鼓旗，逐韩信、张
了很长时间。这时，韩信和张耳假装丢弃旗鼓，逃回河边阵地。河边阵地的部队敞开营门放他们进去，

耳。韩信、张耳已入水上军，军皆殊死战，不可败。信所出
而后激烈地与赵军战斗。赵军果然空下军营，倾巢出动夺取汉军的旗鼓，追赶韩信和张耳。韩信和张

奇兵二千骑，共候赵空壁逐利，则驰入赵壁，皆拔赵旗，立汉
耳已进入了河边阵地，河边阵地上的汉军全都拼命作战，不可能打败。韩信派出的两千骑兵，等候赵

赤帜二千。赵军已不胜，不能得信等，欲还归壁，壁皆汉赤
军倾巢出动夺取战利品的时候，就迅速冲入赵军营垒，全部拔掉赵军的旗帜，插上两千面汉军红旗。

1　空壁：倾巢而出。
2　传飧（sūn）：分配早点。飧，小食。
3　便地：有利的地势。
4　鼓行：击鼓进军。
5　开入之：开营接纳他们进入。
6　复疾战：指水上军接着迎战赵军。

帜，而大惊，以为汉皆已得赵王将矣，兵遂乱，遁走[1]，赵将虽
赵军已经不能取胜，不能捉住韩信等人，想退回营垒，看到营垒上都是汉兵的旗帜，而顿时惊慌起来，

斩之，不能禁也。于是汉兵夹击，大破虏赵军，斩成安君泜
认为汉军已经把赵王及其赵将全都俘虏了，兵士混乱，纷纷逃窜，赵军将领斩杀逃兵也不能阻止。于

水上[2]，禽赵王歇。
是汉兵夹击，大败并俘虏赵军，在泜水边杀了陈安君，俘获了赵王歇。

信乃令军中毋杀广武君，有能生得者购千金。于是有
韩信传令全军，不要杀害广武君，有能活捉他的赏给千金。于是有人捆缚广武君

缚广武君而致戏下者，信乃解其缚，东向坐，西向对[3]，师
送到军帐前，韩信亲自松绑，请广武君向东坐在尊位上，自己向西坐在陪位上，待以尊

事之。
师之礼。

诸将效首虏，毕贺[4]，因问信曰："兵法右背山陵，前左
各位将领呈献首级，全来庆贺，趁此请问韩信说："兵法说布阵要右边和背后靠山，

水泽，今者将军令臣等反背水阵，曰破赵会食，臣等不服，
前边和左边临水，今天将军让我们反而背靠水边布阵，说打败赵军会餐，我们都不信，然而

然竟以胜，此何术也？"信曰："此在兵法，顾诸君不察耳。
真的打了胜仗，这是什么战术呢？"韩信说："这也在兵法上，只是各位没细看罢了。兵法

兵法不曰'陷之死地而后生，置之亡地而后存'？且信非得
上不是说'陷之死地而后生，置之亡地而后存'吗？何况我平时没有机会训练将士，这作'赶

---

1 遁走：逃生而四散奔走。
2 泜（zhī）水：源出河北赞皇县西南，东入釜阳河，即今之槐河。
3 东向坐，西向对：让李左车坐面向东的尊位，韩信坐在面向西的陪位上。古以东向为尊，故客位东向，主位西向。
4 毕贺：都向韩信道贺。

素拊循士大夫也[1]，此所谓'驱市人而战之'[2]，其势非置之死
着街市上的老百姓去打仗'，这种情况不把大家放到生死线上，各自为了保全性命只有死战

地，使人人自为战；今予之生地，皆走，宁尚可得而用之
一条路上，全都会跑光，怎么能用他们打胜仗呢？"众将领都佩服地说："好。我们都比不

乎！"诸将皆服，曰："善。非臣所及也。"
上您啊。"

---

1 拊循：抚慰。这里是有严密组织，有训练的意思。
2 市人：集市上的人，无领导，无组织，用以喻没有受过严格训练的士兵。

▲ 清宫廷写本《河道图》局部

囊沙断水破灭楚师

  汉四年（前203年）十月，汉将韩信攻破齐国都城临淄。齐王田广、齐相田横引兵东走，田广前往高密，田横前往博阳，另一齐相田光前往城阳，将军田既驻军胶东。韩信依靠突袭打破齐历下军，进入临淄，虽然取得大胜，要占领齐国全境还为时尚早。田齐的应变措施，摆出迎战姿态，同时向项羽发出求救信号。项羽十分害怕韩信灭掉齐国，而使自己腹背受敌，他派出最得力的大将龙且(jū)率领二十万大军援救齐国。汉四年十一月，韩信率领的汉军与齐楚联军在高密西夹潍水而阵。于是此战，史称"潍水之战"。

潍水之战，双方实力悬殊，汉军约十万，齐、楚联军二十余万，汉军处于劣势。但汉军乘胜远斗，只有胜利才有生路，士气高昂，这是汉军的优势。联军人众，但齐军新败，士气低落，楚军新来，难与汉军争锋。双方尚未交战，楚军中有一谋士向龙且献策说："汉军远征，久经战斗，士气高昂不可轻敌。齐军、楚军在自己境内作战，士兵的家室就在附近，不能不想家，这样的军队容易溃散。最好的战法是齐、楚联军深沟高垒，不与汉军交战，让齐王派亲信为使，招抚被汉军攻占的城池。齐人听说齐王还在，楚军又来援助，一定起来反抗。汉军两千里远来。客居于齐，人地生疏，如果所有齐国城邑都起来反抗，这种形势就使得汉军断粮，可以不战而胜。"这是一个极好的策略，汉军利在速决，联军利在持久。只要联军固守，韩信孤军深入难以持久。楚军不投入战斗，是齐人的精神力量，齐人缓过劲来，全国动员，韩信单靠军力是无法征服的；楚军投入战斗，一旦失利，齐人的精神力量就会崩溃，那就反过来，韩信可以不战而降齐国了。所以这一战事关双方全局，责任重大，韩信十分清楚。他要千方百计打速决战，利用奇谋，一举打败楚军。

话说楚军统帅龙且，他是项羽手下一名骁将，地位仅次于黥布，是项王手下少数可以独当一面的战将之一。黥布反叛项王归汉以后，就是龙且带兵打败黥布的。因此龙且骄傲自大，他没把韩信看在眼里。龙且没有采纳策士的建议，还当着策士的面数落了韩信一顿。龙且说："我平生知道韩信的为人，是不难对付的。韩信寄食漂母，受胯下之辱，是一

龙且轻视韩信

个胆小鬼，不必怕他。再说我是来救齐国的，如果楚军不投入战斗，我有什么功劳？现在投入战斗，打了胜仗，是楚军挽救了齐国，可以分割齐国一半的土地，为什么不打这一仗呢？"龙且的骄傲与贪心，已经隐伏了败因。

　　韩信原本投在项梁帐下，项梁死后追随项羽转战南北，多次出了好主意。项羽却看不起韩信，好计策也不采纳，结果逼走了韩信，已经是一次失策。韩信打了许多胜仗，龙且还是看不起，认为韩信没有碰上真正的对手，如今碰上自己，他要好好教训韩信。韩信在项羽营中深切了解项羽、龙且等人的为人，狂妄、冒失、逞勇，不顾惜士卒，伤害士气。韩信决定利用龙且的傲慢轻敌，故意示人以弱，布下天罗地网擒斩龙且。韩信派人请战，说汉军将在明天渡过潍水与楚军交战。夜里韩信派出一万人马，

囊沙断水破灭楚师

偷偷潜伏到潍水上游,每人扛一个大沙袋,堵塞在潍水上游,形成一道堤坝,截住汹涌的河水。楚军在东岸,汉军在西岸。

第二天,汉军向楚军挑战,汉军涉过浅浅的潍水,向东岸楚军发起进攻。楚军在阵前与汉军大战。汉军只渡过一半,在楚军迎击下显示出招架不住的样子,随后撤退,乱成一团,引诱龙且追击。龙且不知是计,他还十分得意地对部将说:"我就知道韩信是个胆小鬼。"他下令全军追击,亲自带头冲到了前面。

汉军溃逃,楚军尾追,约有一半楚军近十万之众追过了潍水,这时在上游堵塞潍水的汉军,扒开沙袋,顿时呼啸奔腾的河水汹涌而来,仿佛是从天而降,淹没了追击行进在潍水河中的成千上万的楚军。二十万齐楚联军,并且一半在东岸,一半在西岸,两半中的一大批被淹在潍水中冲走。楚军遭受这突然打击,立刻乱成一锅粥。汉军整队还击,很快消灭了冲上西岸的楚军,并且阵斩龙且。还留在东岸的一半楚军,失去主将,便作鸟兽散。二十万精锐楚军,半天工夫被韩信全歼。起兵以来,项羽没有吃过这样的大败仗,他第一次感到了恐惧,派出说客武涉向韩信乞和,但韩信没有答应,项羽开始走下坡路。

潍水之战,韩信用囊沙断水的奇谋全歼楚军,改变了楚汉相争的整个战局。项王遭此败仗,已无力分兵作战。韩信打败楚军,使齐王复国希望破灭,丧失了战斗意志。韩信抓紧战机,乘胜追击,在城阳俘虏了田广,汉军很快占有齐国全境。只有田横率领着五百壮士出逃,往依彭越。汉王灭楚以后,田横率五百壮士逃到山东海岛中。汉王即皇帝位后,派使臣招抚田横,田横归降,不肯称臣,在到达洛阳还有三十里的地方自刎而死。五百壮士闻讯,全部殉难。这是后话。由此可见田氏兄

刘邦封韩信为齐王

弟能得众,如果龙且不贸然决战,采纳谋士之策,与韩信持久相抗,那局势就很难说了。

潍水之战,韩信声威大震,汉王、项王都有恐惧感。为了稳住韩信,汉王派张良封韩信为齐王。

淮阴侯列传

楚数使奇兵渡河击赵，赵王耳、韩信往来救赵，因行定
<small>楚国多次派遣奇兵渡过黄河进攻赵国，赵王张耳和韩信来回救援，在行进中安定赵</small>
赵城邑，发兵诣汉。楚方急围汉王于荥阳，汉王南出[1]，之宛、
<small>国的城邑，调派军队去支援汉王。楚军在荥阳包围了汉王，形势危急，汉突围南下，到达</small>
叶间，得黥布[2]，走入成皋，楚又复急围之。六月，汉王出成
<small>宛县、叶县地区，得到黥布的会合，迅即进入成皋，楚军又紧急围攻。六月，汉王逃出成皋，</small>
皋，东渡河，独与滕公俱，从张耳军修武。至，宿传舍[3]。晨，
<small>东渡黄河，单独与滕公夏侯婴一起，到修武投向张耳军。到达后，住在客馆里。清晨，汉</small>
自称汉使，驰入赵壁。张耳、韩信未起，即其卧内，上夺其
<small>王早起，自称是汉使，驰马进入赵军营垒。张耳、韩信还没起床，就在两人卧室内，汉王</small>
印符，以麾召诸将，易置之[4]。信、耳起，乃知汉王来，大惊。
<small>夺了印信和兵符，用军旗召集诸将，调整他们的职务。张耳、韩信起床后，才知道汉王来了，</small>
汉王夺两人军，即令张耳备守赵地，拜韩信为相国，收赵兵未
<small>大为吃惊。汉王夺了两人的军权，就令张耳守备赵地，拜韩信为赵相国，集中未被汉王调</small>

---

1. 汉王南出：指汉三年七月汉王荥阳突围事，详《高祖本纪》。
2. 得黥布：黥布是项羽的心腹猛将，常替项羽打先锋，秦灭后被封为九江王。汉王刘邦用张良计派说客随何劝布叛楚归汉。汉三年，黥布往投刘邦，扰动了项羽的后方，使刘邦声威大震。
3. 传舍：客馆。
4. 易置之：调动诸将的位置。

发者击齐[1]。
走的军队攻打齐国。

信引兵东，未渡平原，闻汉王使郦食其已说下齐[2]，韩信
韩信领兵东向，还没渡过黄河平源津，听说汉王派郦食其已经说降了齐国，韩信打算停止前进。

欲止。范阳辩士蒯通说信曰[3]："将军受诏击齐，而汉独发间
范阳辩士蒯通劝说韩信，说："将军奉命攻打齐国，而汉王派密使说降了齐国，难道有新的命令让将军

使下齐[4]，宁有诏止将军乎？何以得毋行也！且郦生一士，伏
停止前进吗？怎么能不向前行进呢？何况郦生只是一介书生，坐着车子摇动那三寸之舌，就说降了齐国

轼掉三寸之舌[5]，下齐七十余城，将军将数万众，岁余乃下赵
七十余城，将军率领数万之众，一年多才攻下赵国五十余座县城，做了几年将军，反而比不上一个书呆

五十余城，为将数岁，反不如一竖儒之功乎[6]？"于是信然
子的功劳吗？"于是韩信非常赞同蒯通的话，听从他的计谋，终于渡过黄河。齐王已经听从了郦生的建议，

之，从其计，遂渡河。齐已听郦生，即留纵酒，罢备汉守
就挽留郦生开怀畅饮，撤除了防备汉兵的戒备。韩信趁这机会偷袭齐国驻在历下的主力军队，得手后汉

御。信因袭齐历下军，遂至临淄。齐王田广以郦生卖己[7]，
军长驱直入齐国都临淄。齐王田广认为郦生出卖了自己，就把郦生烹煮了，匆匆逃往高密，派出使者向

---

1 未发者：指未被刘邦调走的部分军队。
2 郦食（yì）其（jī）：刘邦的谋士，说齐归汉，事详《郦生陆贾列传》。
3 蒯（kuǎi）通：本名蒯彻，因避汉武帝刘彻讳，故史称蒯通。蒯通是燕地范阳县人，因游于齐，故称齐人。
4 间使：钻空子作间谍的使者。
5 伏轼掉三寸之舌：坐着车子摇动那三寸之舌。轼，车前横木。掉，摇动，翻动。这一句是形容郦生舒舒服服，轻而易举说下齐城，激发韩信。
6 竖儒：一个小小的书生。竖，小子，骂人语。
7 卖己：出卖自己。

乃烹之¹，而走高密，使使之楚请救。韩信已定临淄，遂东

楚国请救。韩信平定了临淄的局势后，就向东追击田广，直追到高密的西境。这时，楚王也派出龙且为

追广至高密西。楚亦使龙且将²，号二十万，救齐。

大将，率领人马，号称二十万，来救齐国。

郦食其被齐王田广烹杀

1　烹：古代的一种酷刑，把人活活煮死。
2　龙且（jū）：楚勇将。

齐王广、龙且并军与信战，未合。人或说龙且曰："汉
<small>齐王田广、龙且合兵一处与韩信交战，两军还未接触，有人对龙且说："汉兵远来深入，</small>
兵远斗穷战，其锋不可当。齐、楚自居其地战，兵易败
<small>尽力战斗，它们锋芒不可抵挡。齐楚之兵，在自家地面作战，士兵容易逃散，还不如深沟高垒，</small>
散。不如深壁[1]，令齐王使其信臣招所亡城[2]，亡城闻其王
<small>坚守不战，让齐王派出亲信使臣去招抚已经沦陷了的城邑。那些城邑听说齐王还在，楚军</small>
在，楚来救，必反汉。汉兵二千里客居[3]，齐城皆反之，其
<small>来救，一定反叛汉王。汉兵远出两千里，客居在外，齐国城邑又都反叛，汉兵势必没有地</small>
势无所得食，可无战而降也。"龙且曰："吾平生知韩信为
<small>方得到粮饷，可以不战而使汉兵投降。"龙且说："我平生知道韩信的为人，容易对付的。</small>
人，易与耳[4]。且夫救齐，不战而降之，吾何功？今战而胜
<small>何况救援齐国，不战而使汉军投降，我有什么功劳？现在战而胜之，齐国一半土地可以得</small>
之，齐之半可得，何为止！"遂战，与信夹潍水陈。韩信
<small>到，为什么不打？"于是决定交战，与韩信夹潍水两岸布阵。韩信派人连夜赶做了一万多</small>
乃夜令人为万余囊，满盛沙，壅水上流[5]，引军半渡[6]，击龙
<small>个袋子，装满沙子，堵住潍水的上游，只率领一半军队渡河，攻击龙且，假装不胜，败走。</small>
且，佯不胜，还走。龙且果喜曰："固知信怯也。"遂追信
<small>龙且果然高兴地说："我本来就知道韩信胆怯。"于是追击韩信，挥军渡河。韩信派人打</small>

---

1 深壁：深沟高垒，坚守不战。
2 招所亡城：招抚已经沦陷了的城邑。
3 客居：汉兵侵入齐地，故为客居。
4 易与耳：容易对付。
5 壅水上流：堵住潍河的上游。
6 引军半渡：只率领一半军队过河。

渡水。信使人决壅囊,水大至,龙且军大半不得渡,即急
开堵水的沙袋,河水倾泻而下。龙且的军队大半没有渡过去,韩信回头猛烈攻击,杀了龙且。
击,杀龙且。龙且水东军散走[1],齐王广亡去。信遂追北至
留在潍水东岸的龙且军溃散逃跑,齐王田广逃走。韩信追击败兵到城阳,把楚军士兵全部
城阳,皆虏楚卒。汉四年,遂皆降平齐。
俘虏了。汉四年(前203年),韩信降服和平定了齐国。

---

1 龙且水东军:留在潍河东岸未渡过河的龙且军。

卷首语（下）

外交行人的智谋

广义的外交，包括一切机关、团体及人们之间的交际。狭义的外交，专指国与国之间的交往，它是国家实现对外政策的重要手段。现代国家的外交方式多种多样，有国家元首、政府首脑，以及各种级别的外交使团或社团、代表互访，互派大使，有外交部专门管理外交。国家之间的交涉、谈判、缔约或发出外交文件，都有一定的礼仪形式，外交人员有豁免权，人身安全受到保障。古代国家之间的外交还不健全，外交人员人身安全没有保障。虽然有"两国交兵，不斩来使"的约定俗成，而事实远非如此。例如汉朝与匈奴的交往，经常互扣大使作为人质。苏武牧羊于北海十九年，持汉节不屈，这是家喻户晓的故事。北海，就是现在俄罗斯西伯利亚的贝加尔湖，古代极为寒冷荒凉。苏武为汉使，被匈奴扣留为人质，流放贝加尔湖。战国时秦昭王邀楚怀王入秦，竟然扣留楚怀王为人质，最后楚怀王客死于秦国。楚汉相争，齐王田广曾把刘邦的使者郦食其下了油锅。在这样的背景下，古代外交人员孤身在外，情况又经常变化，难以预测，轻者受辱，重者身死，执行外交使命，往往不是美差，而是充满了艰辛危险，非大智大勇之人不能胜此重任。

中国古代外交，产生于春秋战国之际，诸侯林立，列国纷争，必然产生外交。春秋时，外交人员称为行人，表示风餐露宿，奔波于外。战国时，各国要富国强兵，招揽人才，特别是合纵连横的需要，产生了一个策士阶层，这是一大批从贵

▲ 清·袁耀《行旅图》

族沦落为寒士的知识分子,也有的人是苦读,自学成才。他们周游列国,出谋献策游说国君,所以称为策士。以苏秦为代表,主张六国联合抗秦,称为合纵。以张仪为代表,替秦国游说六国,与秦结盟,称为连横。两派策士,争强斗胜,凭三寸不烂之舌取富贵,有的出半策而得赏钱万金,有的出一谋而取高官。苏秦原是东周一布衣,最后佩六国相印,显名诸侯,群士效慕。

游说之士的纵横捭阖,成为外交的代名词,而古代外交家又称为行人。因此本书所选古代外交策谋故事,称之为:外交行人的智谋。

外交人员执行国家或政治集团的对外政策,最基本的要求是:要维护国家的尊严,维护国家利益,保护个人安全。没有机敏的头脑和能言善辩的口才,是不能胜任的。所以,无论是奉命出使的外交人员,还是受命接待来访的外交人员,一定要选合适的人员,没有机智过人的才能不得参与角逐。当国家关系和睦时,外交人员说话温文尔雅,共叙友情,追溯过去,展望未来,手捧鲜花;当国家关系紧张时,外交辩论常常是唇枪舌剑,互不相让。有的是军事斗争的补充,战场得不到的东西,通过外交斗争来取得;有的是求助于人,通过外交改善处境,获得外援;有的是依附于人,通过外交求得生存;有的是以大欺小,以强凌弱,通过外交使人屈服。总之,外交人员肩负着国家的重托,民族的期望,还有个人的荣辱信誉。外交人员在谈判中,无不使出浑身解数,口若悬河,文饰言辞。所以外交辞令与外交辩论,色彩纷呈,闪耀着迷人的光辉,特具机敏性、灵活性、逻辑性和艺术性。本书所选的十则外交故事,就具有这些特色。阅读这些外交故事,一定会启迪你的多维思考,增强你随机应变的才干,提高你的品格修养。外交使者,自卑使人看不起,骄傲则引起别人的反感,唯有不卑不亢才受到尊敬,推而广之,这也是做人的基本原则。外交行人的机敏言辞,应付险恶环境的灵活手腕,口若悬河的论辩艺术,都闪耀着智慧的光芒。欣赏外交故事,将使你置身于智慧的海洋,获得无穷的艺术享受。

吴王会鲁伐齐(明内府彩绘本《春秋五霸七雄通俗演义列国志传》插图)

纵横故事

四则

子贡救鲁不费兵卒

公元前484年,齐国主持政务的大夫田常想在齐国夺取政权,他害怕高氏、国氏、鲍氏、晏氏这几家大夫的反对,就调动这几家大夫的兵力去攻打鲁国。鲁国子贡多才多艺,擅长外交,他听到了这个消息后,挺身而出,游说诸侯,挽救鲁国。

子贡首先到了齐国,见到田常之后,装作不知齐军已经出动的样子,对田常说:"听说您要出兵伐鲁,我特地赶来给将军献计。"田常看了一下子贡说:"先生是替鲁国来做说客的吧,不必多言,攻打鲁国的军队已经出发了。"子贡不慌不忙地说:"田将军攻打鲁国是一个错误。"田常说:"我倒要听听先生的高见。"子贡说:"鲁国的城墙又薄又矮,护城河又浅又窄,

子贡游说田常

它的国君愚昧不仁，大臣虚伪无用，老百姓害怕打仗，这样的国家不能跟它交战。田将军应该去攻打吴国。因为吴国的城墙又高又厚，护城河又宽又深，武器精良，士气旺盛，还有能人指挥，而吴王雄心勃勃要北上称霸。"田常听了，立刻变了脸色，厉声说："先生为何戏弄我，用颠倒话来指教我？"子贡态度严肃地说："选择作战对象，要看打仗的目的。若是为了增强国力，扩大土地，就要打弱敌；若是为了国内的政治需要，削弱竞争对手，就要打强敌。田将军在国内的政治对手是高氏等几家大夫，现在派他们去攻打弱小的鲁国必然取胜，到时必然使这几家大夫的地位得到提高。可你得不到任何好处，想成大业就更难了。如果派他们去攻打吴国，齐国军队必然失败，这是借吴国之兵削弱你的政治对手，这样将军才能成就大业。请将军三思。"田常见子贡说穿了他攻打鲁国的真正目的，暗自吃惊，十分佩服子贡的才智，同时也恍然大悟，觉得子贡说得对。他沉吟了一会，用讨教的口气对子贡说："先生说得很对。只是我已下达了进攻鲁国的命令，军队已经开拔，中途改变作战目标，容易引起齐国君臣的议论和怀疑。"子贡说："田将军可以让齐国军队停止前进，再做一次实战演习，拖延时间。我立即到吴国去，说服吴国派兵救鲁，并向齐国发动进攻，你就趁势命令齐国军队与吴国军队交战。"田常答应了子贡的要求。

子贡到了吴国，对吴王夫差说："现在齐国发兵攻鲁，如果灭掉了鲁国，力量强大了再来攻吴国，吴国就危险了。反过来，如果吴国援救鲁国，大王就会获得扶弱锄强的好名声，这是您称霸中原的大好时机。"吴王说："先生说得很对。只是吴国援助鲁国，就要和齐国打仗，越国在背后攻击吴国怎么办。"子贡说："大王不用担心，我去见越王，让他出兵助你攻打齐国。"吴王说："要是那样，我就放心了。"于是子贡就前往越国。

越王勾践听说子贡来访的消息非常高兴，亲自到国都郊外迎接子贡。子贡说："齐国派兵攻打鲁国，我奉使到吴国请夫差大王派兵救鲁国。可吴王害怕越国背后攻击他，对我说，等我灭了越国再援救鲁国。这说明越国的处境很危险。"越王勾践恭敬地向子贡拜了两拜，说："请先生指教。"子贡说："现在大王只要发兵相助吴王，多送些财宝，吴王就不会攻越国而是去救鲁国，和齐国打仗。如果吴王打了败仗，越国可以乘机雪耻。即使吴王打了胜仗，他也会把军队开到晋国去，与晋国争霸。我再到晋国去会见晋国国君，让晋国配合齐国攻打吴国，这样吴国的势力一定会被削弱，那时越国出头的日子就到了。"越王非常高兴，随即派了使臣送给吴王很多礼物，还派了一支军队相助吴王。吴王十分满意，放松了对越国的戒备，调动了九个郡的兵力攻打齐国。

子贡离开越国，又急忙赶到晋国。子贡对晋国国君说："现在吴国即

吃好，穿暖，供应足，就肯定是大胜仗！

子贡说服晋国国君

将与齐国开战,如果齐国战败了,吴王一定会把军队开到晋国来争霸。"晋国国君大为恐慌,向子贡讨教对策。子贡回答说:"修造武器,休养士卒,做好准备,等待吴军。"晋王大喜。

子贡离开晋国,回到鲁国向孔子复命去了。吴王夫差果然带兵与齐国军队在艾陵展开大战,吴军大败齐军,俘虏了齐国的七个将军。但是吴军也付出了很大的代价。可是吴王被胜利冲昏了头脑,果然把军队开到了晋国,要与晋军决一雌雄,争当霸主。晋国早已做好了准备,在黄池迎战吴军。晋军以逸待劳,打败了吴军。越王听到这一消息,渡江袭击吴国,打到离吴国都城只有七里远的地方,吴国太子也战死了。吴王夫差听到这个消息,赶快离开晋国回都,委曲求全地向越王讲和。越王见一时还消灭不了吴军,暂时退回越国。吴国连续受到齐国、晋国、越国的攻击,元气大伤,一蹶不振。越国则越战越强,在此后的四年中,吴、越两国进行了三次大规模的战争,吴军都失败了。最后越军攻破吴都,杀死了吴王夫差和奸相伯嚭,吴国灭亡了。三年后,越国称霸东方。

智慧启示

外交是为现实政治服务的。和平时期,国与国之间互相访问增进友谊。几个国家打仗,外交的任务是寻找朋友,孤立敌人。子贡为了使鲁国免遭齐国的进攻,巧妙地利用了齐国田常企图夺权、吴王夫差争霸、越王勾践报仇、晋国要保持盟主地位这一系列错综复杂的矛盾,充分运用他擅长说理的外交才能,晓以利害,化不利因素为有利因素,让大国互斗,使鲁国平安。子贡一出,存鲁、乱齐、破吴、使越称霸东方,在春秋列国的斗争中,建立了外交奇功,充分显示了他的智慧和才能。

▲ 明·佚名《至圣先贤弟子像·子贡》

仲尼弟子列传·子贡

田常欲作乱于齐,惮高、国、鲍、晏,故移其兵欲以伐
田常想要在齐国作乱,但害怕高氏、国氏、鲍氏和晏氏的势力,因此想调动齐国的军队攻打鲁国。
鲁。孔子闻之,谓门弟子曰:"夫鲁,坟墓所处,父母之国,
孔子得知消息,对学生们说:"鲁国是我们祖宗坟墓所在之地,是父母之国,国家已到了危险时刻,各
国危如此,二三子何为莫出[1]?"子路请出,孔子止之。子
位弟子为什么还没有人敢挺身而出?"子路请求出去活动,孔子制止了他。子张和子石请求出行,孔子

孔子同意子贡出使

[1] 二三子何为莫出:诸弟子为何没人出来想点办法呢?

子贡救鲁不费兵卒　219

张、子石请行，孔子弗许。子贡请行，孔子许之。
没有答应。子贡请求出行，孔子同意了。

遂行，至齐，说田常曰："君之伐鲁过矣。夫鲁，难
子贡整装上路，首先到了齐国，游说田常："您要攻打鲁国大错特错。鲁国是最难

伐之国，其城薄以卑[1]，其地狭以泄，其君愚而不仁，大臣
攻打的国家，它的城墙又薄又低，护城河又窄又浅，它的国君愚昧不仁，大臣虚伪无能，

伪而无用，其士民又恶甲兵之事。此不可与战。君不如
它的士兵和百姓十分厌恶战争，这样的国家不能跟它作战。您不如去攻打吴国。吴国的城

伐吴。夫吴，城高以厚，地广以深，甲坚以新，士选以
墙又高又厚，护城河既宽又深，甲胄坚固而崭新，战士精强而供给充足，宝物和精兵都在

饱[2]，重器精兵尽在其中，又使明大夫守之，此易伐也。"
里面，又派贤明的大夫镇守，这样的国家才容易攻打。"田常愤怒起来，变了脸色说："您

田常忿然作色曰："子之所难，人之所易；子之所易，人
认为困难的，恰恰是人们认为容易的；您认为容易的，恰恰是人们认为困难的。您颠三倒

之所难。而以教常，何也？"子贡曰："臣闻之，忧在内
四来指教我，这是什么道理？"子贡说："我听说，忧患在国内就攻打强国，忧患在国外

者攻强，忧在外者攻弱。今君忧在内。吾闻君三封而三
就攻打弱国。如今您的忧患来自国内。何以为证？我听说您三次被封赏爵位，但一次也没

不成者，大臣有不听者也。今君破鲁以广齐，战胜以骄
有封成，这就是有大臣不听命的缘故。现在您要攻打鲁国来扩大齐国领土，岂不是战胜鲁

主，破国以尊臣，而君之功不与焉，则交日疏于主。是
国来增加齐国君主骄傲的资本，打破鲁国来提高大臣的威望，而您的功劳却不沾边，那么

---

1 城薄以卑：城墙又薄又低。
2 士选以饱：士卒既经训练又吃得饱。

君上骄主心，下恣群臣，求以成大事，难矣。夫上骄则
与国君的关系会一天天疏远。这就是您上使国君骄傲，下使群臣放纵，而想办成大事，难啊。
恣[1]，臣骄则争，是君上与主有郤，下与大臣交争也。如
国君骄傲会无所顾忌，臣下骄傲就争权夺利，您夹在中间上与国君有嫌隙，下与大臣相争
此，则君之立于齐危矣。故曰不如伐吴。伐吴不胜，民
夺，这样，那您立足在齐国就危险了。所以说不如攻打吴国。攻打吴国不胜，人民战死在
人外死，大臣内空，是君上无强臣之敌，下无民人之过，
国外，大臣领兵在外面朝内空虚，这样您上无强臣对抗，下无人民怪罪，孤立国君而控制
孤主制齐者唯君也。"田常曰："善。虽然，吾兵业已加
齐国的人一定是您了。"田常说："说得好。虽然这样，但我国军队已经向着鲁国开拔了。
鲁矣[2]，去而之吴，大臣疑我，奈何？"子贡曰："君按兵
如果撤离鲁国而进攻吴国，大臣怀疑我怎么办？"子贡说："您先按兵不动，不去攻打鲁国，
无伐，臣请往使吴王，令之救鲁而伐齐，君因以兵迎之。"
请允许我到吴国去，劝说吴王救鲁而攻打齐国，您趁势指挥齐国军队迎上去。"田常同意
田常许之，使子贡南见吴王。
了子贡的策略，派子贡南下拜见吴王。

说曰："臣闻之，王者不绝世，霸者无强敌，千钧
子贡游说吴王说："我听说，称王的人不允许它的属国被人灭绝，称霸的人不容忍有另外的
之重加铢两而移。今以万乘之齐而私千乘之鲁，与吴
强国，在千钧重物上加上微小的重量就要打破平衡而移动。现在有万辆兵车的齐国私下要吞并有千
争强，窃为王危之。且夫救鲁，显名也；伐齐，大利
辆兵车的鲁国，然后与吴争强，我真替吴国的危险处境而担心。况且救援鲁国，可以显扬名声；讨

---

1 恣：放肆。
2 加鲁：出征于鲁。

也。以抚泗上诸侯，诛暴齐以服强晋，利莫大焉。名
伐齐国，可以获得大利。不仅以此来安抚泗水以北诸侯，而且诛讨了强暴的齐国，还可镇服强大的

存亡鲁，实困强齐，智者不疑也。"吴王曰："善。虽
晋国，好处没有比这更大的了。名义上是挽救了快要灭亡的鲁国，实际上困窘了强大的齐国，聪明

然，吾尝与越战，栖之会稽。越王苦身养士，有报我
的人不会犹豫不决的。"吴王说："好。虽然这样，但我曾经与越国作战，把越王围在会稽山上，

心。子待我伐越而听子。"子贡曰："越之劲不过鲁，
越王吃苦耐劳，厚养战士，有报复我的野心。您等着，让我攻打下越国再听您的计划。"子贡说：

吴之强不过齐，王置齐而伐越，则齐已平鲁矣。且王
"越国的实力超不过鲁国，吴国的强大超不过齐国，大王放下齐国而去攻打越国，那么齐国就平定

方以存亡继绝为名，夫伐小越而畏强齐，非勇也。夫
了鲁国了。况且大王正以保存即将灭亡的国家，使断绝之嗣得以继续而获得名誉，实际行动却是攻

勇者不避难，仁者不穷约，智者不失时，王者不绝世，
打弱小的越国，畏惧强大的齐国，不算是勇敢。勇敢的人是不避艰险的，仁爱的人不让别人陷入困

以立其义。今存越示诸侯以仁，救鲁伐齐，威加晋国，
境，聪明的人不失掉时机，称王的人不允许它的属国被人灭绝，凭借这些来树立他的道义。现在保

诸侯必相率而朝吴，霸业成矣。且王必恶越[1]，臣请东
存越国向诸侯显示仁德，救援鲁国，攻打齐国，给晋国施加压力，诸侯一定相继来朝见吴国，称霸

见越王，令出兵以从，此实空越，名从诸侯以伐也。"
的功业就实现了。大王果真畏恶越国，我请求去见越王，让他出兵跟随大王，这实际上是使越国空

吴王大说，乃使子贡之越。
虚，名义上是追随诸侯讨伐齐国。"吴王非常高兴，就派子贡出使越国。

---

[1] 恶越：畏恶越国。

越王郊迎子贡

越王除道郊迎[1]**，身御至舍而问曰："此蛮夷之国，大夫**
越王清扫道路，在城外郊迎子贡，又亲自驾车送到馆舍，询问说："这里是蛮夷小国，

何以俨然辱而临之？"子贡曰："今者吾说吴王救鲁伐齐，其
大夫怎么郑重其事屈尊到这里？"子贡说："现在我已劝说吴王援救鲁国攻打齐国，他心

志欲之而畏越，曰'待我伐越乃可'。如此，破越必矣。且
里想这样做，可害怕越国，说'等我打下越国之后才行'。如果这样，攻破越国是肯定的。

---

1 除道郊迎：清扫道路，在城郊迎接。

子贡救鲁不费兵卒

夫无报人之志而令人疑之，拙也；有报人之志，使人知之，
况且没有报复人的意图却使人怀疑他，是笨拙的；有报复人的意图却让人知道了，是不安
殆也；事未发而先闻，危也。三者举事之大患。"勾践顿
全的；事情还没做却让人听到了，是很危险的。这三种情况是办事的大忌。"勾践叩头拜
首再拜曰："孤尝不料力，乃与吴战，困于会稽，痛入于骨
了两拜，说："我曾经自不量力与吴国交战，在会稽受围困，恨入骨髓，日夜唇焦舌干，
髓，日夜焦唇干舌，徒欲与吴王接踵而死，孤之愿也。"遂
只想跟吴王同归于尽，这是我的最大愿望。"于是虚心向子贡请教。子贡说："吴王为人
问子贡。子贡曰："吴王为人猛暴，群臣不堪；国家敝以数
凶猛残暴，臣下都忍受不了，国家因连续战争而疲惫，士兵已不能忍耐；百姓怨恨君王，
战，士卒弗忍；百姓怨上，大臣内变；子胥以谏死，太宰嚭
大臣发生内讧；伍子胥由于直谏而死，太宰嚭执政，阿谀顺从吴王的过错，只图保全自己
用事，顺君之过以安其私。是残国之治也。今王诚发士卒
的私利。这些都是毁坏国家的政治。现在大王真能派兵协助吴王攻齐，就能煽动他的狂妄
佐之以徼其志，重宝以说（yuè）其心，卑辞以尊其礼，其伐
志向，送上贵重的珍宝使他心里欢悦，说些谦卑奉承的话语表示对他的礼敬，让他一定去
齐必也。彼战不胜，王之福矣。战胜，必以兵临晋，臣请
攻打齐国。吴王打了败仗，那就是大王的福气了。吴王打了胜仗，一定领兵逼迫晋国，请
北见晋君，令共攻之，弱吴必矣。其锐兵尽于齐，重甲困于
允许我北上朝见晋君，使他共同攻打吴军，一定能削弱吴国。吴国的精兵损失在齐国，重
晋[1]，而王制其敝，此灭吴必矣。"越王大说（yuè），许诺。送
兵受困于晋国，大王趁吴国疲敝时去攻击它，这一定能灭亡吴国。"越王非常高兴，答应

---

1 重甲：重兵。

子贡金百镒,剑一,良矛二。子贡不受,遂行。
了子贡的计划,送给了子贡黄金百镒,宝剑一把,良矛两支。子贡没有接受,告辞走了。

报吴王曰:"臣敬以大王之言告越王,越王大恐,曰:
子贡回报吴王说:"我郑重地把大王的话告知越王,越王非常恐惧说:'我不幸,

'孤不幸,少失先人[1],内不自量,抵罪于吴[2],军败身辱,栖于
小时候就失去了父亲,又自不量力,得罪吴国,军队被打败,自身受耻辱,栖居在会稽

会稽,国为虚莽,赖大王之赐,使得奉俎豆而修祭祀,死不
山上,国家成了废墟荒野,仰赖大王的恩赐,使我得以捧着祭品而祭祀祖宗,这恩德至

敢忘,何谋之敢虑!'"后五日,越使大夫种顿首言于吴王
死不忘,还敢图谋什么!'"五天后,越王派遣大夫文种对吴王叩头说:"东海奴仆勾

曰:"东海役臣孤勾践使者臣种,敢修下吏问于左右。今窃
践使者臣文种,冒昧地来修好大王属下,托他们转达我主勾践的问候。我听说大王将要

闻大王将兴大义,诛强救弱,困暴齐而抚周室,请悉起境内
发动正义之师,诛伐强国,救援弱国,围困强暴的齐国而安定周王室,请允许把越国境

士卒三千人,孤请自被坚执锐,以先受矢石[3]。因越贱臣种奉
内三千士兵全部出动,我请求亲自披坚甲、执锐器打先锋,托越国下臣文种奉献祖先珍

先人藏器。甲二十领,铁屈卢之矛[4],步光之剑,以贺军吏。"
藏的宝器,二十领铠甲、斧钺、屈卢矛、步光剑,用来庆贺贵军官兵。"吴王非常高兴,

吴王大说(yuè),以告子贡曰:"越王欲身从寡人伐齐,可
告知子贡说:"越王想亲自跟从我征伐齐国,可以吗?"子贡说:"不可以。使人家国

---

1 少失先人:从小就失去了父亲。
2 抵罪:得罪,结怨。
3 先受矢石:打先锋。
4 铁:铁斧。屈卢之矛:矛名。

乎？"子贡曰："不可。夫空人之国，悉人之众，又从其君，
内空虚，调动人家的士兵，又要人家的国君跟从你，这是不道德的。大王可以接受他的

不义。君受其币，许其师，而辞其君。"吴王许诺，乃谢越
礼物，允许他派出军队，而要谢绝国君的跟从。"吴王应允了，就辞谢了越王。于是吴

王。于是吴王乃遂发九郡兵伐齐。
王就出动了九个郡的兵力攻打齐国。

　　子贡因去之晋，谓晋君曰："臣闻之，虑不先定不可以应
　　子贡便离开吴国到了晋国，对晋国国君说："我听说，事先若没有应急计划，是不

卒，兵不先辨不可以胜敌[1]。今夫齐与吴将战，彼战而不胜，越
能对付突发事变的。军队不事先训练，就不能战胜敌人。现在齐国将要与吴国作战，吴国

乱之必矣；与齐战而胜，必以其兵临晋。"晋君大恐，曰："为
打了败仗，越国必然乱它的后方；吴国战胜了齐国，一定会进兵晋国。"晋君大为恐慌，说：

之奈何？"子贡曰："修兵休卒以待之。"晋君许诺。
"这该怎么办？"子贡说："准备好武器，休养士兵，做好战备等待吴军。"晋君答应了。

　　子贡去而之鲁。吴王果与齐人战于艾陵，大破齐师，获七
　　子贡离开晋国回到鲁国。吴王果然在艾陵与齐国交战，大败齐国军队，俘获了

将军之兵而不归，果以兵临晋，与晋人相遇黄池之上。吴、晋
七个将军的兵马却不回国休整，果然进兵晋国，在黄池与晋军相遇。吴国与晋国争胜，

争强。晋人击之，大败吴师。越王闻之，涉江袭吴[2]，去城七里
吴军大败。越王听到消息，渡过钱塘江偷袭吴国，离开吴国都城七里驻扎下来。吴王

1　辨：整训编队。
2　涉江：渡过钱塘江。

而军。吴王闻之,去晋而归,与越战于五湖[1]。三战不胜,城门
得到消息,离开晋国,回师与越军在太湖展开激战。三战皆败,城门被打开,越军包
不守,越遂围王宫,杀夫差而戮其相。破吴三年,东向而霸。
围了王宫,杀了吴王夫差,诛了吴相伯嚭。灭吴三年后,越王称霸东方。

　　故子贡一出,存鲁,乱齐,破吴,强晋而霸越。子贡
　　所以,子贡一次出行,保全了鲁国,乱了齐国,灭了吴国,增强了晋国,使越国称霸。子贡
一使,使势相破[2],十年之中,五国各有变。
一次出使,造成各国相互攻破,十年之中,齐、鲁、吴、晋、越五国发生了翻天覆地的变化。

1　五湖:此指太湖。
2　使势相破:使吴、齐、晋、越等国互相攻破。

苏秦游说魏王（明内府彩绘本《春秋五霸七雄通俗演义列国志传》插图）

苏秦合纵拜相六国

战国时代，七雄对峙。秦国最为强大，据有今四川、甘肃、陕西等广大地区，都城在陕西咸阳。东方有六个国家。中原地区有韩、赵、魏三国，都与秦连界，经常直接受到秦国的进攻。北方是燕国，山东是齐国，据有长江中、下游及整个江南的是楚国。东方六国联合抗秦，南北连成一线，叫合纵。秦国拉拢分化六国的合纵，迫使六国跟秦国订立双边合约，东西连成一横线，称连横。这两种外交联合的策略，合称纵横。当时游说各国的谋士，主张合纵的人叫合纵家，主张连横的人叫连横家，合起来统称纵横家。苏秦、张仪两人针锋相对，苏秦主张合纵，张仪主张连横，两人都先后取得了成功，因此他们两人成为纵横家的杰出代表。先说苏秦合纵的故事。

苏秦是东周洛阳人，到东方齐国去学习，拜在鬼谷先生门下学习纵横术。几年后苏秦认为学业已成，辞别鬼谷先生，游说列国。苏秦起初认为秦国强大，地处关中，居高临下，具有统一天下的实力。他首先到秦国去，用连横术游说秦惠王，秦惠王不听，苏秦碰了一鼻子灰。出游几年，苏秦到处碰壁，路费花光了，只好回家。

周人的习俗，注重产业，聪明人外出经商，本分的人在家种地，看不起游手好闲的人。苏秦回到家，受到兄嫂的冷落，处境十分尴尬。嫂嫂奚落他说："好兄弟，你一个男子汉，有一副好身躯，不动手不动腿，光动你那只舌头，怎么能发达呢？"苏秦非常惭愧。他闭门不出，继续发奋读书。苏秦心里想，读书人靠知识为社会服务，这不是游手好闲。他下决心要干出个样子来。

苏秦埋头读书，能找到的书都读完了。他夜以继日，刻苦学习，困倦已极，就用锥子扎大腿。苏秦如此用功，传为佳话，成语"头悬梁，锥刺股"的后半部分就是他的贡献。

一定要干出个样来！

苏秦锥刺股发奋读书

勤奋不负有心人，苏秦智慧大增，总结以往游说失败的教训，改用合纵说六国。他北上燕国首先游说燕文侯。因为燕国最弱，最担心强国进攻。燕国南境与赵、齐连界。赵、齐两国都强于燕国。燕国为了自卫，与西方的秦国结交。赵国夹在燕、秦中间，也害怕夹攻。苏秦利用这一形势首先游说燕国。

苏秦对燕文侯说："燕国东边有朝鲜、辽东，北边有林胡、楼烦，西边有云中、九原，南边有滹沱、易水，土地方圆两千多里，战士数十万，战车七百辆，战马六千匹，粮食够吃十年。燕国土地富饶，人民勤劳，真是天府之国啊。更为难得的是，当今七雄并立，连年战争不断，可是燕国安乐无事，军队享乐，人民安居，没有哪个国家比得上燕国。大王知道这是什么原因吗？"

燕文侯说："寡人战战兢兢，整天担心赵国、齐国来进攻，哪里就像先生说的，燕国高枕无忧了。"

苏秦说："我向大王祝福。俗话说'居安思危'，国家才能稳定。这就是一个原因啊。但是还有一句俗话说：'人无远虑，必有近忧。'大王居安思危，但若无远虑，那么燕国的太平就不会保持多久了。"

燕文侯说："先生不远千里而来，一定有良策教导寡人。"

苏秦说："大王贤明，小臣特来报效。秦、赵两国连年发生战争，两家互有胜败，都削弱了，而燕国安然无恙，保存了完整的土地和军队，这就是燕国平安无事的原因。"

燕文侯说："先生之意是说秦、赵两国打仗，燕国中立，坐收渔人之利？"

苏秦说："这只是暂时利益。秦强赵弱，如果赵国被秦国征服，燕国就危险了。反过来，赵胜秦败，燕国也是一样的危险。目前秦、赵相持，赵国做了燕国南面的屏障，这才是燕国得到暂时安全的根本原因。"

燕文侯说："依先生之见，燕国怎样才能得到长久的安全？"

苏秦说："按天下大势，六国中没有一个国家能够单独对抗秦国，只有联合起来才能遏制秦国吞并天下的野心。东方六国都害怕秦国，没人出来挑头倡议联合。小臣认为大王您是最合适倡议合纵的人选，燕国要抓住时机，干一番惊天动地的伟业，不仅谋得自身安全，大王还会名垂青史呢！"

燕文侯说："先生把我说糊涂了。寡人有自知之明，燕国在六国中最小最弱，怎敢出来挑头倡导合纵？"

苏秦说："大王您是知其一，尚未知其二。不错，燕国在六国最小最弱，但是燕国在六国中却最安全，秦国想来进攻燕国，鞭长莫及。韩、赵、魏都是燕国的屏障。再说大王贤能，远近知名。这些条件注定了合纵的倡议者历史地落在了大王的肩上了。"

燕文侯说："先生能否说得更具体一些？"

苏秦说："大王提出的问题也正是臣要向大王禀明的事。请大王想一想，如果秦国进攻燕国。必须越过云中、九原，经过代郡、上谷，得走几千里遥远的路程，师竭士衰，燕军以逸待劳，秦军未必占便宜。即使秦军胜利了，夺走燕国一块地方，但不能久驻大军，因此能否守得住，还是个问题。这样说来，秦国不能侵害燕国是很明显的。但是，如果赵国进攻燕国就大不一样。赵王一发号令，不到十天，几十万大军就可逼近燕国边境，渡过滹沱和易水，只要三四天就可兵临燕都。形势相比较，秦国攻打燕国，要在几千里之外作战；赵国攻打燕国，只在百里之内作战。燕国不担忧百里之内的祸患，却重视几千里之外的祸患，可以说是本末倒置，没有比这更失策的了。所以，臣希望大王与赵国结成合纵联盟，诸侯团结一致，燕国不就永远安定了吗？"

燕文侯说："先生计划甚好，怎样才能实现呢？"

苏秦说："大王不嫌弃小臣，以小臣为燕国的相国，然后派小臣为特命大使，带着贵重礼物，南下说服赵国参加合纵。赵国遭到秦国压力，担心燕国在背后捅刀子，现在燕国主动修好，赵王没有不答应的道理。只要燕赵结盟，其他国家都会跟上来，还怕合纵不成吗？"

燕文侯听了非常高兴，待苏秦为上宾。然后召开大臣会议，隆重拜授苏秦为相国，赠送给苏秦车、马、金、帛，全权代表燕王南下赵国。

苏秦凭借燕国相国这一政治资本，身价上涨百倍。赵王隆重接待了

燕文侯赠送苏秦财物

他。苏秦次第说服了赵、韩、魏、齐、楚,完成了合纵的使命。公元前334年,苏秦挂六国相印,齐、楚两国相继为纵约长。苏秦奔走于六国之间协调关系,相当于六国合纵的秘书长。从公元前334年到公元前320年,秦兵不敢东出函谷关十五年。

苏秦挂六国相印,衣锦还乡,天下共主周显王听到消息不敢怠慢。周显王下令清除道路,派了专使迎接。苏秦的兄嫂恭敬侍候,不敢抬头正眼相看。苏秦的嫂嫂最为恭顺,她趴在地上叩头。苏秦笑着对嫂嫂说:"阿嫂为何前倨而后恭?"前倨指数年前苏秦困顿回家,受到嫂嫂奚落。后恭,指这次苏秦挂六国相印回家,嫂嫂献媚的表现。苏秦嫂嫂毫不掩饰地说:

清代年画《六国封相》

"兄弟这次回家不一样,又有钱又有地位,不由得嫂嫂不羡慕。"

苏秦听了嫂嫂的话感慨不已。他说:"苏秦还是原来的苏秦,贫贱时受人轻视,富贵了连亲人都害怕,世道竟然是这样!如果我苏秦年轻时家产富裕,不努力上进,哪有今天?"于是苏秦把六国国君赏赐的钱财都拿出来分给亲戚朋友,周济贫困的人,劝他们的子弟努力读书,奋发向上,成为社会有用的人才。

智慧启示

苏秦合纵,挂六国相印,有多方面的启示。第一个启示,是苏秦家庭不富裕,他要改变地位,所以四方求学,努力发奋;第二个启示,他遭受坎坷,不是消沉,而是更加努力,以百折不挠的意志,终于获得事业的成功;第三个启示,苏秦洞察形势,连横不成,改事合纵,游说强国不成,就从弱国下手,识时务者为俊杰,不是随波逐流,而是顺应历史潮流,这是英雄与平凡的分野,苏秦树立了榜样;第四个启示,苏秦家人前后态度的变化,似乎说明世态炎凉,也是一种人情,苏秦感慨,散千金周济贫困,以德报怨,值得肯定。

苏秦列传

苏秦者，东周洛阳人也。东事师于齐，而习之于鬼谷先生[1]。
苏秦是东周洛阳人，他曾向东到齐国拜师求学，在鬼谷子先生门下学习。

出游数岁，大困而归[2]。兄弟嫂妹妻妾皆窃笑之，曰："周
苏秦游说列国，几年以后潦倒回家。他的兄弟、嫂妹、妻妾都看不起他，在暗地里讥笑他。

人之俗，治产业，力工商，逐什二以为务。今子释本而事口
他们说："周国人的习俗，人们都注重治理产业，努力从事工商，追求百分之二十的红利。如今

舌，困，不亦宜乎！"苏秦闻之而惭，自伤，乃闭室不出，
您丢掉本业而去耍嘴皮子，倒霉而回，不也是正常的吗！"苏秦听了这些话，非常感伤。他闭门

出其书遍观之[3]，曰："夫士业已屈首受书[4]，而不能以取尊荣，
不出，把自己的藏书全部读完，说："一个读书人，既然已经埋头读书，如果不能靠它来取得荣

虽多亦奚以为！"于是得周书《阴符》[5]，伏而读之。期年，以
华富贵，虽然读书很多，又有什么用！"于是挑选出一本周书《阴符》，伏案钻研。一整年的时间，

出揣摩，曰："此可以说当世之君矣。"求说周显王。显王左
练习揣摩，说："我可以凭着这些心得游说当代的各国国君了。"他求见并游说周显王。周显王

---

1 鬼谷先生：史失其名，居于鬼谷以为号。鬼谷，地名，在河南省登封市东。
2 大困：很不得志。
3 遍观：尽观。遍，一一。
4 屈首受书：埋头读书。
5 周书《阴符》：周代典籍之名，其内容为道家书。

右素习知苏秦，皆少之[1]，弗信。
左右的人，一向知道苏秦底细，仍然瞧不起他，因而周显王没有听信苏秦的游说。

乃西至秦。秦孝公卒，说惠王曰："秦四塞之国，被山带渭[2]，东有关河[3]，西有汉中，南有巴蜀，北有代马，此天府也。
于是，苏秦西行到了秦国。秦孝公已死，他游说秦惠王，说："秦国是一个四面有关塞险固的国家，背靠终南山，襟带渭河，东有函谷关、黄河，西有汉中，南有巴蜀，北有代郡、马邑，这是天然的府库啊。

以秦士民之众，兵法之教，可以吞天下，称帝而治。"秦王曰：
凭着秦国众多的人民，训练有素的士兵，足以用来吞并天下，建立帝业而统治四方。"秦惠王说："鸟

"毛羽未成，不可以高飞；文理未明，不可以并兼。"方诛商鞅，疾辩士，弗用。
儿的羽毛还没长丰满，不可以高飞长空；国家的政教还没明朗，不可能统一天下。"秦惠王刚杀了商鞅，讨厌游说之士，没有任用苏秦。

乃东之赵。赵肃侯令其弟成为相，号奉阳君[4]。奉阳君弗悦之。
苏秦于是东行到了赵国。赵肃侯任用自己的弟弟赵成出任国相，封号叫奉阳君。奉阳君不喜欢苏秦。

去游燕，岁余而后得见，说燕文侯曰："燕东有朝鲜、辽东，北有林胡、楼烦，西有云中、九原，南有滹沱、易水，地
苏秦离开赵国，到燕国游说，滞留了一年多才有机会拜见燕王。苏秦游说燕文侯说："燕国东边有朝鲜、辽东，北边有林胡、楼烦，西有云中、九原，南有滹沱、易水，区域纵横两千多里，

---

1 少：看不起。
2 被山带渭：背靠终南山，襟带渭河。
3 关河：函谷关、黄河。
4 奉阳君：据《战国策》及马王堆出土帛书，赵惠王时李兑，亦号奉阳君。

方二千余里，带甲数十万，车六百乘，骑六千匹，粟支数年。
战士数十万人，战车六百辆，战马六千匹，储存的粮食足够用好几年。燕国南部有碣石、雁门的
南有碣石、雁门之饶，北有枣栗之利，民虽不佃作而足于枣栗
肥沃土地，北部有红枣和板栗的收益，百姓即使不耕作，就靠红枣、板栗也能生活。燕国也是常
矣。此所谓天府者也。
说的天然府库啊！"

"夫安乐无事，不见覆军杀将，无过燕者。大王知其
"说到安居乐业，没有战事，看不到军队覆灭，将领被杀的情景，没有哪个国家比得
所以然乎？夫燕之所以不犯寇被甲兵者，以赵之为蔽其南
上燕国。大王知道其中的原因吗？燕国之所以没受到武装敌人的侵犯，靠的是赵国在燕国的
也。秦赵五战，秦再胜而赵三胜。秦赵相毙而王以全燕制
南边作屏障。秦赵两国互相争战了五次，秦国两胜，赵国三胜。秦赵两国都削弱了，大王就
其后，此燕之所以不犯寇也。且夫秦之攻燕也，逾云中、
可以凭着整个燕国的实力在后边牵制它们，这就是燕国没遭到武装敌人侵犯的原因。再说，
九原，过代、上谷，弥地数千里，虽得燕城，秦计固不能
秦国进攻燕国，要越过云中、九原，过代郡、上谷郡，穿行几千里，即使得了燕地，秦国也
守也。秦之不能害燕亦明矣。今赵之攻燕也，发号出令，
考虑难以守住。秦国不能侵害燕国的道理不是很明白吗？如今赵国要攻打燕国，发出号令，
不至十日而数十万之军军于东垣矣。渡滹沱，涉易水，不
要不了十天，几十万大军就会挺进到东垣驻扎了。赵军再进一步渡过滹沱河，涉过易水，用
至四五日而距国都矣。故曰秦之攻燕也，战于千里之外；
不了四五天的时间，就到燕国的都城了。所以说，秦国攻打燕国，是在千里以外地方作战；
赵之攻燕也，战于百里之内。夫不忧百里之患而重千里之
赵国攻打燕国，是在百里之内作战。大王不忧虑百里以内的祸患，而重视千里以外的敌人，

外，计无过于此者。是故愿大王与赵从亲，天下为一，则
再没有比这更错误的策略了。因此，希望大王与赵国合纵相亲，把各国连成一体，那么燕国

燕国必无患矣。"
一定没有忧患了。"

　　文侯曰："子言则可，然吾国小，西迫强赵，南近齐，齐、
　　　　燕文侯说："您说的话很有道理，可以施行，但是我的国家很小，西边紧靠强大的赵国，南边与

赵强国也。子必欲合从以安燕，寡人请以国从。"
齐国接壤。齐、赵两国都是强国，您能够用合纵的办法使燕国安全，我愿捧上燕国相从。"

张仪连横秦国称霸

前一篇故事讲了苏秦的合纵外交，这篇讲张仪的连横外交，着重讲秦软硬兼施，楚国是怎样上当与秦连横的。

张仪和苏秦是同窗好友，他们都是鬼谷先生的学生，一起学习纵横术。苏秦自认为才能赶不上张仪。

张仪是魏国人。他游说的第一个国家是楚国，起初并不是主张连横。连横对秦国有利，主张连横就要到秦国去施展才能。游说东方六国，必然是主张合纵。

张仪出众的才能遭到无能小人的嫉妒。他们设计陷害张仪。有一天张仪与楚国相国一起饮酒，宴会散后发现丢了一块珍贵的宝玉。楚相宾客们一口咬定是张仪偷了，理由是张仪贫困。他们把张仪抓起来严刑拷打，打了几百板子，打得张仪遍体鳞伤。张仪宁死不屈，不肯招认。楚相拿不出证据，只好把张仪放了。为了一块宝玉，拷打了天下智士，这件事很典型地说明了东方六国政治腐败，掌握权要的人昏庸无能，是非颠倒，贤愚错位。就这样，东方人才都被统治者赶到秦国去了。

张仪回到家中，他的妻子十分心疼，就劝张仪说："哎，先生再不要出去游说了，就在家中安守清贫，免得受此侮辱。"张仪却不生气，十分安然地对妻子说："我遍体鳞伤，不知舌头是否完好？"说罢，张仪伸出舌头让妻子看。这一诙谐动作逗得妻子"扑哧"一笑，说："我看也只有舌头完好了。"张仪说："只要舌头完好，这就够了。凭我三寸不烂之舌，不取

秦惠王问张仪连横策略（明内府彩绘本《春秋五霸七雄通俗演义列国志传》插图）

公卿宰相，誓不为人。夫人您就等着瞧吧。"

当时苏秦已经合纵六国成功，在东方六国已没有张仪用武之地。张仪不甘心在楚国蒙受的耻辱，他决心到秦国去发展，用连横术施展自己的才能，打击楚国报一箭之仇。于是张仪与苏秦，这一对同窗好友，在政治上成为针锋相对的政敌。

俗话说，君子报仇，十年不晚。张仪到了秦国，起初几年未能施展开才能。他到秦国曾得到苏秦的暗中帮助，苏秦希望张仪在秦国支持自己的合纵事业。张仪也答应，苏秦在世，他退让三分。公元前320年，苏秦死于齐，从此，张仪的连横占了上风，东方合纵瓦解。《史记》记载，苏秦合纵，活动年代在张仪之前；苏秦死后，张仪活跃于列国之中，秦人连连

张仪戏说三寸不烂之舌

东出。1973年长沙马王堆出土帛书《战国纵横家书》，记载一些历史事件，似乎说明张仪活动在苏秦之前，留待以后进一步考察。这里还是依据《史记》讲张仪的活动，连横占上风，在苏秦死后。

韩、赵、魏三国，地处中原，正面挡住秦兵东出，三国与秦国的利害冲突，也最为关切。张仪起初在三国活动，连横时断时续，因为三国对秦国抱有戒心，所以成绩不大。东方六国，齐国最强最富，地处沿海，有鱼盐之利。楚国最大，地域方圆五千里，战士一百万，但政治保守，缺乏进取心，虽然是大国，国力却不强。但是齐、楚两国合纵最为稳固，成了六国的后盾。张仪认识到，取得连横成功，必须打破齐、楚两国的合纵，瓦解六国合纵的基础。只要最强的齐国与最大的楚国同盟破裂，那么六国就合纵不起来了，大家就要急着去讨好秦国，也就便于秦国各个击破了。

张仪计议已定，带着秦国的厚礼出使楚国。楚怀王得到消息，下令打扫最高级的国宾馆，等待张仪下榻。

楚怀王亲自在国宾馆接见了张仪。楚怀王说："楚国是一个偏僻的国家，先生从秦国远道而来，想必有良策指教寡人。"

张仪说："只要大王肯听臣一句话，大王将成为伟大的英雄，得到秦国的尊敬。"

楚怀王说："要如何做到，请先生详细说明。"

张仪说："齐国与秦国争强斗胜，秦国十分憎恨齐国。可是大王却与齐国亲善，结为同盟，这是对秦国不友好的表现。臣为了改善秦、楚两国的睦邻关系，奉秦王之命前来楚国表达秦国意愿。只要楚国断绝与齐国的关系，秦国就与楚国和亲，秦国的公主来侍奉大王，秦国将陪送商於之地六百里给楚国，秦、楚两国永远结为兄弟之邦。"

楚怀王非常高兴，答应了张仪的条件，群臣都来祝贺。只有陈轸看到秦国的阴谋，劝谏楚怀王，指出楚国之所以被秦国看重，是因为齐、楚结盟。如果齐楚断交，秦国会立即翻过脸来不买楚国的账。楚怀王利令智昏，根本听不进去。陈轸又说："大王一定要秦国的六百里地，先得地，再与齐国断交也不迟。"楚怀王生怕陈轸的话得罪了张仪，就斥责陈轸说："请先生闭上嘴巴再不要讲话，寡人主意已定。"于是楚怀王拿楚国相印给张仪，聘张仪为名誉相国，还送了丰厚的礼品，派大使陪送张仪回到秦国，同时去领受秦国割让的商於之地六百里。随后，楚怀王关闭楚、齐边界，宣布与齐国断交。

张仪回到秦国，假装从车上摔下来，称病不上朝达三个月之久，冷落楚国使臣在宾馆等了三个月没有结果。楚怀王直到这时还稀里糊涂，自认为是张仪怪罪楚国没有与齐国彻底断交。为了讨好秦国，他又派一使臣往北去痛骂齐王，羞辱齐国使臣。齐王大怒，派使臣到秦国去主动交好秦国，反击楚国。齐、秦签订了连横的合约。这时张仪大摇大摆上朝，楚使向他讨要商於之地六百里，张仪矢口否认，他说："我张仪的奉邑只有六里，没有六百里。"楚使愤怒地说："我奉楚王之令来秦国领受商於之地六百里，不是要你的奉邑六里。"张仪也不争辩，把楚使甩在一边，扬长而去。

楚使在秦国讨不了地，只好回报楚怀王。楚怀王这才知道上当，极为痛恨，决定发动战争来讨回面子。楚将屈匄率军八万与秦国交战，秦国早有准备，大破楚军，杀死了屈匄，还侵夺了楚国汉中之地。楚怀王愤怒已极，调动全国军队深入关中，在蓝田地方与秦军进行主力决战。秦国通知魏国出兵夹攻楚国，楚国再次惨败，只好又割了两座城邑给秦国，秦国这才答应停战。

楚国被迫割让两城

秦国乘胜要挟楚国，提出和平条件。秦国要求楚国割让黔中地区，当今四川南部、贵州西部和云南东部广大地区，秦国则退还楚国的汉中地。楚怀王说："楚国愿意无偿割让黔中地，只要得到张仪。"秦王十分高兴却又不好向张仪开口。张仪知道后对秦王说："只要张仪能替大王换得黔中地，我愿意杀身报国。"秦王说："你欺骗了楚王，秦国负约没给楚国商於之地，所以楚王恨透了你，你到楚国去就回不来了。"张仪对秦王说："我了解楚国的情况，请大王放心。"

张仪果真来到楚国，楚怀王传令抓起来，决心杀死张仪。张仪早已做好准备，他贿赂楚怀王宠臣靳尚，靳尚又贿赂楚怀王宠姬郑袖，要郑袖见机行事救出张仪。靳尚与郑袖互相利用，勾结一气，巩固个人的权势。

楚怀王宠爱郑袖，言听计从，没有不答应的。张仪洞察这一切，事先用功夫，所以才敢于冒险出使楚国。

郑袖不分白天黑夜围着楚怀王说东道西，要求释放张仪。郑袖说："人臣各自替主子打算，张仪的行为是可以理解的。再说，楚国还没有正式割地，张仪就出使到楚国来，楚国杀死张仪，如果找不出正当的理由，就是失信于诸侯，我料定秦王就要再次借口发动对楚国的战争，恐怕楚国就保不住了，快给我们母子找个安身立命的地方吧。"郑袖的哭闹乱了楚怀王的方寸，楚怀王下令释放了张仪。等到张仪离开楚国后，楚怀王又后悔起来。但是楚怀王并没真正醒悟，总结教训。十多年后，楚怀王又接受秦国新君秦昭王的邀请，在武关地方与秦会盟。秦预先埋下伏兵，劫持

郑袖哭闹楚怀王

楚怀王，要挟割地。楚怀王宁死不屈，拒绝秦国的无理要求，被秦国软禁起来。楚怀王在秦国过了三年的囚徒生活，于公元前296年客死于秦。

秦强楚弱，秦楚连横，楚国受尽欺凌，各国震恐，都把秦国看作不讲信义的虎狼之国。张仪背后依靠秦国的精兵良将做后盾，所以他游说韩、赵、魏、燕，都带恫吓性质，这几个国家迫于压力，不得已与秦连横。齐、楚两大国结盟，秦国最为害怕，张仪施展各种欺诈手段，离间齐楚，才取得了连横的成功。事实说明，连横不是平等的外交，而是一种强权政治。因此史书说，战国之世，专门讲究武力，奸谋欺诈无所不用，纵横家就是这样兴起来的。

秦国的强大是一个方面，东方六国政治腐败是又一个方面。如果楚怀王英明善断，不听奸臣靳尚之言，不迷惑于女宠郑袖，他又怎会上张仪的当呢？值得称道的是，楚怀王做了囚徒，他在困顿中不是颓唐，更不是摇尾乞怜苟且偷生，而是愤然觉醒，坚决抗争，以自己死亡的悲剧，捍卫了楚国的尊严，唤起了人民的抗秦意识，从而也赢得了楚国人民的最大同情。当时民间流行这样的政治谚语："楚虽三户，亡秦必楚。"秦末，陈胜、吴广在大泽乡起义，不仅这支起义队伍是楚地人民，而且像引信一样，在楚国各地引起了火山式的爆炸，全国人民的大起义如火如荼燃烧起来。刘邦、项羽灭秦，就打的是楚怀王的旗帜号召人民的。这是后话，不必多说。我们回顾这段历史的演进，会引人深思。楚怀王从一个昏聩糊涂的君王，演变成为以死抗暴的悲剧英雄，给人民留下了怀念，这说明强力欺诈不可取。秦国统一成了短命王朝，它的祸根，在张仪连横时就已经种下了。

楚世家

　　十六年[1]，秦欲伐齐，而楚与齐从亲，秦惠王患之，乃宣
怀王十六年，秦国打算攻打齐国，而楚国与齐国是友好邻邦，秦惠王担心楚国出兵相助，
言张仪免相，使张仪南见楚王，谓楚王曰："敝邑之王所甚
就宣称免去了张仪的宰相职务，让他南下去见楚王，对楚怀王说："我们大王所最钦佩的莫过
说者无先大王[2]，虽仪之所甚愿为门阑之厮者亦无先大王[3]。敝
于大王您，张仪我所愿意为之做看门差役的也莫过于大王您。我们大王所最为痛恨的莫过于齐王，
邑之王所甚憎者无先齐王，虽仪之所甚憎者亦无先齐王，而
张仪我所最痛恨的也莫过于齐王。可是大王您却同他亲善，因此使得我们大王不能侍奉大王您，
大王和之，是以敝邑之王不得事王，而令仪亦不得为门阑之
也叫张仪不能做大王您的看门人。大王您如果能为了张仪我而闭关断绝与齐国的关系，现在就
厮也。王为仪闭关而绝齐，今使使者从仪西取故秦所分楚
可以派使者跟我西行，去取回过去被秦国分割去的楚国商於一带六百里土地，这样齐国的势力
商於之地方六百里，如是则齐弱矣。是北弱齐，西德于秦，
就削弱了。您这样做从北边削弱了齐国，西边又对秦国有恩，自己还可以增地商於而富强起来，
私商於以为富，此一计而三利俱至也。"怀王大悦，乃置相
这样一计而三利都有了。"怀王听后异常高兴，就给张仪挂了相印，天天与他一起饮酒作乐，
玺于张仪，日与置酒，宣言"吾复得吾商於之地"。群臣皆
宣告说"我又得到我的商於地方啦"！大臣们也都来祝贺，只有陈轸表示哀悼。怀王问："为

1　十六年：楚怀王十六年，公元前313年。
2　说：读"悦"，这里作尊崇、钦服解。
3　门阑之厮：看门的差役。

楚怀王被张仪忽悠

贺，而陈轸独吊。怀王曰："何故？"陈轸对曰："秦之所为
什么这样？"陈轸回答说："秦国之所以看重大王您，是因为大王有齐国的支持。如今土地还
重王者，以王之有齐也。今地未可得而齐交先绝，是楚孤
没有到手却先断绝了与齐国的友好关系，这是孤立楚国自己啊！那秦国怎么会看重一个孤立的
也。夫秦又何重孤国哉，必轻楚矣。且先出地而后绝齐，
国家呢？到时一定会轻视楚国的。要是先叫秦国交出地，然后我们再与齐国绝交，秦国的计谋
则秦计不为。先绝齐而后责地，则必见欺于张仪。见欺于
就行不通。如果先与齐国绝交，然后再问它去要地，那么一定会受张仪的欺骗，受了张仪的欺
张仪，则王必怨之。怨之，是西起秦患，北绝齐交。西起
骗，那大王一定会怨恨秦国。因为怨恨秦国，所以必然西边出现来自秦国祸难，北边又断掉了

秦患，北绝齐交，则两国之兵必至。臣故吊。"楚王弗听，
齐国的支援。西边有秦国侵犯，北边又断了齐国支援，那么韩、魏两国的军队就一定会来进犯。

因使一将军西受封地。
因此我来吊丧。"楚怀王完全听不进，还派了一位将军西行入秦接受土地。

张仪至秦，佯醉坠车，称病不出三月，地不可得。楚
张仪回到秦国，假装喝醉酒从车上跌了下来，称病三个月不出门办事，商於之地无法拿到手。

王曰："仪以吾绝齐为尚薄邪？"乃使勇士宋遗北辱齐王。
楚怀王却说："难道张仪认为我与齐国绝交还不够彻底吗？"于是又派勇士宋遗往北去侮辱齐王。

齐王大怒，折楚符而合于秦。秦齐交合，张仪乃起朝，谓
齐王大怒，毁掉了楚国的信符，去与秦国和好了。秦国与齐的邦交一建立，张仪就出来上朝了，他

楚将军曰："子何不受地？从某至某，广袤六里。"楚将军
对楚国将军说："你怎么还不接受土地？从某地到某地，宽广一共六里。"楚国将军说："我奉命

曰："臣之所以见命者六百里，不闻六里。"即以归报怀王。
接受的是六百里，没有听说只有六里。"立即回国把这消息报告怀王。怀王气愤极了，马上发动部

怀王大怒，兴师将伐秦。陈轸又曰："伐秦非计也。不如因
队要去攻打秦国。陈轸又建议说："进攻秦国不是好办法。还不如趁机送秦国一座大城，然后同它

赂之一名都，与之伐齐，是我亡于秦[1]，取偿于齐也，吾国尚
一起攻打齐国。这样我们从秦国失掉的土地，可以从齐国得到补偿。我们国家也还可以保全。如今

可全。今王已绝于齐而责欺于秦，是吾合秦齐之交而来天
大王已经与齐国绝交，又去责备秦国的欺骗行为，这是我们促成了秦国与齐国的联合，又招来了天

下之兵也，国必大伤矣。"楚王不听，遂绝和于秦，发兵西
下军队的攻击，那样国家就大伤元气了。"楚怀王还是听不进，就与秦国断绝了友好关系，出兵西

---

1 亡于秦：失之于秦，指未得商於之地。

攻秦。秦亦发兵击之。
上攻打秦国。秦国也发兵反击。

十七年春，与秦战丹阳，秦大败我军，斩甲士八万，虏
怀王十七年春天，楚国与秦国在丹阳交战，秦军大败楚军，杀掉甲士八万人，

我大将军屈匄、裨将军逢侯丑等七十余人，遂取汉中之郡。
俘虏了楚国大将屈匄、裨将军逢侯丑等七十余人，还占领了汉中郡。楚怀王怒气冲天，

楚怀王大怒，乃悉国兵复袭秦，战于蓝田，大败楚军。韩、
就动用全国兵力再次袭击秦国，双方在蓝田展开激战，楚军又吃了大败仗。韩国和魏

魏闻楚之困，乃南袭楚，至于邓[1]。楚闻，乃引兵归。
国得知楚国受困，就趁机南下偷袭楚国，一直打到邓邑。楚怀王知道后，只好领兵回国。

十八年，秦使使约复与楚亲，分汉中之半以和楚。楚
怀王十八年，秦国派使者到楚国，愿意重新恢复友好关系，还答应把汉中郡分一半给楚国。

王曰："愿得张仪，不愿得地。"张仪闻之，请之楚。秦王
可是楚怀王却说："我只想要张仪，而不愿要地。"张仪知道后，主动要求到楚国去。秦王说：

曰："楚且甘心于子，奈何？"张仪曰："臣善其左右靳尚，
"楚王要杀了你才甘心，怎么办？"张仪说："我与楚王身边的靳尚有交情，靳尚又能得到楚

靳尚又能得事于楚王幸姬郑袖，袖所言无不从者。且仪以
王宠姬郑袖的信用，而郑袖的话楚王无不言听计从。再说我从前出使楚国，违背了把商於之地

前使负楚以商於之约，今秦楚大战，有恶，臣非面自谢楚
给楚国的约定，如今秦国与楚国大战不已，互相愤恨，我不去当面谢罪楚怀王不会解开仇恨。

不解。且大王在，楚不宜敢取仪。诚杀仪以便国，臣之愿
再说有大王您在，楚国应该不敢杀我。如果杀了我对秦国有利，我也是甘心情愿的。"张仪于

---

1 邓：在湖北襄阳市北。

也。"仪遂使楚。
于是又出使到了楚国。

至，怀王不见，因而囚张仪，欲杀之。仪私于靳尚，靳
张仪到达楚国后，楚怀王没有接见他，却囚禁了张仪，准备杀掉。张仪暗通消息给靳尚，靳尚就

尚为请怀王曰："拘张仪，秦王必怒，天下见楚无秦，必轻王
替他向怀王求情说："我们扣押张仪，秦王定会大怒，天下各国看到楚国得不到秦国支持，肯定会轻视

矣。"又谓夫人郑袖曰："秦王甚爱张仪，而王欲杀之，今将
大王您的。"靳尚又对怀王夫人郑袖说："秦王非常爱惜张仪，而大王却想杀了他。如今秦国准备拿出

以上庸之地六县赂楚[1]，以美人聘楚王，以宫中善歌者为之媵。
上庸一带六个县来贿赂楚，还要将美女嫁给楚王，以秦国宫中能歌善舞的女子做陪嫁。楚王看重土地，

楚王重地，秦女必贵，而夫人必斥矣。夫人不若言而出之。"
秦女的地位肯定尊贵无比，那么夫人您必然被排斥了。夫人不如说个情放掉张仪算了。"郑袖终于向怀

郑袖卒言张仪于王而出之。仪出，怀王因善遇仪，仪因说楚
王说情，释放了张仪。张仪获释以后，怀王又对张仪非常友好，张仪就又劝说楚怀王背叛合纵的盟约而

王以叛从约而与秦合亲，约婚姻。张仪已去，屈原使从齐来，
与秦国重新缔交和好，并约定做亲家。张仪离开楚国以后，屈原从齐国出使回来，劝谏怀王说："为什

谏王曰："何不诛张仪？"怀王悔，使人追仪，弗及。
么不杀了张仪？"怀王后悔了，立即派人去追张仪，已来不及了。

二十九年……秦昭王遗楚王书曰："……寡人愿与君王会
怀王二十九年……秦昭王遣使送信给楚怀王说："……我希望同大王您在武关相见，当面订约，

武关，面相约，结盟而去，寡人之愿也，敢以闻下执事。"楚
结成盟国才回国，这是我的心愿，冒昧地把这封信传达给您左右的人。"楚怀王看到秦昭王的信，不

---

[1] 上庸：秦所略之楚邑，在湖北竹山县东南。

怀王见秦王书，患之。欲往，恐见欺；无往，恐秦怒。昭雎
免发愁。如果去吧，又怕受秦国欺骗；如果不去，又担心秦王会生气。昭雎劝怀王说："大王还是别

曰："王毋行，而发兵自守耳。秦虎狼，不可信，有并诸侯之
去，只调动兵力注意防守好了。秦国像虎狼一样，不可以相信，而且它有吞并诸侯的野心。"怀王的

心。"怀王子子兰劝王行，曰："奈何绝秦之欢心！"于是往会
儿子子兰却劝怀王赴会，说："怎么能拒绝秦国的一番好意呢？"于是怀王决定前去会见秦昭王。秦

秦昭王。昭王诈令一将军伏兵武关，号为秦王。楚王至，则
昭王命令一个将军领兵埋伏在武关，假称是秦王。楚怀王一到，这位将军立即就关闭了武关，挟持怀

子兰劝楚怀王去秦国赴约

闭武关，遂与西至咸阳，朝章台[1]，如蕃臣，不与亢礼[2]。楚怀王
王西行到了咸阳，在章台朝见秦昭王，就像属臣一样，不用平等之礼。楚怀王大发脾气，这才后悔没

大怒，悔不用昭子言。秦因留楚王，要以割巫、黔中之郡。
有听从昭雎的话。秦国就此扣留了楚怀王。要挟怀王割让巫、黔中各郡。楚怀王要求先订盟约，秦国

楚王欲盟，秦欲先得地。楚王怒曰："秦诈我而又强我以地！"
却要先得到土地。楚怀王怒气冲冲地说："秦国欺骗我还要强行夺我的土地？"不再答应秦国的要求。

不复许秦。秦因留之。
秦王就把楚怀王扣留在秦国。

太子横至，立为王，是为顷襄王。
在齐国做人质的太子回到楚国，被立为楚王，这就是顷襄王。

顷襄王三年，怀王卒于秦，秦归其丧于楚。楚人皆怜之，
顷襄王三年，楚怀王死在秦国，秦国把楚怀王入棺送还楚国。楚国人都很同情怀王，就像自己的

如悲亲戚。诸侯由是不直秦。秦、楚绝。
亲人死了一样伤心。诸侯各国因此也批评秦国，认为秦国无信。秦、楚两国这才断绝了外交关系。

---

1 章台：秦行宫，在渭南。
2 亢礼：平等之礼。

虞卿以合纵说赵王

虞卿是一个很有谋略的人才，家庭贫困，不为人所知。他穿着草鞋，掮着斗笠游说赵孝成王。第一次被接见，得了黄金百镒的重赏；第二次被接见，就当上了赵国的上卿，所以称为虞卿。他的真实名字反而被人们遗忘了。

公元前260年，秦、赵长平大战，秦胜赵败，赵国元气大伤。接着秦兵围困赵国都城邯郸长达三年，赵国差点被灭亡。公元前257年，楚、魏联兵救赵，这才解了邯郸之围。合纵抗秦的效果，是显而易见的。但是秦强赵弱，赵国害怕秦国的再次进攻，希望搞好邻国关系，也是迫切的问题。合纵与连横二者不可兼存，赵国何去何从，必须作出选择。这一选择关系国家兴亡，赵王拿不定主意，就交给大臣们来讨论。

秦国提出秦、赵两国媾和的先决条件，要求赵国割让六座城邑给秦国。赵国朝中很有权威的大臣赵郝主张连横，劝赵王接受秦国提出的条件，虞卿坚决反对，主张合纵抗秦。两种思想，两种策略，展开了激烈的争论。

虞卿对赵王说："赵郝主张割让六座城邑与秦国媾和，大王对此怎么看？"

赵王说："寡人不愿割地求和，但是连年争战，赵国需要休养生息，避免打仗，只好如此了。"

虞卿说："我提请大王留意，秦兵解围邯郸，是精疲力竭才撤退的呢？还是爱护大王，不忍心攻破赵国撤退的呢？"

虞卿前去游说赵王

赵王说:"秦兵攻围赵国长达三年,可以说是不遗余力,我看一定是精疲力竭才撤退的。"

虞卿说:"秦国在战场上得不到的东西,想在谈判桌上取得。而赵国呢,却自愿把秦用军事力量所不能取得的土地,奉送给它,这无疑是帮助敌人壮大,鼓励敌人来进攻自己。赵国今年割地给秦国,恰恰是鼓励他明年再来索地,大王难道年复一年割地给秦国吗?"

赵王无法回答虞卿的问题,就一五一十转告给赵郝。

赵郝对赵王说:"虞卿怎么能推断秦兵是精疲力竭才退的呢?即便是秦兵疲倦了撤回国去,可是秦兵养精蓄锐,明年重新发动进攻,赵国怎么办?"

赵王害怕秦兵再来进攻赵国,生怕和谈失败,于是立刻说:"就按你的意见,割地求和。可是爱卿你能保证秦国明年不来进攻赵国吗?"

赵郝说:"我无法担保秦国明年不来进攻赵国。韩、赵、魏三国都与秦连横,如果明年秦国不进攻韩、魏两国,而再次进攻赵国,只能说赵国事奉秦国不如韩、魏两国。由此说来,我赵郝不能担保秦国明年不来进攻赵国。"

赵王把赵郝的话原原本本地告诉了虞卿。虞卿说:"按赵郝的说法,赵国不求和,秦国明年要来攻打赵国;但是割了六座城邑,秦国还是要来进攻。这样说来,六座城邑不是白白地割给秦国了吗?"

赵王说:"不割让六座城邑,秦国马上就来进攻啊?"

虞卿说:"秦国虽然很会打仗,他们既然是精疲力竭才撤退的,就是再卷土重来,也未必能拿下六座城邑。再退一步说,害怕秦国进攻,今年割六座县城;明年秦国又来勒索,又割六座城邑;年复一年,秦国勒索没个完,赵国土地却有限,割地求和是自取灭亡啊。依臣之见,最好的办法是不向秦国求和,把六座城邑奉献给天下,让取得赵国六座城邑的国家与赵国一起来抵抗秦国,让秦国来向赵国求和,这样才能得到和平。因为好战的是秦国而不是赵国。"

赵王再三考虑,犹豫不决。刚好,出使秦国的赵国大臣楼缓从秦国归来。赵王召见了楼缓。

赵王对楼缓说:"秦国索取赵国六座城邑,是给还是不给,朝中两种意见相持不下,寡人也委决不下,听听您的意见。"

楼缓说:"大王委决不下的事,这就不是臣下所能知道的了。"

赵王说:"您不要有顾虑,就谈谈您个人的看法吧。"

楼缓说:"大王知道鲁国公甫文伯母亲的故事吗?"

赵王说:"公甫文伯在鲁国做官,精明能干,小有名气。他死了,他的两侍妾都为他自杀殉葬,这是大家都知道的事。公甫文伯的母亲,寡人就不知道了。"

楼缓说:"公甫文伯死后,他的母亲看到两个儿媳替自己儿子殉葬,不但不感动,而且还鄙夷地说儿子没出息,一声也不哭。公甫文伯母亲的侍者忍不住了,对老太太说:'哪有儿子死了,当母亲不哭的道理。'公甫文伯的母亲说:'孔子是天下知名的贤人,但被鲁国驱逐,我的儿子不追随孔子,现在他死了,却有俩侍妾为他殉葬,这一定是他对待长者刻薄,而对待妇人特别厚爱。这就是我不哭的原因。'"

说到这里,楼缓把话一顿,然后问道:"大王,公甫文伯的母亲是何等样的人?"

赵王不假思索地说:"是一位知礼的好母亲。"

楼缓紧接着问:"如果公甫文伯母亲的话改由公甫文伯的妻子说出,是何等样的妻子?"

赵王略加沉思回答说:"人们一定会说,她是一个嫉妒的妇人。"

楼缓说:"同样的话,不同关系的人说出效果就不一样。大王知道,愚臣是主张亲秦的,我又刚从秦国回来,就不便说话了。我说不要割让,大王不信,也不是我的真实想法;我说割让,人们会说我是替秦国考虑,胳膊肘往外拐。所以臣下不敢回答大王的问题。"

赵王说:"您的意思我听明白了,就按您的意见办,还是割地求和比较保险。"

虞卿听到这消息,立即进宫求见赵王。虞卿说:"楼缓的花言巧语,大王千万不能听。"

虞卿走后,楼缓又来见赵王。赵王把虞卿的话告诉了楼缓。楼缓对赵王说:"虞卿是个书呆子,他的话看似有理,实际行不通。秦国与赵国打了几年仗,赵国的军队被打垮了,国都被围困了三年,诸侯都去向秦国庆贺。如果秦、赵重新开战,天下诸侯坐收渔人之利,他们会争着去讨好秦国,谁来援助弱小的一方赵国呢?大王赶快割地与秦国交好,要走在韩、

公甫文伯之母

魏的前面，这才是安全的办法。"

虞卿听说，连忙进宫见赵王。虞卿说："楼缓一心一意替秦效劳，他花言巧语完全颠倒了是非。天下诸侯都看清现在的形势，秦国要各个击破诸侯国，可又害怕不敢公开声言抗秦，他们怎么会坐观秦、赵相斗，收渔人之利呢？事实胜于雄辩。只要大王派我出使齐国，我们把六座城邑割给齐国，让齐国支持赵国对抗秦国。这样一来天下诸侯都会站在赵国一边。我敢担保，赵国只要把联合齐国的消息公布出去，而且赵国也认真地派大使到齐国去，我们出使齐国的使臣还没回来，秦国求和的使臣就会主动来到赵国。那时讨论和平就容易多了。"

赵王说："这条计妙极了，就照你的办。"

接着，赵王宣布虞卿出使齐国，中止向秦国割地求和的讨论。秦国如有和平诚意，必须派使臣到赵国来谈。"

消息一公布，楼缓连夜逃走。果真虞卿还没从齐国返回，秦国派出使臣到赵国来和谈，再也不提割让六座城邑的事。没有多久，魏国也派出使臣到赵国来要求合纵。赵王拿不定主意，召见虞卿做决断。

赵王对虞卿说："魏王派使臣到赵国来谈判合纵，您有何评论？"

虞卿说："魏王错了。"

赵王说："我还没答应魏王使臣的要求，怎么就错了。"

虞卿说："大王错了。"

赵王说："一件事，怎么双方都错了？"

虞卿说："赵国强于魏国，合纵的事，一般是强国要求弱国合作，强国一方占尽便宜。再说，合纵是要得罪秦国的。魏王主动向赵国提出合纵，既得罪秦国，也占不了便宜，所以我说魏王错了，这是站在魏王立场上说。既然魏王主动与赵国合纵，大王不抓住这千载难逢的机会，还在犹豫不定，所以我说大王错了，这是站在赵国立场说。"

赵王听了如梦初醒，连声说："好意见，好意见。"立即传令，举行国宴招待魏国使臣，让虞卿出面商谈两国合纵事宜。赵、魏两国结成了联盟。

智慧启示

秦国为了各个击破东方六国，害怕六国合纵抗秦，于是采用各种手段威逼利诱，要东方六国一个一个与秦国单独媾和，称为连横。秦国用重金收买六国的执政大臣为内奸，例如赵国的楼缓就是一内奸。虞卿在赵国战败的不利形势下，又

赵王让虞卿出面商谈

面对与宗室大臣赵郝、与秦国内奸楼缓的作对情况下，主张合纵救赵，反对割地求和，局面极为复杂，困难重重，虞卿巧妙地说服了赵王，展现了卓绝的辩论艺术。虞卿驳赵郝，是利用赵郝言论中的自相矛盾；虞卿驳楼缓，用事实作验证。最后虞卿用归谬法说魏王、赵王都错了，实际是反说，不抓住合纵就错，抓住合纵就对，以贬为褒，既让赵王明白事理，又让赵王高兴。虞卿真是一个雄辩家。

平原君虞卿列传·虞卿

虞卿者[1]，游说之士也。蹑蹻檐簦说赵孝成王[2]。一见，赐黄
虞卿是一个善于言辞的辩士。他穿着草鞋打着雨伞去见赵孝成王。头一次见面，赵王就

金百镒，白璧一双；再见，为赵上卿，故号为虞卿。
赐给了他黄金百镒、白璧一对；第二次见面，赵王竟封他为赵国的上卿。所以人们都叫他虞卿。

秦赵战于长平，赵不胜，亡一都尉。赵王召楼昌与
秦国和赵国在长平打了一仗，赵国失败了，死了一名都尉。赵王把楼昌和虞卿叫来说："长平

虞卿曰："军战不胜，尉复死，寡人使束甲而趋之，何
的军队在初次交锋中被秦国打败了，我们还死了一个都尉，我打算集中长平的军队再次突袭秦军，你

如？"楼昌曰："无益也，不如发重使为媾[3]。"虞卿曰：
们看怎么样？"楼昌说："没有什么用处，不如派一个规格较高的使团去向秦国求和。"虞卿说："楼

"昌言媾者，以为不媾军必破也。而制媾者在秦。且王
昌所以主张马上求和，是因为他认为如果我们不求和就要大败，可是这么一来在和与不和的问题上就

之论秦也。欲破赵之军乎，不邪？"王曰："秦不遗余
让秦国掌握主动权了。大王您分析一下秦国，它是想打败我们呢，还是不想呢？"赵王说："秦国已

力矣，必且欲破赵军。"虞卿曰："王听臣，发使出重宝
经是全力以赴，当然是想要打败我们了。"虞卿说："那么大王您听我的建议，您可以派使者带着珍

以附楚、魏，楚、魏欲得王之重宝，必内吾使。赵使入
贵宝物去结好楚国和魏国。楚国和魏国想得到咱的宝贝，就一定会接纳咱们的使者。赵国的使者一进

---

1 虞卿：虞，姓，史失其名，以官为称。
2 蹑蹻：穿草鞋。檐簦：肩着长柄笠。簦，长柄笠。
3 媾：讲和。

楚、魏，秦必疑天下之合从，且必恐。如此，则媾乃
入楚国和魏国，秦国势必就会怀疑山东六国又联合起来了，他肯定会害怕。到那时我们再求和才能成

可为也。"赵王不听，与平阳君为媾[1]，发郑朱入秦。秦
功。"赵王不听虞卿的话，而与平阳君赵豹决定立即派郑朱入秦向秦国求和。秦国接纳了郑朱。于是

内[2]之。赵王召虞卿曰："寡人使平阳君为媾于秦，秦已
赵王召见虞卿说："我让平阳君派人去向秦国求和，秦国已经接纳郑朱了，您看怎么样？"虞卿说："大

内郑朱矣，卿以为奚如？"虞卿对曰："王不得媾，军必
王的求和不会成功，我们的军队也肯定要被秦军打败，天下诸侯很快就将去向秦国祝贺胜利了。因为

破矣。天下贺战胜者皆在秦矣。郑朱，贵人也，入秦，
郑朱是我国的一位显贵人物，他到了秦国，秦王和应侯范雎一定会在各国诸侯面前假意作出一种尊重

秦王与应侯必显重以示天下。楚、魏以赵为媾，必不救
郑朱的样子，这样，楚国和魏国觉得赵国已经向秦国求和了，他们就不可能再来支援我们。当秦国知

王。秦知天下不救王，则媾不可得成也。"应侯果显郑
道大家都不会再来支援我们时，也就不会再答应我们的求和了。"应侯范雎果然开始时很尊重郑朱，

朱以示天下贺战胜者，终不肯媾。长平大败，遂围邯
把他介绍给各国前来向秦国祝贺的人们，而最后果然没有答应赵国的求和，以至于赵军在长平大败，

郸，为天下笑。
邯郸也被秦军所围，整个赵国被天下人所耻笑。

秦既解邯郸围，而赵王入朝，使赵郝约事于秦，割六
待至秦国解除了对邯郸的包围后，赵王准备去秦国朝见秦王，派赵郝和秦国谈判，说是愿意割给秦

县而媾。虞卿谓赵王曰："秦之攻王也，倦而归乎？王以
国六个县，从此两国讲和。这时虞卿对赵王说："秦国这次的退兵，是因为他们自己疲惫无力再战而回去

---

[1] 平阳君：赵惠文王弟赵豹。
[2] 内（nà）：同"纳"，接纳。

虞卿劝说赵王

其力尚能进，爱王而弗攻乎？"王曰："秦之攻我也，不遗
的呢？还是有力量再战，只是出于爱您才回去的呢？"赵王说："秦国攻打我们，已经是用尽了全力，这

余力矣，必以倦而归也。"虞卿曰："秦以其力攻其所不能
是他们自己不能再战了才撤回去的。"虞卿说："秦国用尽力气来夺他想要得到的东西，结果没有得到，

取，倦而归，王又以其力之所不能取以送之，是助秦自攻
疲劳不堪地回去了，而大王您现在却想把他们用了力气都得不到的东西送给他们，这不是帮着秦国来打自

也。来年秦复攻王，王无救矣。"王以虞卿之言告赵郝。
己吗？这样下去，到明年秦国再来打您，您恐怕就没救啦。"赵王把虞卿的话告诉了赵郝。赵郝说："虞

赵郝曰："虞卿诚能尽秦力之所以至乎？诚知秦力之所不能
卿能准确地判断秦国的力量是已经用尽了吗？如果他能准确判断秦国已经没有力量再来打我们那当然好了，

进，此弹丸之地弗予，令秦来年复攻王，王得无割其内而
假如不能，我们今天心疼这块小小的地方不给秦国，而秦国明年再来打我们，那时大王可不是只割这六个县，

虞卿以合纵说赵王

媾乎[1]？"王曰："请听子割矣，子能必使来年秦之不复攻
而是还要割更靠后的内地给秦国才能求和！"赵王说："那就听你的话把土地割让给秦国吧，但这样做之后，

我乎？"赵郝对曰："此非臣之所敢任也。他日三晋之交于
你能保证明年秦国就不会再来打我们了吗？"赵郝说："这不是我敢担保的。过去韩、赵、魏三国和秦国

秦，相善也。今秦善韩、魏而攻王，王之所以事秦必不如
的关系，都是好的。现在秦国和韩、魏友好而专门来打大王，那说明您对秦国恭敬服从的程度赶不上韩、

韩、魏也。今臣为足下解负亲之攻[2]，开关通币，齐交韩、
魏两国。我现在只能是为您解除由于您过去对秦国的背叛而招来的攻击，并为您打开两国的边关，互相通使，

魏，至来年而王独取攻于秦，此王之所以事秦必在韩、魏
让赵国与秦国的关系能够和韩、魏与秦国的关系一样；如果到明年您又惹得秦国来攻了，那就说明您对秦

之后也。此非臣之所敢任也。"
国恭敬侍候的程度肯定是又比韩、魏两国差了。所以我对此负不了责任。"

　　王以告虞卿。虞卿对曰："郝言'不媾，来年秦复
赵王又把赵郝的话告诉了虞卿。虞卿说："赵郝说'如果我们不求和，明年秦国就会再来攻大王，

攻王，王得无割其内而媾乎'，今媾，郝又以不能必秦
大王就得割更多的土地才能够求和'，可是现在求和了，赵郝又不敢保证明年秦国不再来打我们，那我

之不复攻也。今虽割六城，何益！来年复攻，又割其力
们岂不是白白送掉这六个县，又有什么用？今年白送六个县，明年秦国再来攻，我们再割给它一些秦国

之所不能取而媾，此自尽之术也，不如无媾。秦虽善
用战争也得不到的东西为求和，这样下去是自取灭亡，还不如不求和。秦国即使善战，它也不能轻易地

攻，不能取六县；赵虽不能守，终不失六城。秦倦而
夺得我们的六个县；赵国虽然不善守，我们也不会轻易地丢掉六城。秦军所以自己回去，那是因为他们

1　内：内地。言秦再度怒而攻，非割内地不可了。
2　解负亲之攻：只能解救眼下不受秦攻击。负亲，眼前的事。

归，兵必疲。我以六城收天下以攻疲秦，是我失之于天
下而取偿于秦也。吾国尚利，孰与坐而割地，自弱以强
秦哉？今郝曰'秦善韩、魏而攻赵者，必王之事秦不如
韩、魏也'，是使王岁以六城事秦也，即坐而城尽。来
年秦复求割地，王将与之乎？弗与，是弃前功而挑秦祸
也；与之，则无地而给之。语曰：'强者善攻，弱者不
能守'。今坐而听秦，秦兵不弊而多得地，是强秦而弱
赵也。以益强之秦而割愈弱之赵，其计故不止矣。且
王之地有尽而秦之求无已，以有尽之地而给无已之求，
其势必无赵矣。"

赵王计未定，楼缓从秦来。赵王与楼缓计之，曰："予秦
地如毋予，孰吉？"缓辞让曰："此非臣之所能知也。"王曰：

"虽然，试言公之私[1]。"楼缓对曰："王亦闻夫公甫文伯母乎[2]？
尽管如此，你还是谈一下你个人的意见。"楼缓说："大王听说过春秋时代公甫文伯母亲的事情吗？
公甫文伯仕于鲁，病死，女子为自杀于房中者二人。其母闻
公甫文伯在鲁国做官，后来生病死了。他屋里的两个妾为他在房中自杀了。他的母亲听到这件事，
之，弗哭也。其相室曰：'焉有子死而弗哭者乎？'其母曰：
就再也没有哭。她家的侍者说：'哪里有儿子死了，母亲不哭的呢？'公甫文伯的母亲说：'孔
'孔子，贤人也，逐于鲁，而是人不随也。今死而妇人为之自
子是个大贤人，当他被鲁国驱逐出境时，我的儿子没有跟着孔子去一道流亡。现在他死了，却有
杀者二人，若是者必其于长者薄而妇人厚也。'故从母言之，
两个女子为他自杀，这说明他肯定是对贤人无情无义而在女人身上倒是肯下功夫的。'这个话出
是为贤母；从妻言之，是必不免为妒妻。故其言一也，言者
于当母亲的嘴里，可以说是良母；倘若出在当妻子的嘴里，恐怕就肯定会被人们说是妒忌了。所
异则人心变矣。今臣新从秦来而言勿予，则非计也。言予之，
以同样的一句话，随着说话的人地位不同，别人的看法也就不一样了。如今我刚从秦国来，如果
恐王以臣为为秦也，故不敢对；使臣得为大王计，不如予之。"
我要说不给，那不是好办法；如果我说给，我又怕大王会认为我是替秦国说话，所以我开始不敢
王曰："诺。"
回答。如果真要是为大王考虑，我看还是不如给它为好。"赵王说："好。"

虞卿闻之，入见王曰："此饰说也[3]，王慎勿予[4]！"楼缓
虞卿听说这件事，立刻去见赵王说："楼缓说的这些都是骗人的，大王千万不要给秦国

---

1 试言公之私：你不妨说说个人意见。私，私心之意，个人见解。
2 公甫文伯：春秋时鲁季康子从父昆弟，名歜，其母即敬姜。
3 饰说：狡辩。
4 王慎勿予：大王千万不能听他的。

闻之，往见王。王又以虞卿之言告楼缓。楼缓对曰："不然。
割地！"楼缓听说虞卿拦阻，就又去见赵王。赵王又把虞卿的话告诉了楼缓。楼缓说："不对！虞卿

虞卿得其一，不得其二。夫秦赵构难而天下皆说（yuè）[1]，何
只知其一，不知其二。现在秦国和赵国发生冲突，其他各国都高兴，这是为什么呢？因为许多人都说

也？曰'吾且因强而乘弱矣'。今赵兵困于秦，天下之贺战
这样一来，我们就可以趁机顺着强大的秦国来一道收拾软弱的赵国了。如今赵国的军队已经被秦国整

胜者则必尽在于秦矣。故不如亟割地为和，以疑天下而慰
治得够呛，各国诸侯早都派人到秦国去祝贺胜利了，所以我们不如赶紧割地求和，这样可以让东方各

秦之心。不然，天下将因秦之怒，乘赵之弊，瓜分之。赵
国疑心赵国已经与秦国和好了，同时也可以让秦国得到安慰。不然的话，东方各国就会趁着秦国发怒，

且亡，何秦之图乎？故曰虞卿得其一，不得其二。愿王以
赵国疲惫的时机，而瓜分赵国。赵国马上就要灭亡了，哪能等得到秦国来算计呢？所以说虞卿只知其一，

此决之，勿复计也。"
不知其二。希望大王就这么决定，不要再考虑了。"

虞卿闻之，往见王曰："危哉楼子之所以为秦者[2]，是
虞卿听说后，又去见赵王说："楼缓为秦国打算，他给您出的这个主意可真够毒啊！这么做

愈疑天下，而何慰秦之心哉？独不言其示天下弱乎？且
就将更加引起东方各国对赵国的怀疑，又哪里能安慰秦国呢？他让您这么做，难道就不怕在各国面前

臣言勿予者，非固勿予而已也。秦索六城于王，而王以
暴露赵国的虚弱吗？再说，我说不要给秦土地，也并不是简单地不给秦国就完了。秦向大王要六个城

六城赂齐。齐，秦之深仇也，得王之六城，并力西击
邑，大王您就拿这六个城邑送给齐国。齐国与秦国是死对头，齐国既能够得到赵国的六个城邑，又能

---

1 构难：交战。
2 危：读为诡，言楼缓替秦国说话真是诡计多端。

秦，齐之听王，不待辞之毕也，则是王失之于齐而取偿
<small>够和赵国协力共同抗秦，这是齐国求之不得的。齐国对您的请求，等不到您说完就会表示同意，这样</small>
于秦也。而齐、赵之深仇可以报矣，而示天下有能为
<small>您在齐国丢失的东西就可以在秦国补回来。齐国和赵国对秦国的深仇大恨也就可以报了，同时还可以</small>
也。王以此发声[1]，兵未窥于境，臣见秦之重赂至赵而反
<small>在各国面前表明我们赵国是有作为的。大王您只要把这个消息一放出去，那就不用等到我们出兵接近</small>
媾于王也。从秦为媾，韩、魏闻之，必尽重王；重王，
<small>秦国的边境，我就可以看到秦国人带着重礼到我们赵国来向我们求和了。到那时，我们再答应秦国的</small>
必出重宝以先于王。则是王一举而结三国之亲，而与
<small>求和，那么韩国和魏国也就会看重您；他们看重大王，也就一定会带着重宝来争着向您交好。这样您</small>
秦易道也。"赵王曰："善。"则使虞卿东见齐王，与之
<small>一下子就结交了三个国家，到那时您和秦国的关系地位就和现在完全倒过来了。"赵王说："好！"</small>
谋秦。虞卿未返，秦使者已在赵矣。楼缓闻之，亡去。
<small>于是立即派虞卿去见齐王，和齐王商量共同抗秦的事。虞卿还没有回到赵国，秦国派来向赵国求和</small>
赵于是封虞卿以一城。
<small>的使者就已经来到赵国了。楼缓听说了，赶紧悄悄逃走了。赵王于是把一座城封赏给了虞卿。</small>

居顷之，而魏请为从(zòng)。赵孝成王召虞卿谋。过
<small>过了些日子，魏国请求与赵国联合，赵孝成王就召虞卿来商量。虞卿先去拜访了平原君，</small>
平原君，平原君曰："愿卿之论从也。"虞卿入见王。王曰：
<small>平原君说："希望你多讲讲合纵的好处。"虞卿见到赵王后，赵王说："魏国请求和我们联合。"</small>
"魏请为从。"对曰："魏过[2]。"王曰："寡人固未之许。"对
<small>虞卿说："魏国错了。"赵王说："我没有立即答应它。"虞卿又说："大王也错了。"赵王说："魏</small>

---

1 发声：放出空气，以联齐抗秦进行宣传战。
2 魏过：魏国错了。

虞卿给赵王分析当前形势

曰："王过。"王曰："魏请从，卿曰魏过，寡人未之许，又
国请求联合，你说魏国错了；我没有答应，你又说我错了，难道合纵是无论如何不可以的吗？"
曰寡人过，然则从终不可乎？"对曰："臣闻小国之与大国
虞卿说："我听说小国与大国打交道，有了好处是大国享用成果，有了倒霉的事是小国承担
从事也，有利则大国受其福，有败则小国受其祸。今魏以
灾祸。现在魏国以一个小国来与我们联合而自甘受祸，大王作为一个大国之君居然拒绝联合
小国请其祸，而王以大国辞其福，臣故曰王过，魏亦过。
而不愿享福，所以我说大王错了，魏国也错了。就事情本身来讲，我当然认为两国联合是好的。"
窃以为从便。"王曰："善。"乃合魏为从。
赵王说："好。"于是就和魏国联合了。

虞卿以合纵说赵王　271

清·任伯年《苏武牧羊图》

行人故事

六则

陈轸善对秦惠王

陈轸是战国时代的游说之士,与张仪、甘茂是同时代人,活动于秦楚之间。

起初陈轸在秦国,与张仪争宠,后来张仪贵盛,陈轸到了楚国。陈轸在秦为秦使,在楚为楚使,常来往于秦楚之间。张仪最初在楚,后入秦,自以精通楚国事务自荐于秦惠王。陈轸经常出使楚国,张仪十分嫉妒,就在秦惠王面前说陈轸的坏话。

张仪对秦惠王说:"大王啊,您知道陈轸的心思吗?"

秦惠王说:"寡人十分器重陈轸,让他多次出使楚国,难道他还有什么不满吗?爱卿听到了什么,可以尽情地对寡人讲。"

张仪说:"陈轸想离开秦国到楚国去,难道大王看不出迹象吗?"

秦惠王说:"爱卿有什么凭证吗?"

张仪说:"陈轸多次出使楚国,但是楚国并没有与秦国更加亲善,反而对陈轸个人很好。以情理度之,可以说陈轸替自己打算的多,为大王打算得少。"

秦惠王说:"知道了,爱卿退下,待寡人问问陈轸。"于是秦惠王召陈轸进宫。

秦惠王问陈轸说:"我听说你要离开秦国到楚国去,有这回事吗?"

陈轸说:"的确是这样。"

秦惠王说:"张仪说这话我还不信,所以找爱卿来问一问情况,原来是真的啊。"

陈轸说："不只是张仪知道这回事，连走在路上的行人都知道。以前伍子胥忠于他的国君，天下各国的国君都急着聘伍子胥为大臣。曾参最孝敬父母，天下的父母都希望曾参是自己的儿子。在普通老百姓中，如果一个仆人，主人要转卖他，还没走出街巷就被别人抢着买走了，那么这个仆人一定很好。如果有个女人被她的男人遗弃了，而还能在乡邻嫁出去，那么这个女人一定是不错的。这些情况我想大王是知道的。"

秦惠王说："一点不错，货真价实买的人多，一个好人敬重的人才多。"

陈轸说："如今我陈轸不忠于自己的国君，楚王又怎么会看重我呢？我尽忠还要受怀疑，我不去楚国又到哪儿去呢？"

陈轸胸怀坦荡

秦惠王说:"寡人明白了,知道爱卿忠心耿耿,请爱卿不要有顾虑。"

秦惠王没有听信张仪的谗言,待陈轸很好。两人争风吃醋也没有完。过了一年,秦惠王终于重用张仪为相国,陈轸投奔楚国。楚派陈轸为楚国大使,出使秦国。这时韩、魏互相攻伐,两国都向秦国求救,秦惠王不知是救好,还是不救好。韩、魏都与秦国连横,只要秦国出面调停,战争就会停止,两国得救;否则两国交兵,都要受到损伤。秦惠王让大臣讨论,两种意见争执不下。正好陈轸到来,秦惠王决定召见陈轸,让陈轸出个主意。

秦惠王对陈轸说:"爱卿离开寡人到楚国去,还在想念寡人吗?"

陈轸说:"大王听说过越人庄舄的故事吗?"

秦惠王说:"没听说过。"

楚王派人偷听庄舄的呻吟声

陈轸说:"越人贫民庄舄在楚国做了执圭一级爵位的高官,可以说是很富贵了。楚王想考察庄舄是不是还在想念越国,他采纳了大臣一个名叫中谢的人提出的办法,等到庄舄生病,派人去偷听他呻吟声。如果庄舄思念越国,他的呻吟就是越国腔调;如果庄舄不思念越国,他的呻吟就是楚国腔调。有一天庄舄真的病了,楚王派贴心侍从去偷听庄舄的呻吟声,大王你猜猜,庄舄是怎么呻吟的?"

秦惠王说:"爱卿你已经说得很明白了,还要寡人猜什么,庄舄的呻吟准是越国腔调。"

陈轸说:"如今我陈轸虽然被遗弃到了楚国,怎么能够不如一个越人,不发出秦声呢?"

秦惠王说:"好,很好。现在就请爱卿发出秦声,替寡人拿个主意,是救好还是不救的好?"

陈轸说:"我给大王讲一讲,卞庄子刺杀双虎的故事,大王知道吗?"

秦惠王说:"别把话题扯远了,卞庄子刺杀双虎与寡人提的问题有什么相干?"

陈轸说:"大王别着急,听我慢慢说来。卞庄子是一个勇士。有一天有两只猛虎为了争夺一头牛犊而打斗起来。卞庄子凭着勇敢和力气想去刺杀猛虎,却被一个小孩阻止了。那小孩说:'二虎相争,必然一死一伤。到了那时您才去刺杀,不费多大力气就可以得到双虎。'卞庄子采纳了小孩的建议,耐心地等待两虎相斗。一个时辰过去了,果真二虎一死一伤,卞庄子自然没费多大力气就得到了双虎。如今韩、魏互相攻伐,不也是二虎相斗吗?等到两国斗得精疲力竭,大国损伤,小国破败,那时大王再斟酌情况,以逸待劳出击,可以事半功倍地灭掉两国,这有什么不好?"

秦惠王连声说:"好,好,这个道理寡人的那些大臣怎么就说不清呢?"

陈轸说:"您看,我为大王出的主意与为我自己的国君出的主意,有什么不同呢?"

秦惠王说:"爱卿真是心口如一,既要发楚声,又能发秦声。"

于是秦惠王决定不解救韩、魏。最后,果然韩国破败,魏国损伤。秦国趁机攻讨,得到了极大的胜利。这就是陈轸的计谋啊。

智慧启示

陈轸应对秦惠王的提问,一是替自己洗刷,二是替秦惠王出主意。陈轸不做正面的"是"或"不是","该做什么"或"不该做什么"的回答,因为自己受到秦惠王的怀疑,正面回答软弱无力。陈轸迂回出击,他用寓言说理。寓言说理,就是假托故事或自然物的拟人手法来说道理,它往往使对方放下戒心,轻松愉快地循着寓言故事的逻辑发展,得出必然的结论。战国时代的诸子百家和纵横家都极为擅长寓言说理,从而给我们留下了许多寓言故事,富有哲理。

张仪列传·陈轸

　　陈轸者，游说之士。与张仪俱事秦惠王，皆贵重，争宠。张仪恶陈轸于秦王曰[1]:"轸重币轻使秦楚之间，将为国交也。今楚不加善于秦而善轸者，轸自为厚而为王薄也。且轸欲去秦而之楚，王胡不听乎？"王谓陈轸曰："吾闻子欲去秦之楚，有之乎？"轸曰："然。"王曰："仪之言果信矣。"轸曰："非独仪知之也，行道之士尽知之矣。昔子胥忠于其君而天下争以为臣，曾参孝于其亲而天下愿以为子。故卖仆妾不出闾巷而售者，良仆妾也；出妇嫁于乡曲者，良妇也。今轸不忠其君，楚亦何以轸为忠乎？忠且见弃，轸不

1　恶：说坏话，打小报告。

之楚何归乎？"王以其言为然，遂善待之。

的人都被遗弃，陈轸不到楚国去，还能到哪儿呢？"秦惠王认为陈轸说得对，于是更好地对待他。

居秦期年，秦惠王终相张仪，而陈轸奔楚。楚未之重也，

陈轸在秦国又过了一年，秦惠王终于任用张仪做丞相，陈轸只好投奔到楚国。楚王还没有重用

而使陈轸使于秦。

陈轸，却派陈轸出使秦国。

韩、魏相攻，期年不解。秦惠王欲救之，问于左右。

正好韩、魏两国交战，整整打了一年还没停止。秦惠王想救援一方，向左右亲信征求意见，亲

左右或曰救之便，或曰勿救便，惠王未能为之决。陈轸适

信们有的说救援对秦国有利，有的说韩魏互相交战对秦国有利，秦惠王拿不定主意没有决断。这时陈

至秦，惠王曰："子去寡人之楚，亦思寡人不(fǒu)？"陈轸

轸恰好来到秦国。秦惠王对陈轸说："你离开寡人到了楚国，还想念我吗？"陈轸回答说："大王听

对曰："王闻夫越人庄舄(xì)乎？"王曰："不闻。"曰："越

说过越人庄舄的故事吗？"秦惠王说："没听说过。"陈轸说："越人庄舄在楚国做官，到了执圭的

人庄舄仕楚执圭，有顷而病。楚王曰：'舄故越之鄙细人

爵位，不久就生了病。楚王说：'庄舄原本是越国一个地位低微的人，如今在楚国做官到了执圭的爵

也[1]，今仕楚执圭，贵富矣，亦思越不(fǒu)？'中谢对曰：'凡

位，富了贵了，也不知还想不想越国？'中谢回答说：'大凡人们思念自己的故乡，往往在生病的时候。

人之思故，在其病也。彼思越则越声，不思越则楚声。'使

庄舄的思念越国，他呻吟的是越音，不思念越国，呻吟的必是楚声。"楚王派人去偷听，庄舄呻吟还

人往听之，犹尚越声也。今臣虽弃逐之楚，岂能无秦声

真是越音。如今臣下虽然被大王丢弃到楚国，听听我的话难道没有秦国的腔调吗？"秦惠王说："说

---

[1] 鄙细人：低贱的子民。

哉！"惠王曰："善。今韩、魏相攻，期年不解，或谓寡人
得好。现在韩魏两国交战，整整打了一年还不停止，有人对寡人说救援一方对秦国有利，有人说秦国

救之便，或曰勿救便，寡人不能决。愿子为子主计之余[1]，
不要插手，两国交战对秦有利，寡人不能够决断，希望您在替你的主人楚王谋划之余，也替我出个主

为寡人谋之。"陈轸对曰："亦尝有以夫卞庄子刺虎闻于王
意。"陈轸回答说："也不知是否曾经有人把卞庄子刺虎的故事讲给大王听吗？卞庄子想要刺杀猛虎，

者乎？庄子欲刺虎，馆竖子止之，曰：'两虎方且食牛。食
客馆有一个小孩子劝阻了他，说：'两只老虎正在吃牛，等他们吃出有滋味的时候，一定会争夺，一

甘必争，争则必斗，斗则大者伤，小者死。从伤而刺之，
争夺就会打架，两只老虎打起来，那么大的就会受伤，小的就会死亡，这时再去刺杀那只受伤的老虎，

小孩劝卞庄子等待两虎相斗

---

1 子主：您的主人，指楚王。

卞庄子打死两虎（明内府彩绘本《春秋五霸七雄通俗演义列国志传》插图）

一举必有双虎之名。'卞庄子以为然，立须之[1]。有顷，两虎

可一举获得刺杀两只老虎的实利与名声。'卞庄子认为说得对，就站在一旁等待两虎争食。过了一会儿，

果斗，大者伤，小者死。庄子从伤者而刺之，一举果有双

两只老虎果然打斗起来，大的受了伤，小的被咬死。卞庄子追杀了受伤的老虎，一举果然获得了两只老虎。

虎之功。今韩、魏相攻，期年不解，是必大国伤，小国亡。

如今韩、魏两国相攻，整整打了一年还不停止，这也一定是大国受伤，小国灭亡，秦国再追逐受损伤

从伤而伐之，一举必有两实。此犹庄子刺虎之类也。臣主

的国家讨伐它，也一定是一举获得双倍的实效。这好比是卞庄子杀虎的故事。臣替主人楚王出主意和

与王何异也。"惠王曰："善。"卒弗救。大国果伤，小国

给大王出主意，对这样的事不会有两样啊！"秦惠王说："好。"终于没有让韩魏和解。大国果然受

亡，秦兴兵而伐，大克之。此陈轸之计也。

到损伤，小国面临灭亡，秦国兴兵讨伐，大获全胜。这是陈轸出的主意。

---

1 立须之：站在旁边等待两虎相斗。

蔺相如完璧归赵（明内府彩绘本《春秋五霸七雄通俗演义列国志传》插图）

蔺相如使秦完璧归赵

蔺相如是战国中期赵国人。他智勇双全，出使秦国维护了赵国的利益，以他的智慧和勇敢挫败了秦昭王君臣的狼子野心，完璧归赵，被拜为上大夫。秦王不甘心，又生一计，派使臣奉国书到赵国，约赵惠王在渑池相会，想在会盟中讨取便宜，又被蔺相如斗败。回国后，赵惠王认为蔺相如很能干，就拜他为上卿，位置在廉颇之上。廉颇是赵国的大将，英勇善战，诸侯及秦国都畏惧廉颇。廉颇也自以为功大，不服气蔺相如以口舌之劳得到高官。蔺相如退让廉颇，把国家利益摆到个人利益之上。廉颇明白道理以后，登门向蔺相如谢罪，于是廉蔺交欢，成为家喻户晓的故事。蔺相如和廉颇两人都是历代人民喜爱的英雄人物，他们都是自觉的爱国者。一个人的智慧、勇敢，只有与国家利益紧密相连，为捍卫国家利益才能得到最大限度地发挥。蔺相如的爱国故事是一个典型。

蔺相如出身寒微，空怀才学，不得施展，他只好投到赵惠文王的亲信宦者令缪（miào）贤门下做舍人。

缪贤随赵惠文王与燕昭王在边境会晤，燕昭王私下拍着缪贤的肩膀说："咱俩交个朋友。"不久，缪贤得罪了赵王，有杀头危险，缪贤想投到燕昭王那里去避难。他拿不定主意，就找蔺相如商量。蔺相如说："赵国强盛燕国弱小，燕王见你是赵王的亲信才和你拉关系。如果你得罪了赵王，逃到燕王那里去，他不但不收留你，过分一点恐怕会把你捆起来交给赵王。燕王不会为了保护你而得罪赵王。唯一的出路，是你主动去向赵王赔罪，或许能得到幸免。"缪贤这样做了，果然得到赵王的宽容。缪贤非常敬重蔺相如，认为他是一个贤才，准备找机会向赵王推荐。

赵惠文王十七年（前282年），秦昭王听说赵王手中有一块和氏璧，他想取得这块稀世之宝。秦王心生一计，他先派兵进攻赵国，夺了两座城池，然后派遣使者到赵国，故意提出用十五座城来换赵国的和氏璧。一块宝玉，虽然是稀世之宝，也不值得用十五座城来换。秦国在大兵压境之下主动提出这不等价的交换，说穿了，看你赵国敢不敢要，明显的是讹诈。赵王召集大臣开会，商议对策，满朝文武大臣，没有人能拿出办法来。答应秦王的要求，将要受骗；不答应秦王的要求，又怕秦王借口更大规模出兵

蔺相如劝缪贤向赵王坦白

进攻。大将军廉颇也没有好主意,一连过了三天。这时缪贤推荐蔺相如,赵王传令立即召见。

蔺相如见了赵王,分析了秦赵双方形势。蔺相如说:"秦强赵弱,如不答应秦王的要求,一定会遭到攻击。不如答应秦国,用一块宝玉换十五座城赵国不吃亏,如果秦王不换,他就理亏,没法找借口进攻赵国。"

赵王说:"要是这样,那当然是很好的结果。只怕秦国留下宝玉又不给城,那不显得赵国无能吗?"

蔺相如说:"大王如果没有合适人选出使秦国,我愿替大王走一趟,秦国城入赵,我就留璧给秦;如秦国城不入赵,我保证完璧归赵。"

于是赵王任命蔺相如为大夫,奉璧入秦。秦昭王接见蔺相如,不在朝堂正殿,而在章台宫便殿,故意怠慢蔺相如,表示对赵国的蔑视,同时也是试探蔺相如的反应,以便夺璧。蔺相如看在眼里,假装不知,静观事变,沉着应付。蔺相如虔诚恭敬而又态度端庄地献上和氏璧。秦王大喜,传令左右侍从及美人轮番观赏,君臣山呼万岁,一句也不提割城的事。蔺相如急中生智,跪奏秦王,说:"和氏璧上有一处瑕疵,请让臣指给大王看。"秦王取璧递给了蔺相如。

蔺相如接璧在手,跃身站起,退到柱旁,怒不可遏,连头发根都竖起来。蔺相如义愤填膺,对着秦王斥责说:"大王派使臣到赵国,要用十五座城来换这块宝玉,赵王立即召集群臣讨论,大家都说秦国贪婪,说话不算数,一致建议赵王拒绝。我蔺相如认为,普通老百姓交往还要讲信义,哪有国与国的交往会欺骗的,难道秦王就不怕天下的人笑话他?我相信秦王是讲信义的,才奉璧入秦。没想到大王在便殿召见,又把宝玉让左右及美人传观,好像就是自家东西,根本不讲割城的事。因此我把璧收回来。

如果大王要强夺,我就把璧砸在石柱上,让它粉碎,秦王将在诸侯面前落得骗子的恶名。"

这突发事变,秦王和群臣都愣住了。秦王感到理亏,一时没动静,殿下卫士没敢动作,大家都听着蔺相如把话说完。这时几个大臣高喊:"放肆!"蔺相如也不理睬,转身举起和氏璧做出要往石柱上砸的样子。秦王

蔺相如怒发冲冠

怕把璧砸碎，连忙向蔺相如赔不是，又立刻传令主管官员取来地图，指出十五座城来。蔺相如心想，这一定是秦王的诈计，千万不能上当。他眉头一皱，想出了一个缓兵之计。蔺相如对秦王说："和氏璧是天下独一无二的宝贝，赵王斋戒了五天，在大殿上恭敬地把璧交给我，群臣相送，表示慎重，也是对秦国的敬重。如今秦赵交好，以城易璧，大王也应斋戒五天，在正殿上举行隆重的礼节来接受和氏璧，才不失秦国的大国风度。"秦王见蔺相如说得很有道理，这都是外交上的正常礼节，心想，你既然来到秦国，还怕你飞走不成。于是答应了蔺相如的要求。

蔺相如回到宾馆，左右盘算，决定派人暗中把璧送回赵国。五天以后，秦王在大殿隆重召见蔺相如。只见蔺相如从容不迫地跪奏秦王说："启奏大王，臣蔺相如已派副使将和氏璧送回赵国去了。大王以城易璧，赵王一片真诚。大王一封书信，赵王就派臣送璧入秦。但大王没有以城易璧的诚意，我怕对不住赵王，私下决定把璧送还赵国。大王如果真心诚意以城易璧，请先割十五城给赵，赵王岂敢留璧得罪大王吗？臣知道送璧还赵，欺骗了大王，甘当死罪，请处治吧。"秦王与群臣哭笑不得，互相对视了一下眼色，气得说不出话来。侍从上来要拉蔺相如出去杀了。秦王说："杀了蔺相如也得不到和氏璧，反倒破坏了秦、赵邦交。"秦王以隆重礼节款待蔺相如，让他给赵王带去消息，两国在适当时候到渑池举行最高级的会谈，秦王要与赵王相会。秦王另生一计，想在两国最高级会谈中捞取便宜。

蔺相如完璧归赵，挫败了秦王的阴谋，维护了赵国的尊严，被拜为上大夫。

▲ 清代年画《完璧归赵》

廉颇蔺相如列传

赵惠文王时[1],得楚和氏璧[2]。秦昭王闻之,使人遗赵王书,
赵惠文王时,得到了楚国的和氏璧,秦昭王听说后,派人送了一封信给赵王,愿
愿以十五城请易璧。赵王与大将军廉颇诸大臣谋:欲予秦[3],
意用十五座城邑来交换这块宝璧。赵王召集众大臣及廉颇商议:如果把宝璧给秦国,怕
秦城恐不可得,徒见欺[4],欲勿予,即患秦兵之来。计未定,
秦国的城邑到不了手,白白受骗;如果不给,又怕秦兵来进犯。拿不定主意,想找一个
求人可使报秦者,未得。宦者令缪贤曰:"臣舍人蔺相如可
人充任使者回报秦国,也没找到适当人选。宦者令缪贤说:"我的门客蔺相如可以为使
使。"王问:"何以知之?"对曰:"臣尝有罪,窃计欲亡走
臣。"赵王问:"你怎么知道呢?"回答说:"我曾经犯罪私下想逃到燕国去,舍人蔺
燕[5],臣舍人相如止臣,曰:'君何以知燕王?'臣语曰:'臣尝
相如说:'你怎么知道能托身于燕王?'我对他说:'我曾跟随大王在边境上和燕王相
从大王与燕王会境上,燕王私握臣手,曰愿结友,以此知之,
会,燕王私自握住我的手说,我们交个朋友吧。因此我认识燕王,想去投奔他。'蔺相

---

1 赵惠文王:战国时赵国国君,公元前298年至前266年在位。
2 和氏璧:《韩非子·和氏篇》记叙,楚人卞和于楚山得璞(pú,含玉的石头),经雕琢成美玉,称为和氏璧。
3 予(yǔ):同"与"。
4 徒见欺:白白地受欺骗。见,被。
5 窃计:私下打算。

故欲往。'相如谓臣曰：'夫赵强而燕弱，而君幸于赵王，故
如对我说：'赵国强盛，燕国弱小，你得到赵王的信任，所以燕王要和你交朋友，现在
燕王欲结于君，今君乃亡赵走燕，燕畏赵，其势必不敢留君，
你背离赵国去投奔燕国，燕国畏惧赵国，按情势一定不敢留下你，倒会把你捆绑起来送
而束君归赵矣[1]。君不如肉袒伏斧质请罪[2]，则幸得脱矣。'臣从
回赵国。你不如露出上体，伏在刑具上，向君王请罪，也许有希望得到赦免。'我听从
其计，大王亦幸赦臣。臣窃以为其人勇士，有智谋，宜可
了他的话，大王也开恩赦免了我。我个人认为蔺相如这个人是一个勇士，又有智谋，适
使。"于是王召见，问蔺相如曰："秦王以十五城请易寡人之
宜派他做使臣。"于是赵王召见蔺相如说："秦王要用十五座城邑来交换我的和氏璧，
璧，可予不[3]？"相如曰："秦强而赵弱，不可不许。"王曰：
是答应呢，还是不答应？"蔺相如说："秦国强大而赵国弱小，不能不答应。"赵王说：
"取吾璧，不予我城，奈何？"相如曰："秦以城求璧而赵不
"秦王拿走我的宝璧，不给城邑，怎么办？"蔺相如说："秦国用城邑来换宝玉，赵国
许，曲在赵[4]；赵予璧而秦不予赵城，曲在秦。均之二策[5]，宁
不答应，赵国理亏；赵国给了宝璧，秦国不给城邑，秦国理亏。两者比较，宁可答应使
许以负秦曲。"王曰："谁可使者？"相如曰："王必无人[6]，臣
秦国理亏。"赵王说："谁能胜任出使秦国？"蔺相如说："大王身边如果没有适当人选，

---

1 束君：把你抓起来。束，捆绑。
2 肉袒：脱去上衣，露出肉体，表示伏罪就刑。
3 不：读"否"。
4 曲：理亏。
5 均之二策：衡量这两种办法。均，同"钧"，权衡。
6 必：确实，一定。

愿奉璧往使[1]。城入赵而璧留秦；城不入，臣请完璧归赵。"赵
我愿带上宝璧充作使者，城邑归赵国，宝璧留在秦国；城邑不归赵国，我就完璧归赵。"

王于是遂遣相如奉璧西入秦。
赵王于是就派遣蔺相如带上宝璧向西出使秦国。

秦王坐章台见相如，相如奉璧奏秦王。秦王大喜，传
秦王坐在离宫章台宫接见蔺相如，蔺相如捧着和氏璧献给秦王。秦王非常高兴，

以示美人及左右[2]，左右皆呼万岁。相如视秦王无意偿赵
把璧传递给美人及身边的人观看，侍从们高呼万岁。蔺相如看出秦王不想偿付赵国城

城，乃前曰："璧有瑕[3]，请指示王。"王授璧，相如因持璧
邑的意思，就走上前说："璧上有点斑点，请让我指给大王看。"秦王把璧交给蔺相

却立，倚柱，怒发上冲冠，谓秦王曰："大王欲得璧，使
如，蔺相如后退站立，背靠庭柱，怒发冲冠地对秦王说："大王想要这块宝璧，派人

人发书至赵王，赵王悉召群臣议，皆曰：'秦贪，负其强[4]，
送信给赵王，赵王召集全体大臣商议，都说：'秦国贪婪，凭着强大，用空话要璧，

以空言求璧，偿城恐不可得。'议不欲予秦璧。臣以为布
偿付城邑不可能得到。'讨论结果是不给秦国宝璧。我认为普通百姓交往都不肯欺诈，

衣之交尚不相欺[5]，况大国乎！且以一璧之故逆强秦之欢[6]，
何况是个大国呢！再说为了一块宝玉触犯强大的秦国不高兴，是不应该的。于是赵王

---

1 奉：同"捧"。
2 美人：嫔妃。
3 瑕（xiá）：玉上小赤斑点。
4 负：仗恃。
5 布衣之交：平民之间的交往。布衣，古代平民以麻布或葛布为衣，因称平民为布衣。
6 逆：拂逆，触犯。

不可。于是赵王乃斋戒五日[1]，使臣奉璧，拜送书于庭。何
斋戒了五天，派我捧上宝璧，拜送回信给大王。为什么？这是尊重大国的威望而格外

者？严大国之威以修敬也[2]。今臣至，大王见臣列观，礼节
表示恭敬啊。如今我来到贵国，大王在这便殿召见我，礼节轻慢，拿到宝璧，传给美

甚倨[3]，得璧，传之美人，以戏弄臣。臣观大王无意偿赵王
人观看，以此来戏弄我。我看大王没有意思偿付城邑给赵王，所以我要取回宝璧。大

城邑，故臣复取璧。大王必欲急臣，臣头今与璧俱碎于柱
王一定要逼迫我，我的头和宝璧一起撞碎在柱子上。"蔺相如拿着宝璧，眼睛瞄着庭

矣！"相如持其璧睨柱[4]，欲以击柱。秦王恐其破璧，乃辞
柱，真要撞击柱子。秦王害怕把宝璧撞碎，于是向蔺相如道歉，再三请求蔺相如息怒，

谢固请，召有司案图[5]，指从此以往十五都予赵。相如度秦
并召主管官员拿来地图，指出从某地到某地的十五座城邑交给赵国。蔺相如估计秦王

特以诈佯为予赵城[6]，实不可得，乃谓秦王曰："和氏璧，天
特意摆出偿付赵国城邑的样子，实际是得不到的，便对秦王说："和氏璧是天下公认

下所供传宝也，赵王恐，不敢不献。赵王送璧时斋戒五
的宝物，赵王因为敬畏秦国不敢不奉献。赵王送玉时，斋戒了五天，现在大王也应该

日，今大王亦宜斋戒五日，设九宾于庭[7]，臣乃敢上璧。"秦
斋戒五天，在朝廷上设立九宾司仪，举行隆重的仪式我才敢奉献宝物。"秦王估量，

---

1 斋戒：古代举行祀典，主祭人必先沐浴、更衣、独宿、戒酒、不茹荤，以表恭敬和
隆重。
2 严：尊重。修敬：隆重敬礼。
3 倨（jù）：简易，轻慢。
4 睨（nì）：斜视。
5 案图：指按地图，即请蔺相如察看易璧的十五城邑位置图。
6 度（duó）：估计。特：只是。诈：欺骗。佯：假装。
7 九宾：用九个迎宾礼官依次传呼引客上殿，这是古代外交上最隆重的礼节。

王度之，终不可强夺，遂许斋五日，舍相如广成传[1]。相如
不能用强力夺取，就答应斋戒五天，把蔺相如安置在广成传宾馆。蔺相如也估量秦王

度秦王虽斋，决负约不偿城，乃使其从者衣褐[2]，怀其璧，
虽然答应了斋戒，但一定会背约不给城邑，就派他的随从穿上普通百姓的麻布短衫，

从径道亡[3]，归璧于赵。
怀里揣着宝璧，从小路逃走，把宝璧送回赵国。

秦王斋五日后，乃设九宾礼于庭，引赵使者蔺相如。
秦王斋戒五天后，在朝廷上举行了九宾的典礼，宣召接见赵国使者蔺相如。蔺相

相如至，谓秦王曰："秦自缪（mù）公以来二十余君，未尝有
如来到后对秦王说："秦国从穆公以来有二十多位君主，从没有坚定明确地遵守过信约，

坚明约束者也。臣诚恐见欺于王而负赵，故令人持璧归，
我担心受大王的欺骗有负赵王的重托，所以派人把璧送回去，从小道已经回到赵国了。

间至赵矣。且秦强而赵弱，大王遣一介之使至赵，赵立奉
况且秦强赵弱，大王只派了一个使臣到赵国去，赵国立刻就把宝璧送来。现今以秦国的

璧来，今以秦之强而先割十五都予赵，赵岂敢留璧而得罪于
强大，先割让十五座城邑给赵国，赵国岂敢留下宝璧得罪大王吗？我知道欺骗大王罪当

大王乎？臣知欺大王之罪当诛，臣请就汤镬[4]，唯大王与群臣
死，我愿意下油锅受烹，只求大王与诸位大臣认真考虑一下。"秦王和他的群臣，面面

孰计议之[5]！"秦王与群臣相视而嘻。左右或欲引相如去，
相觑，只好叹气。侍从中有的出来要把蔺相如拉走，秦王借此下台阶，说："现在杀了

---

1 广成传：宾馆名。
2 衣褐（hè）：化装穿上粗布短衣。
3 径道：便道，小道。
4 请就汤镬（huò）：愿接受汤镬之刑。汤镬，盛开水的大鼎锅，用以烹人，古代酷刑之一。
5 孰：通"熟"，仔细。

秦王因曰:"今杀相如,终不能得璧也,而绝秦赵之欢,不
蔺相如,还是拿不到宝璧,反而断了秦赵两国的友好,不如借此款待他,让他回到赵国,

如因而厚遇之,使归赵,赵王岂以一璧之故欺秦邪?"卒廷
赵王难道会因一块宝璧的缘故欺骗秦国吗?"终于在朝廷上会见了蔺相如,按礼节款待,

见相如,毕礼而归之。
让他回国。

相如既归,赵王以为贤大夫,使不辱于诸侯,拜相如为上
蔺相如回到赵国,赵王认为他是一个能干称职的大夫,出使诸侯不辱使命,任命他为上大夫。秦

大夫[1]。秦亦不以城予赵,赵亦终不与秦璧。
国没有把城邑割给赵国,赵国也始终没有把宝璧送给秦国。

---

1 上大夫:古代卿、大夫均分上、中、下三级。上大夫位次于卿。

秦赵渑池会饮(明内府彩绘本《春秋五霸七雄通俗演义列国志传》插图)

斗智斗勇渑池折秦王

上一篇故事讲，赵惠文王获得了稀世之宝和氏璧，秦昭王知道后想要得到和氏璧，但又不想付出代价。秦强赵弱，秦昭王想通过外交手段压迫赵王奉上和氏璧。秦王假称用十五个城来换和氏璧，想的是赵王不敢收这份不等价的礼，一块宝玉再值钱也卖不出十五座城邑的高价。秦王用此办法骗取赵国的和氏璧，没想到蔺相如识破了秦王的奸计，以诈对诈，以骗对骗，他出使秦国只把宝璧向秦王展示了一番，然后又骗回来送还赵国，向世人昭示了赵国守信用的名誉，秦国真要换就一手交钱，一手交货，先要割城给赵国，因为赵国已经奉专使到秦国展示了宝璧。蔺相如的大智大勇，揭穿了秦王的骗局，秦国不敢强取，蔺相如完成了外交使命，完璧归赵。

秦王没有得到和氏璧很不甘心，他对赵王怀恨在心，连年出兵攻打赵国，夺去了赵国的石城（今河南省林州市西）、光狼（今山西省高平市西）等大片地方，然后派使臣致书赵王，秦、赵渑池相会。秦王软硬兼施，企图再次压迫赵王屈服。

赵王接到秦王国书后，与大臣商议对策。廉颇、蔺相如一致认为，赵王不去与会，显得赵国软弱，也给秦国提供了大规模进攻赵国的借口；赵王参加会盟，又怕上秦王的当，在会盟上遭到秦人的劫持。商议结果，赵王决定参加会盟，由蔺相如陪同前往，让廉颇率领赵国大军镇守在赵国边境，以防备秦国军队发动进攻。

廉颇一直把赵王送到赵秦边界，分手时又请求赵王说："秦国人历来都不讲信用，说不定大王此去凶多吉少。会盟顺利，不过三十日，大王将回来，如果三十天后还未回来，请让我立太子为王，以绝秦望，不知道大王是否同意？"

赵王神情凄然，默默点头答应。

赵王到了渑池，和秦王相会。在宴会上，酒过三巡后，秦王假装酒醉，显出兴高采烈的样子，按预谋发难。秦王诡谲地对赵王说："寡人听说赵王爱好音乐，请奏瑟一曲助兴。"赵王弹了一曲后，秦王立即命令秦御史写上："某年某月某日，秦王与赵王会饮，秦王命令赵王弹瑟。"赵王受辱，心中很不高兴。说时迟，那时快。蔺相如还没等秦王左右喊出万

廉颇送别赵王

岁声来，他拿了一个瓦盆，离开座位跪到秦王面前。蔺相如严肃地对秦王说："赵王听说秦王擅长秦音，秦国风俗喜欢敲瓦盆作拍子，请秦王击打瓦盆，以相娱乐。"秦王听了蔺相如的话，一下变了脸色，怒斥蔺相如不懂规矩。蔺相如毫不相让，高举瓦盆，在秦王面前说："秦王如不击瓦盆，给我蔺相如一个面子，我就死在你面前，让我的热血洒在你的身上。"说着，做出要拼命的样子，秦王左右不敢上前。秦王不得已，敲了一下瓦盆。然后蔺相如从容不迫叫来赵国御史，也写上一段话："某年某月某日，秦王替赵王击瓦盆。"秦王群臣高呼："请赵王割十五城为秦王献礼！干杯！"蔺相如也高呼："请秦王献出咸阳回报赵王，干杯！"就这样你来我往，直到宴会结束，秦王没有占到便宜。秦王想用武力，但廉颇率大军在三十里外驻扎，廉颇很会打仗，秦王没敢动。

秦、赵渑池相会，最后在一片和乐气氛中结束。蔺相如护驾，维护了赵王的尊严和赵国的国威，赵王认为蔺相如功大，破格提升他为上卿，位置甚至超过了廉颇。

渑池相会，廉颇率领的大军是蔺相如的坚强后盾，因此廉颇也是立有大功的。蔺相如心里很清楚，将相和是一国凝聚的核心，所以在回国后廉颇不服闹意见，蔺相如退让三分，终于将相和而赵强。蔺相如面对秦王，不畏强暴，表现了他的大智大勇；蔺相如在同僚廉颇面前表示了退让，顾全大局，同样是大智大勇。忍辱也是一种勇敢。因此，蔺相如是真正大智大勇的人。

廉颇蔺相如列传

秦伐赵，拔石城。明年[1]，复攻赵，杀二万人。
<small>秦国攻打赵国，侵占了石城。第二年秦国再次进攻赵国，杀赵军二万人。</small>

秦王使使者告赵王，欲与王为好会于西河外渑池。赵王畏
<small>秦王派使者告诉赵王，想与赵王在西河外渑池进行友好会谈。赵王惧怕秦国，不想去。</small>

秦，欲毋行。廉颇、蔺相如计曰："王不行，示赵弱且怯也。"
<small>廉颇、蔺相如商议说："大王不去赴会，表示赵国既软弱又胆小。"赵王决定与会，蔺相</small>

赵王遂行，相如从。廉颇送至境，与王诀曰[2]："王行，度道里会
<small>如随从。廉颇送到边境，与赵王告别，相约说："大王这次出行，估计路程及会议礼节结束，</small>

遇之礼毕[3]，还，不过三十日。三十日不还，则请立太子为王，以
<small>来回不会超过三十天。三十天还不回来，那就请求允许太子登上王位，断绝秦国的妄想。"</small>

绝秦望。"王许之，遂与秦王会渑池。秦王饮酒酣[4]，曰："寡人
<small>赵王答应了，便在渑池与秦王相会。秦王饮酒到痛快的时候说："我听说赵王爱好音乐，</small>

窃闻赵王好音[5]，请奏瑟[6]！"赵王鼓瑟。秦御史前书曰[7]："某年月
<small>请弹一曲瑟吧。"赵王弹了一曲。秦国御史走上前来写道："某年某月某日，秦王与赵王</small>

---

1 明年：拔石城后一年，即赵惠文王十九年（前280年）。
2 诀：辞别。
3 道里：路程。会遇：见面会谈。
4 酒酣：酒兴正浓的时候。
5 好音：爱好音乐。
6 奏瑟：弹奏。瑟，古乐器名，形似琴而身长大，通常配二十五弦。
7 御史：官名，战国是掌管图籍、记载国家大事的史官。前书：上前记录书写。

日，秦王与赵王会饮，令赵王鼓瑟。"蔺相如前曰："赵王窃闻
<small>会饮，令赵王鼓瑟。"蔺相如走上前去说："赵王听说秦王擅长演奏秦声，请允许我献上盆缶，</small>
秦王善为秦声[1]，请奏盆缶秦王，以相娱乐。"秦王怒，不许。于
<small>秦王敲击大家一起欢乐。"秦王发怒，不肯敲击。于是蔺相如走上去递给秦王，跪下来请</small>
是相如前进缻，因跪请秦王。秦王不肯击缶。相如曰："五步
<small>求秦王敲击。秦王还是不肯。蔺相如说："五步之内，我蔺相如要用颈血来溅满大王的身</small>
之内，相如请得以颈血溅大王矣[2]！"左右欲刃相如，相如张目
<small>子了。"秦王侍从想刺杀蔺相如，蔺相如张大眼睛呵斥，秦王侍从退下去了。秦王很不高</small>
叱之[3]，左右皆靡[4]。于是秦王不怿[5]，为一击缶。相如顾召赵御史书
<small>兴，勉强敲了一下。蔺相如回头招呼赵国的御史写道："某年某月某日，秦王为赵王击缶。"</small>
曰，"某年月日，秦王为赵王击缶。"秦之群臣曰："请以赵十五
<small>秦国的群臣说："请拿赵国的十五座城邑给秦王献礼吧。"蔺相如接着说："请让秦国都</small>
城为秦王寿！"蔺相如亦曰："请以秦之咸阳为赵王寿！"秦王竟
<small>城咸阳给赵王献礼吧！"秦王一直到酒结束，终究没能压倒赵国。赵国也大规模调集军队</small>
酒[6]，终不能加胜于赵。赵亦盛设兵以待秦，秦不敢动。既罢归
<small>防备秦国，秦国不敢动手。渑池之会结束后回到赵国，因为蔺相如功劳大，被赵王任命为</small>
国，以相如功大，为上卿，位在廉颇之右。
<small>上卿，排位在廉颇的上面。</small>

---

1 秦声：秦地的乡土乐曲。
2 五步之内，相如得以颈血溅大王矣：在五步之内（很近的地方），如果我自杀，颈上的血可以溅到大王身上。言外之意，要与秦王拼命。
3 叱（chì）：喝骂。
4 靡（mǐ）：后退、避开。
5 不怿（yì）：不高兴。
6 竟酒：直到酒宴完毕。

毛遂入楚合纵（明内府彩绘本《春秋五霸七雄通俗演义列国志传》插图）

毛遂自荐天下扬名

毛遂，战国时赵国平原君的门客，一位善于外交辞令的智士。毛遂不仅有智有谋，还有勇有略。公元前257年，秦兵已围困赵国都城邯郸近三年，赵国危在旦夕。赵相国平原君出使楚国求救，毛遂自我推荐为随行人员，在与楚国的谈判中立了大功，他的声名从此广为人知。这个故事凝化为"毛遂自荐"这个成语流传下来，家喻户晓。现在人们还经常引用这个成语来称赞那些没有经过别人介绍，自己推荐自己担任某项工作，干出成绩的人。

毛遂自荐的历史事件，在史书中又叫毛遂定盟。战国时代，东方六国联合抗秦称"合纵"。毛遂定盟，是楚、赵结盟反抗秦国，因此又叫"毛遂定纵"。定纵，就是定盟。

赵国都城邯郸受到秦军的长期围困，赵国军队无力解围。赵王决定派相国平原君赵胜出去求救。平原君好客养士，门下有食客三千人。他准备选拔有胆量、有力气、文武兼备的二十个高级门客做助手，组成代表团到楚国去谈判定盟。平原君门下食客分为上、中、下三等。毛遂平时不显山不露水，只是一个下等食客，没有资格入选代表团。平原君在上、中两级食客中只挑选出十九个人，还缺一个人，怎么也选不出一个够格的，无法凑够二十人。这时下等食客毛遂走上前去，向平原君自我推荐说："我听说您将到楚国去订立合纵盟约，选拔二十个宾客随行，现在还缺一个，希望您就让我去凑数吧！"

平原君说:"先生贵姓,在我门下几年了?"

毛遂说:"不才姓毛名遂,在相府门下已经三年了。"平原君说:"有才能的人在社会上活动,好像锥子放在布袋一样,它的尖芒立刻就会显露出来。既然先生在我门下已经三年了,可是左右的人没人谈论过你,我连先生姓名都不清楚,这几年先生都没做过大事,怎么能胜任谈判代表,先生还是留下的好。"

毛遂说:"我是今天才来请相国把我放在布袋里,如果我早就进了布袋,那么整个锥子都显露出来了,岂止是仅仅露一个锥尖。"

平原君见毛遂如此自信,口出大言,一时又找不到合适的人,最后同

毛遂自我推荐

意毛遂充数。另外同行的十九个高级门客互相用眼光示意，他们都看不起毛遂，暗中嘲笑毛遂大言不惭，但没人公开出来反对毛遂。

平原君一行到了楚国，他们在讨论问题时，其他十九个高级门客都不如毛遂，通过几次交换意见，十九个人都十分敬佩毛遂。平原君与楚王正式谈判，讨论联合抗秦的事，分析合纵订盟的利与不利，从太阳出来的时候说起，一直到了中午，意见还统一不起来。楚、赵唇齿相依，这是明摆着的，为什么谈不拢呢？还得从当时的形势背景说起。

秦国围攻赵国，向其他国家发出外交通牒，谁要援助赵国，秦兵就要集中全力攻打它。原来秦兵攻打韩国，赵国出援，于是秦兵就掉过头来攻打赵国。长平之战，赵国主力全军覆没，秦军长驱直入包围了邯郸。因此，其他国家都不敢去救赵国。东方有韩、赵、魏、燕、齐、楚六个国家。六国联合起来，力量就大于秦国，六国分散，就要被各个击破。燕、齐两国离秦国较远，表示中立。韩、赵、魏、楚四国都与秦连界，心里很清楚，四国利害一致，赵国被击破，秦国更加强大，魏国、楚国的危险就加多一分。韩、赵两国本已结成同盟。平原君夫人是魏国相国信陵君无忌的姐姐。由于平原君、信陵君两人的姻亲关系，赵、魏两国关系密切。但是魏王害怕秦国，表面上派出大将晋鄙率领十万大军救援赵国，可是晋鄙屯兵在国境线上不前进。眼看赵国就要被秦军攻破，信陵君亲自出来杀了晋鄙，夺了十万大军的指挥权，杀向邯郸救援赵国。韩、赵、魏三国联合，力量与秦军势均力敌，双方胜负难以预料。所以平原君出使楚国，事关重大，因此才严格挑选门客，随行参决谋议。

平原君与楚王的谈判陷入僵局，赵国使团的人员急得团团转，谁也拿不出办法来。最后十九个人公推毛遂上殿去帮助平原君。他们一齐对毛遂说："先生上殿去吧。"

说时迟，那时快。毛遂提宝剑，以迅雷不及掩耳之势，越过警戒线，快步一级一级走上殿去。毛遂站在平原君身旁，对平原君说："合纵是利是害，两句话就说清楚了，今天从太阳出山就说起，现在太阳偏西了，还没决定下来，这是为什么？"

楚王对平原君说："这位客人是干什么的？"

平原君说："是我的家臣。"

楚王吆喝说："还不退下去！我和你主人谈话，有你插嘴的地方吗？"

毛遂握住剑把走上前去，神情严肃地对楚王说："大王之所以敢吆喝我，是依仗楚国人多。现在我与大王相距不过十步，在这十步之内，大王不能依仗楚国的人多了，大王的生命操在我手里。我主人就在前面，大王怎么敢随便吆喝我呢？"

楚王左右环顾以后，冷静下来。楚王对毛遂说："先生要干什么？有话坐下来慢慢说。"

毛遂行礼就座，对楚王说："大王你听我说。古时候商汤王只有七十里的地方统一了天下，后来周文王凭着一百多里的土地臣服诸侯，创下周朝的江山。商汤王、周文王得天下，难道是凭地多兵多吗？实在是他们掌握形势不失时机发扬威力。现在楚国方圆五千里，士兵一百万，这正是称霸的资本。凭着楚国的强大，天下不能抵挡。可是秦国派了一个毛孩子，名字叫白起，只带领几万人马就打得楚国落花流水，夺了楚国的旧都鄢郢，侮辱了大王的祖先，这是楚国百代的仇怨，难道大王就不想报仇吗？"

楚王说："楚国所有的人都恨透了秦国，我日夜都想报仇，可是心有余而力不足啊！"

毛遂说:"大王的话,一半对,一半不对。大王想报仇,这话就对了。大王说心有余而力不足,就不对了。赵国没有楚国强大,敢于对抗秦国,已经打了几年了,拖得秦国精疲力竭。合纵这件事,是为了楚国,不单是为赵国。楚、赵联合起来,还害怕秦国吗?"

楚王说:"听了先生一席话,胜读十年书。我心里打定主意和赵国订盟,担心赵国抗不过秦国。刚才从先生的言谈精神中,我看到了赵国的尊严,赵国人民的伟大。"

毛遂立即追问说:"大王拿定主意与赵国订盟吗?"

楚王说:"是的,正如先生说的,我愿倾全国力量做赵国的后盾,两国合纵抗秦。"

毛遂说"大王决心下定了?"

楚王说:"决心已定,再不动摇。"

毛遂趁势对楚王的侍从人员说:"拿鸡、狗、马的血来。"

订盟的物品齐备以后,毛遂捧着铜盘,跪着把它呈献给楚王说:"请大王先歃血,其次是我主人歃血,接下是我毛遂歃血。"楚、赵两国于是在楚宫殿堂上歃血订盟。毛遂左手拿着铜盘盛的血,右手招呼十九个人说:"各位就在堂下相继歃血吧。各位平庸无能,还自高自大,只配坐享成果。"

平原君一行订盟后回到赵国。平原君召集门客当众做自我批评。他说:"我再不敢品评人物了。我招聚人才,多则千人,少则几百人,自认不会漏掉天下的人才,现在竟然把毛先生冷落在我的门下三年。这次毛先生自我推荐出国,使赵国的声望重于九鼎。毛先生凭着口才,胜过百万大军。我再也不敢品评人物了。"平原君于是把毛遂待为上宾。

楚赵订盟以后，楚王派春申君率领军队救援赵国。这样韩、赵、魏、楚四国军队联合抗秦，打败了秦军，赵国避免了亡国的悲剧。

智慧启示

一个真正有学问有本领的人，平常总是深藏不露；恰恰相反，凡是好说大话的人，大都志大才疏。毛遂是一个有真本领的人，时机不到，他不卖弄，那十九个高级门客就是好说大话的人，到关键时刻反而不行，被毛遂骂为庸碌无能的人。毛遂自荐这个故事，把两种人的形象及心态作强烈对比展示出来，引人深思。

平原君虞卿列传·毛遂

秦之围邯郸，赵使平原君求救，合从于楚，约与食客门
_{秦军围攻邯郸的时候，赵国派平原君出使楚国求援，打算跟楚国订立合纵盟约。}
下有勇力文武备具者二十人偕。平原君曰："使文能取胜，则
_{平原君计划带二十个门客跟随，要求智勇双全，文武兼备。平原君说："如果不能用}
善矣。文不能取胜，则歃血于华屋之下[1]，必得定从而还。士
_{和平的方式取得胜利，那就只好在华丽的屋宇下流血为盟，一定要订立合纵盟约才回}
不外索，取于食客门下足矣。"得十九人，余无可取者，无以
_{来。贤士不必到外面寻找，在门客中物色就够了。"门客中挑选了十九个人，其余的}
满二十人。门下有毛遂者，前，自赞于平原君曰[2]："遂闻君将
_{没有可挑选的，不够二十个人。门客中有个叫毛遂的，走上前来，向平原君自我推荐}
合从于楚，约与食客门下二十人偕，不外索。今少一人，愿
_{说："我毛遂听说您准备出使楚国订合纵盟约，挑选二十个门客跟随，不到外面去找}
君即以遂备员而行矣。"平原君曰："先生处胜之门下几年于此
_{人。现在还少一个人，希望您把我毛遂作为一名备用人员一同前往吧。"平原君说："先}
矣？"毛遂曰："三年于此矣。"平原君曰："夫贤士之处世也，
_{生来到我门下已经几年了？"毛遂说："到现在三年了。"平原君说："贤士在世上，}
譬若锥之处囊中，其末立见。今先生处胜之门下三年于此矣，
_{譬如锥在袋子中，它的锥尖立即显现。如今先生在我门下现在三年了，左右的人未曾}

1　歃血：以盘盛牲血而盟饮。这里指以死流血，不达目的不罢休。
2　自赞：自我标榜。

左右未有所称诵，胜未有所闻，是先生无所有也。先生不能，
有称誉你的，我也没曾听到什么，这说明先生没什么才干，先生不能去，先生还是留

先生留。"毛遂曰："臣乃今日请处囊中耳。使遂早得处囊中，
下吧。"毛遂说："我是今天才请求放在袋子里。假如我毛遂早就放进袋子里，便会

乃颖脱而出[1]，非特其末见而已。"平原君竟与毛遂偕。十九人
脱颖而出，岂止是锥尖显露而已。"平原君终于带上毛遂一起出发。那十九个人互相

相与目笑之而未废也[2]。
眉来眼去地讥笑他，可也没有公开排斥他。

  毛遂比至楚，与十九人论议，十九人皆服。平原君与楚
  毛遂一行到了楚国，跟那十九个人一起议论，大家都佩服他。平原君与楚王商谈订立

合从，言其利害，日出而言之，日中不决。十九人谓毛遂曰：
合纵盟约，说明利害关系，从太阳出来就讨论，到了中午还没有决定下来。那十九个人对毛

"先生上。"毛遂按剑历阶而上，谓平原君曰："从之利害，两
遂说："先生上前吧。"毛遂握住剑把跨上台阶，对平原君说："合纵的利害，三言两语就

言而决耳。今日出而言从，日中不决，何也？"楚王谓平原君
可说清。今天从太阳出来时就谈论，现在中午了还没决定，为什么呢？"楚王对平原君说："这

曰[3]："客何为者也？"平原君曰："是胜之舍人也。"楚王叱曰：
位客人是干什么的？"平原君说："这位是我的家臣。"楚王呵斥着说："为什么不退下去？

"胡不下！吾乃与而君言，汝何为者也！"毛遂按剑而前曰：
我和你主人谈话，你来干什么！"毛遂握着剑把上前说："大王之所以呵斥我，是因为楚国

"王之所以叱遂者，以楚国之众也。今十步之内，王不得恃楚
人多。现在我与大王相距不过十步，大王是不能依仗楚国的人多了。大王的生命操在我手中。

---

1 颖脱而出：连锥头都露出来。颖，禾芒，此指锥头。
2 目笑：以目会意而笑，蔑视之也。废：借为"发"。未发，指十九人轻蔑之言未说出口。
3 楚王：楚考烈王熊完。

国之众也，王之命悬于遂手[1]。吾君在前，叱者何也？且遂闻汤
我的主人就在面前，你斥责什么呢？况且我毛遂听说商汤王凭着方圆七十里的土地称王于天

以七十里之地王天下，文王以百里之壤而臣诸侯。岂其士卒众
下，周文王凭着方圆百里的土地而臣服诸侯，难道是因为他们的士兵众多吗？其实是因为他

多哉，诚能据其势而奋其威。今楚地方五千里，持戟百万，此
们能够掌握对自己有利的形势而显示自己的威风。现在楚国土地方圆五千里，持戟的兵士上

霸王之资也。以楚之强，天下弗能当。白起，小竖子耳，率数
百万，这是称霸称王的资本。凭着楚国这样的强大，天下不能抵挡。白起，只是个小子，带

万之众，兴师以与楚战，一战而举鄢郢，再战而烧夷陵，三战
领几万部队，出兵来与楚国交战，第一次战役就夺走了楚国的鄢邑和郢都，第二次战役烧了

而辱王之先人。此百世之怨而赵之所羞，而王弗知恶焉[2]。合从
夷陵，第三战役就侮辱了大王的祖先。这是楚国百代的仇恨，也是赵国的羞辱，可是大王不

者为楚，非为赵也。吾君在前，叱者何也？"楚王曰："唯唯，
感到可恶，订立合纵盟约是为了楚国，而不是为了赵国。我的主人就在面前，你斥责什么呢？"

诚若先生之言，谨奉社稷而以从。"毛遂曰："从定乎？"楚王
楚王说："是，是，的确像先生所说的，我以整个楚国来订立合纵盟约。"毛遂说："合纵

曰："定矣。"毛遂谓楚王之左右曰："取鸡狗马之血来。"毛遂
的决心下定了吗？"楚王说："下定了。"毛遂对楚王左右的人说："拿鸡、狗、马的血来。"

奉铜槃而跪进之楚王曰："王当歃血而定从，次者吾君，次者
毛遂捧着铜盘，跪着把它进献给楚王说："大王应当先歃血来订立合纵盟约，其次是我的主人，

遂。"遂定从于殿上。毛遂左手持槃血而右手招十九人曰："公
再次是毛遂。"于是在殿堂上签订合纵盟约。毛遂左手拿着铜盘，右手招呼那十九个人说："各

---

1 悬：掌握，控制。
2 恶（wù）：厌恨。

平原君和楚王盟誓

相与歃此血于堂下。公等录录[1]，所谓因人成事者也。"

位相继在堂下歃血吧。你辈碌碌无为，正是依赖别人，坐享其成的人。"

平原君已定从而归，归至于赵，曰："胜不敢复相士。胜

平原君和楚王签订了合纵盟约返回。回到赵国后，他说："我赵胜不敢再考察士人了。我考察

相士多者千人，寡者百数，自以为不失天下之士，今乃于毛先

士人，多时上千人，少时也有几百人，自认为不会漏掉天下的士人，但对于毛先生来说，我却把他漏

生而失之也。毛先生一至楚，而使赵重于九鼎大吕[2]。毛先生

掉了。毛先生一到楚国，就使赵国比九鼎和大吕还要贵重。毛先生凭三寸舌头，胜过百万军队。我赵

以三寸之舌，强于百万之师。胜不敢复相士。"遂以为上客。

胜不敢再考察士人了。"于是尊毛遂为上客。

---

1 录录：同"碌碌"，平庸无能。
2 九鼎：相传禹所铸，为三代传国之宝。大吕：周王室宗庙中的大钟。九鼎大吕，喻毛遂之重。

随何说降黥布

公元前205年,汉王刘邦率军攻打楚国,在楚国都城彭城与楚军展开大战。楚王项羽以少击众,打败了汉军。汉王从梁地向西败逃,项羽乘胜追击。汉王谋臣张良向刘邦建议,收缩部队在洛阳、成皋一带凭险固守,把楚王项羽的注意力吸引在正面战场上。然后派大将韩信在北方开辟第二战场,从山西、河北一带进攻,绕到山东,完成对楚军的战略包围。另外派一个能言善辩的才智之士出使淮南,游说九江王黥布背楚归汉。黥布是楚王项羽手下的大将,当时项羽派他守淮南独当一面。如果黥布归汉,就等于瓦解了项羽的一面长城。反过来汉王刘邦不仅会实力大增,而且形成了对项羽的钳形包围。但是,说降黥布,事关重大,而且去的人吉凶难测,汉王刘邦思考了好几天,也没下决心派谁出使。

有一天,汉王刘邦对身边的谋士说起这件事,汉王刘邦忧心忡忡地说:"我手下文臣武将一大堆,可真到用人之际,却挑不出一个合适的人来。"汉王有一个谋士叫随何的人接过话茬说:"大王说这话是什么意思?"汉王刘邦说:"我想找一个人出使到淮南,说服黥布背离楚国,只要他把项羽拖住几个月,我就可以稳住战线,夺取天下就有把握了。"随何说:"大王不嫌弃,愚臣愿往。"汉王刘邦深知随何的才干,刚才是故意激使随何主动出来承担任务,因为这是一次危险的使命,随何自愿承担,就能发挥主观能动性。于是汉王刘邦就派了二十几个随行人员,与随何一起出使淮南。

随何一行到达淮南后,在淮南太宰那儿做客。一连三天过去了,还没见到九江王。于是随何就对太宰说:"九江王不肯接见,必然是认为楚强汉弱,我随何正是为此而来。请太宰通报九江王,让我见到他,听一听我的分析。如果我说得对,九江王会高兴的,您太宰会受到重用,在汉王那里您就立了头功;如果我说得不对,九江王不高兴,就按军法论罪,您就在楚王那里立了功。"太宰把随何的话告诉了九江王黥布,随何一行立即受到了召见。随何见了黥布,没有直接说明来意,而是绕了一个弯。随何说:"我奉汉王之命来看望大王,让我十分惊异,同样都是称王,大王为何那么亲近楚王,好像低人一等。"黥布说:"虽说都是王,楚

随何自荐前往说降黥布

王是盟主，我一向以臣礼事奉他。"随何说："楚王攻打齐国，亲自冲锋陷阵。大王既然以臣礼事奉楚王，这时就应当亲自领兵去助战，应当在楚王左右听从调遣。可是楚王向大王征兵，大王不但没有亲自去，也没有派大将全力以赴助战，只派了四千人参战，仿佛是应付差事，一个以臣礼事奉别人的人，难道应该这样吗？"黥布沉默不语。随何接着说："汉王打下彭城，楚王被人端了老窝，急得像热锅上的蚂蚁，而大王却按兵不动，没有发一兵一卒去救援。一个依靠他人立国的人能这样做吗？大王名义上臣事楚王，在行动上已经背离了楚王，已经不被楚王信任，可是大王还蒙在鼓里，我很替大王着急，这也是汉王派我来向大王致意的原因。"黥布是楚王项羽一手提起来的大将，他对项羽忠心耿耿，没有二心。但黥布是一个粗人，没有文化，他当了九江王以后，只是想自己做主办些事，对项羽的命令就不是百依百顺了。黥布没有想到臣下办事要绝对服从君王，自己既然臣事楚王项羽，而又没有做到对他的绝对服从，经过随何的指点与挑拨，他才感到事态的严重。但要公开背离楚王项羽，他感情上还通不过。当时楚强汉弱，谁胜谁负，前途未卜，也不能贸然答应。所以黥布陷入了沉思，没有接随何的话茬说话。这时随何已猜中了黥布的心思，他心里暗自高兴，遂公开点明话题，随何说："大王不肯背离楚王无非是认为楚强汉弱，让我来替大王分析未来的形势吧。楚王项羽持强施暴，杀害义帝，背弃盟约，天下的人都认为他不义。失道寡助，楚王一天天被孤立，力量也一天天削弱。即便是楚王打了胜仗，诸侯也是人人自危。就拿大王来说，要不是汉王顶住楚王，楚王早就收拾大王了。汉王跟楚王不同，现在力量小一些，可是汉王宽仁仗义，天下的人都会归附他。在军事上，汉王坚守成皋，已经遏制住了楚军的进攻势头。汉王的大将韩信已经在北方开辟了第二战场，不久就会完成对楚军的包围，楚王必定穷于应付，失败是肯定的。现在楚汉相争，难分难解，大王不在此时归附汉王，等到楚王败局已定，那就为时晚了。汉王很器重大王，让我来传达他的好意。希望大王背离楚王，拖住楚王兵力几个月，汉王取天下就十分容易了，到时大王就建立了非常之功。形势我已说得十分明白了，请大王三思。"黥布听了这一席话，真的动心了，对随何说："我就听从先生的吩咐。"

这时楚王项羽也派了使臣住在淮南。黥布口头上答应了随何背楚归汉，但还没有公开。随何与同行的谋士一起分析，如果不采取果断措施，形势会起变化。于是随何让众人分头打探消息，黥布何时接见楚王的使臣。

黥布接见楚使的这一天终于来到了。楚王项羽派的使臣都是他的亲属，无才无德还颐指气使，项羽的许多事情都被这些人办坏了。当时黥布口头答应了随何背离楚王，心里还在观望。但是，黥布有了背楚的念头，在接见楚使时就没有了先前的恭顺。而不明事理的楚使，不但不对黥布安抚，反而责备黥布礼数不周，一个劲地催他快发兵攻击汉军。话不投机半句多，双方越说越离谱。正在这时，随何一行闯了进来。随何径直对楚使说："九江王已经归附汉王了，怎么让他发兵助楚呢？"黥布听了这话大吃一惊，一时却也不知说什么好。那个无能的楚使更是不知如何应付这个局面，站起身来就要走。随何说："楚使先生，想溜走，太晚了。"随何转过身来对黥布说："事已至此，请大王立即杀掉楚使，不要留下祸根。"黥布见木已成舟，只好说："就听先生的，我起兵反楚就是了。"于是下令处决楚使，宣布脱离楚国。

随何说动黥布

  黥布反楚，打乱了楚王项羽的军事部署，项羽派大将龙且带二十万精兵讨伐黥布，结果分散了兵力，汉王刘邦因此巩固了成皋防线，楚汉相争进入了对峙局面。三年以后，楚王项羽失败，汉王刘邦统一了天下。

  黥布归降汉王刘邦，刘邦封他为淮南王，因此，黥布有两个王号，在楚时为九江王，在汉则为淮南王。

  汉王刘邦对儒生有偏见，称他们为腐儒。用今天的话说，腐儒就是书呆子。汉王刘邦统一了天下，建立了汉朝后论功行赏，故意冷落随何，说什么马上打天下，腐儒有什么用。随何不服气，他对已经做了皇帝的刘邦说："当陛下与项羽相持时，陛下亲自带领步兵五万，骑兵五千去征讨九江王黥布，能保证攻下淮南吗？"刘邦说："不能。"随何说："臣奉陛下之命，只带二十多个随从，凭三寸不烂之舌说降黥布，这证明我这张嘴顶得上万精兵，怎么能说'腐儒'无用呢？"刘邦很机敏，他为了在群臣面前不丢身份，随口回答说："朕刚才只是开个玩笑，看看你这个'腐儒'怎么

随何不服刘邦的"腐儒"之称

说话。我没有忘记你的功劳。朕打算拜你为护军中尉。"于是群臣山呼万岁，君臣一片欢乐。

智慧启示

大凡才智卓绝的人，还须伴随勇敢。单有智慧，没有勇敢精神，也往往成不了事。随何说降黥布，可以说是深入虎穴，尤其是智除楚使，是至关重要的手段，如果黥布翻了脸，被杀头的就不是楚使，而是汉使随何一行了。由此可见，随何是一个智勇双全的人。

黥布列传

汉三年，汉王击楚，大战彭城，不利，出梁地，至虞，谓
<small>汉三年，汉王攻打楚国，在彭城大战，汉军失利，退走梁地，到了虞城，对左右</small>

左右曰[1]："如彼等者，无足与计天下事。"谒者随何进曰："不
<small>的人说："像你们这些人，不配共同策划天下大事。"谒者随何上前说："我不明白</small>

审陛下所谓。"汉王曰："孰能为我使淮南[2]，令之发兵背楚，留
<small>陛下说的意思。"汉王说："谁能够替我出使淮南，说动他发兵叛楚，在齐地把项王</small>

项王于齐数月[3]，我之取天下可以百全。"随何曰："臣请使之。"
<small>军队拖住几个月，我夺取天下就有完全的把握。"随何说："我请求出使淮南。"汉</small>

乃与二十人俱，使淮南。至，因太宰主之[4]，三日不得见。随
<small>王给他派了二十个随从，一起出使淮南。随何一行到达后，通过九江王太宰疏通关节，</small>

何因说太宰曰："王之不见何，必以楚为强，以汉为弱，此臣
<small>等了三天还没被九江王召见。随何借机游说太宰，说："九江王不接见我，一定认为楚</small>

之所以为使。使何得见，言之而是邪，是大王所欲闻也；言
<small>国强，汉国弱，这正是我出使的原因。你想办法让我见到九江王，我说得对，这正是九</small>

之而非邪，使何等二十人伏斧质淮南市，以明王背汉而与楚
<small>江王想要知道的；我说得不对，就把我们二十人在淮南闹市砍头示众，用以证明九江王</small>

---

1. 左右：刘邦的亲随侍从。
2. 淮南：英布在楚为九江王，刘邦君臣对话时特用追书笔法称为淮南王。
3. 留齐：即"留楚"，使英布叛楚，像齐一样拖住项羽留楚数月，刘邦即可重整战备。
4. 因太宰主之：投托九江太宰以通关节。因，投托。太宰，主膳食之官。主之，舍之，接待随何一行，并通关节。

也。"太宰乃言之王，王见之。随何曰："汉王使臣敬进书大
反对汉国而亲近楚国。"太宰把这番话告诉了九江王，九江王就召见了随何。随何说：

王御者，窃怪大王与楚何亲也。"淮南王曰："寡人北向而臣事
"汉王派我恭敬地送书到大王的驾前，我个人感到奇怪，大王为什么要亲近楚国。"淮

之。"随何曰："大王与项王俱列为诸侯，北向而臣事之，必
南王黥布说："我是北向臣事楚王。"随何说："大王与项王同为诸侯，而大王北向

以楚为强，可以托国也。项王伐齐，身负板筑[1]，以为士卒先，
称臣，一定认为楚国强大，可以把国家托付给他。项王征讨齐国，亲自背负筑墙工具，

大王宜悉淮南之众，身自将之，为楚军前锋，今乃发四千人以
为士卒先锋，大王应当率领淮南的全部军队，亲自为将，为楚军的先锋，如今你只派

助楚。夫北面而臣事人者，固若是乎？夫汉王战于彭城，项
出了四千人帮助楚国。请问北向称臣的人，难道就是这个样子吗？当汉王在彭城大战

王未出齐也，大王宜骚淮南之兵渡淮[2]，日夜会战彭城下，大
楚军，项王还没有走出齐国，大王应当调集淮南的所有人马渡过淮河，昼夜兼程赶到

王抚万人之众，无一人渡淮者，垂拱而观其孰胜[3]。夫托国于人
彭城交战。大王拥有上万兵马，却没有一个人渡过淮河，拱手站在一边看哪一方取胜。

者，固若是乎？大王提空名以向楚，而欲厚自托，臣窃为大王
一个把国家托付给人家的人，难道应是这个样子吗？大王用空话亲近楚国，而又想实实

不取也。然而大王不背楚者，以汉为弱也。夫楚兵虽强，天
在在依靠楚国，我个人认为不可取。可是，大王至今没有背离楚国，是认为汉国弱小。

---

1 身负板筑：项羽亲身背负墙板筑杵，为士卒先锋。
2 骚：通"扫"。扫淮南之兵，全部集中淮南之兵，如扫地一样干净。
3 垂拱：袖手旁观。

下负之以不义之名[1]，以其背盟约而杀义帝也[2]。然而楚王恃战胜
楚国兵力虽然强大，但它在天下背负着不义的名声，原因是项王背弃誓约又杀害义帝。

自强，汉王收诸侯，还守成皋、荥阳，下蜀、汉之粟，深沟
然而楚王只是仗恃打了胜仗，自认为兵强国盛。至于汉王，收拢诸侯之后，回师成皋、

壁垒，分卒守徼乘塞，楚人还兵，间以梁地，深入敌国八九百
荥阳，顺流而下运来蜀汉的粮食，深挖壕沟，高筑壁垒，分兵把守着边境要地，楚军

里，欲战则不得，攻城则力不能，老弱转粮千里之外；楚兵至
若要回师，中间隔着梁地，深入敌国八九百里，战斗不能取胜，攻城力量不够，靠老

荥阳、成皋，汉坚守而不动，进则不得攻，退则不得解。故
弱残兵要从千里之外运来粮食；楚军进攻夺不下城池，撤退又甩不开汉兵的追击。所

曰楚兵不足恃也。使楚胜汉，则诸侯自危惧而相救。夫楚之
以说楚军的强大是靠不住的。如果楚国战胜了汉国，诸侯一定会人人自危而相互救助。

强，适足以致天下之兵耳。故楚不如汉，其势易见也。今大
可见楚国强大，正好招致天下兵力的对抗。所以楚国不如汉国，那形势是显而易见的。

王不与万全之汉而自托于危亡之楚，臣窃为大王惑之。臣非
如今大王不亲附万无一失的汉国，却要托身于岌岌可危的楚国，我个人替大王感到疑惑。

以淮南之兵足以亡楚也。夫大王发兵而背楚，项王必留；留
我并不认为淮南的兵力可以灭亡楚国。如果大王能够发兵反叛楚国，项王一定会留下来；

数月，汉之取天下可以万全。臣请与大王提剑而归汉，汉王
停留几个月，汉王夺取天下可以万无一失。我请求与大王一起提着宝剑归向汉国，汉王

---

1 负：被，加。项羽杀义帝，是为不义。刘邦东出，曾为义帝发丧，遍告诸侯，责羽不义。
2 背盟：指项羽不以刘邦为关中王之约，亦为不义之事。楚怀王与诸将约，先入关者为关中王。

必裂地而封大王，又况淮南，淮南必大王有也。故汉王敬使
一定分封大王土地，又何况小小的淮南，必然是大王所有。这就是汉王特地派我来献上

使臣进愚计，愿大王之留意也。"淮南王曰："请奉命。"阴许
的愚计，希望大王留心考虑。"淮南王说："敬从命。"暗中答应背叛楚国归附汉王，

叛楚与汉，未敢泄也。
但不敢泄漏。

楚使者在，方急责英布发兵，舍传舍。随何直入，坐楚
楚国使者也在淮南，正在急于催促黥布发兵，住在客舍里。随何径直闯进去，坐在楚国使者

使者上坐，曰："九江王已归汉，楚何以得发兵？"布愕然。
的首位，说："九江王已经归向汉国，楚国怎能叫他发兵？"黥布大吃一惊。楚国使者起身退走。

楚使者起。何因说布曰："事已构[1]，可遂杀楚使者，无使归，
随何趁势劝黥布说："大王归汉之事已是生米成了熟饭，要立即杀死楚国的使者，不要让他回去，

而疾走汉并力。"布曰："如使者教，因起兵而击之耳。"于是
大王要尽快靠拢汉国，协同作战。"黥布说："遵照使者的指教，起兵攻打楚国罢了。"黥布于是

杀使者，因起兵而攻楚。楚使项声、龙且攻淮南，项王留而
杀掉楚使，起兵攻打楚国。楚国派项声、龙且攻击淮南，项王留下来进攻下邑。战斗持续了几个月，

攻下邑[2]。数月，龙且击淮南，破布军。布欲引兵走汉，恐楚
龙且进攻淮南，打败了黥布的军队。黥布想率领部队投归汉王，害怕楚王的军队拦杀，所以只身从

王杀之，故间行与何俱归汉。
小道与随何一起投了汉王。

1　事已构：大王归汉之事已经成了，不必再犹豫。构，成也。
2　下邑：吕后兄吕泽驻兵下邑，项羽讨之。下邑县在今安徽省砀山县东。

项籍死，天下定，上置酒，上折随何之功[1]，谓何为腐儒[2]，
项籍死后，天下已被平定，汉王摆设庆功酒宴，故意贬低随何的功劳，称随
为天下安用腐儒[3]。随何跪曰："夫陛下引兵攻彭城，楚王未去
何是书呆子，说治理天下用不着书呆子。随何跪到汉王跟前说："当陛下带兵攻打
齐也，陛下发步卒五万人、骑五千，能以取淮南乎？"上曰：
彭城时，楚王还没离开齐国，陛下发动五万步兵、五万骑兵，能够攻取淮南吗？"
"不能。"随何曰："陛下使何与二十人使淮南，至，如陛下之
汉王说："不能。"随何又说："陛下派我与二十人出使淮南，到达淮南后，完全
意，是何之功贤于步卒五万人、骑五千也。然而陛下谓何腐
实现了陛下的心意，这就说明我的功劳超过了五万步兵、五千骑兵啊。可是陛下说
儒，为天下安用腐儒，何也？"上曰："吾方图子之功。"乃以
我是书呆子，治理天下用不着书呆子，为什么呢？"汉王说："我正考虑你的功劳。"
随何为护军中尉[4]。
于是任用随何为护军中尉。

1　折：压抑，贬低。
2　腐儒：迂陋之儒。
3　为天下：治天下。
4　护军中尉：监视诸将之官。汉高祖对士人亦用一打一拉之权术，必欲文武众臣隶服之而已。

刘敬和亲安汉边

和亲，是指两个政权之间通过联姻建立的一种外交关系。从字面上讲，"和亲"就是和平共处，结为姻亲。实际情况复杂得多。中国古代的和亲，始于西汉，终于清代，汉唐时代的和亲最为重要，也最有特色。西汉昭君出塞，唐代文成公主入藏，都是家喻户晓的故事。和亲创造人就是西汉初年的刘敬。

刘敬原来姓娄，叫娄敬，是齐国人，即今天的山东人。娄敬出身贫寒，他被征召入伍到陇西戍守，路过洛阳。娄敬很有政治眼光，他认为汉朝定都长安比在洛阳更安全，并把他的想法报告给汉高祖刘邦。刘邦的部下大多是河南、山东、江苏一带的人，不愿去长安，都希望定都于洛阳。刘邦就去问张良，张良说："洛阳地处中原，有它的优势，但四面险要不及长安，项羽退出关中，陛下据有关中，居高临下争天下，不是占了上风吗？"刘邦说："好，就定都于长安。"因娄敬在汉朝定都问题上立了大功，刘邦赐他姓刘，改名为刘敬，拜为郎中。

公元前200年，匈奴冒顿单于多次侵扰汉朝边界，刘邦派了十几个使臣先后到匈奴境内谈判，谋求两国安定。这些使臣还奉有秘密命令，负责考察匈奴的虚实，如果汉匈开战，汉军能不能占上风。匈奴冒顿单于十分机警，他料到汉使奉有密令，就故意把匈奴的精兵良马深藏起来，让汉使见到的只是些老兵劣马。汉使果然上当，回到长安后向刘邦报告说匈奴不堪一击，主张反击匈奴。刘邦听了十余批汉使的假情报，满心欢喜，于是飘飘然起来，下令大规模反击匈奴，调动了三十二万大军。张良等人劝谏，刘邦也听不进去。但是为了慎重，也许更是为了搪塞舆论，刘邦派刘敬再次出使匈奴，考察其虚实。

刘敬到了匈奴以后，看到的匈奴之兵尽是老弱，见不到精兵良马。于是他向汉高祖刘邦提出了不要贸然对匈奴用兵的报告。刘敬说："两国即将打仗，按情理应该是虚张声势，夸耀武力，尽量表现自己强大给对方看。现在匈奴反行其事，让人看到他们的弱点，显然是要麻痹汉军。而现在天下刚刚统一，国困民穷，当今的任务是休养生息，如果对匈奴用兵，汉军要吃亏。"这时汉兵已经发动起来，几十万大军走在路上，刘邦不仅听不进刘敬的意见，反而认为刘敬夸大匈奴的实力，长敌人威风，灭自家志气。于是下令把刘敬关押起来，等打完胜仗再来惩治。

汉军出征，主要是步兵，时间是在十月。匈奴是游牧民族，善骑射，全部是骑兵。每年秋高马肥的时节，就是匈奴大规模扰边的时候。十月，秋季已过，北方天气已经寒冷，匈奴骑兵的战斗力虽然有所下降，但对汉军更为不利。冒顿单于从山西中部太原以南步步退却，诱使汉军追击，在平城白登山地区设下埋伏，用四十万骑兵把三十二万汉军包围起来。汉军断了粮草，又无寒衣，许多士兵的手指都冻僵了。汉高祖被围七天七夜，眼看就要全军覆没。军师陈平想出了美人计，命画工画了一幅美女图，派人秘密送给冒顿单于的阏氏。汉使对阏氏说："汉朝皇帝被匈奴围困，没有办法，想把美人送给单于借一条路。如果阏氏能说服单于让开一条路，汉皇就不送美人给单于了。"匈奴阏氏妒忌汉朝美女，于是说服单于闪开一条路，汉军才突围出来。刘邦回到长安，杀了报告假情报的十余批汉使，释放了刘敬。

汉高祖刘邦不愧为一代开国英主，他在用兵匈奴失败后虚心向刘敬请教安定边境的策略。刘敬说："天下刚刚平定，士兵精疲力竭，目前汉朝没有能力征服匈奴。至于匈奴方面，冒顿单于杀父自立，纳父妾为妻，是一个不讲礼义的人，给匈奴讲礼义他们听不进。用武力不能征服，讲礼义又听不进去，只有用另外的办法了。"汉高祖刘邦说："爱卿快讲，有什么好办法。"刘敬说："陛下用美人计突围，臣从中受到启发，想到一个办法，让冒顿单于和他的子孙永远做汉朝的晚辈为臣，这样边境安定，两国和好，只怕陛下做不到。"汉高祖刘邦说："果真可以使两国和好，又有什么不能做的，请告诉我怎么个做法。"刘敬说："陛下如果把长公主嫁给冒

匈奴阏氏被汉使说动

刘敬和亲安汉边　　329

汉匈和亲

顿单于,多送陪嫁礼物,长公主必然为阏氏。这样,冒顿单于是汉朝的女婿,女婿的儿子长大为单于,就是汉朝的外孙。哪有女婿、外孙与岳父、外祖父作对的道理?蛮夷人都十分喜欢汉朝的货物。每年派遣使臣,带上厚礼,慰问女婿、外孙,再晓之以礼义,这样才可能奏效。"汉高祖刘邦说:"这是个好办法。"决定派长公主和亲。

汉高祖刘邦的皇后吕雉只生有一女一男,一女即长公主,一男即后来的汉惠帝。吕后反对长公主和亲,日夜啼哭,说:"陛下只有一男一女,怎么舍得抛弃到匈奴去,陛下不能与大臣另谋良策吗?"汉高祖刘邦没有办法,又找刘敬商量:"吕后不让长公主和亲怎么办?"刘敬想了想说:"就让宗室女过继给陛下,权充公主和亲也是使得的。当然亲密程度就要差一些。"汉高祖刘邦计议已定,就找来本家女子,认作干女儿,号称长公主出嫁匈奴。刘敬被任命为和亲使。

汉匈和亲以后,边境得到了相对安定,但匈奴仍然时常侵边。汉武帝即位,大规模反击匈奴,和亲中断。匈奴战败,退出漠南。汉宣帝时,呼韩耶单于来朝,汉匈恢复和亲。从此,由汉至清,中央王朝与周边民族的和亲连绵不断,成为处理睦邻关系或臣属关系的重要手段。少数民族之间也以和亲关系处理民族纠纷,大多获得良好的效果。刘敬开创的汉匈和亲在中国历史上起了进步的作用,对于推动民族融合,都有积极意义。

智慧启示

和亲是在美人计的基础上产生的,始于汉初,终于清代,以汉唐和亲最具特色。和亲的类型大体有三种情况:第一,为了使边境安定;第二,结交军事同盟;第三,分化、瓦解、削弱对方,达到控制对方的目的。不论哪种类型,和亲总比战争好。据不完全统计,单是汉唐时期,各民族之间的和亲就达一百一十二次之多。由此可见,和亲是古代外交的一种重要形式,尤其是处理民族关系,是一种有效的外交手段。

刘敬叔孙通列传·刘敬

汉七年[1]，韩王信反，高帝自往击之。至晋阳，闻信与
> 汉高祖七年，韩王信反叛，汉高祖亲自前往征讨。到了晋阳，听说韩王信勾结匈奴想联

匈奴欲共击汉，上大怒，使人使匈奴，匈奴匿其壮士肥牛
> 合攻打汉朝，汉高祖十分愤怒，派人出使匈奴。匈奴单于把精壮战士和肥大牛马都隐藏起来，

马，但现老弱及羸畜。使者十辈来，皆言匈奴可击。上使
> 看得见的都是老弱士兵和瘦小的牲畜。使者往来达十批之多，都说匈奴可以攻击。汉高祖派刘

刘敬复往使匈奴，还报曰："两国相击，此宜夸矜见所长。
> 敬再次出使匈奴，回来报告说："两国敌对交战，应该夸耀显示自己的长处。现今我前往，只

今臣往，徒见羸瘠老弱[2]，此必欲见短[3]，伏奇兵以争利。愚
> 看到瘦小牲畜和老弱士兵，这一定是故意暴露短处，而埋伏下奇兵想在战斗中得到便宜。我认

以为匈奴不可击也。"是时汉兵已逾勾注，二十余万兵已业
> 为匈奴不可攻击。"这时北征的汉兵已经越过了勾注山，有二十多万军队又已经前行。汉高祖

行。上怒，骂刘敬曰："齐虏！以口舌得官，今乃妄言沮吾
> 发怒，骂刘敬说："齐国的奴才！你凭口舌得到了官职，现在竟敢胡说八道来阻挠我出兵。"

军[4]。"械系敬广武。遂往，至平城，匈奴果出奇兵围高帝
> 下令把刘敬囚禁在广武。汉军继续前进，到达了平城，匈奴果然出奇兵把高帝围困在白登山，

---

1 汉七年：公元前200年。
2 羸瘠：指羸畜，瘦弱之牲畜。老弱：指士卒老弱。
3 必欲见短：一定是故意显示短处，诱我们上当。
4 沮吾军：阻挠我出兵。

白登，七日然后得解。高帝至广武，赦敬，曰："吾不用公
被包围了七天然后才得以突围。汉高祖到了广武，赦免了刘敬，说："我没听你的话，在平城
言，以困平城。吾皆已斩前使十辈言可击者矣。"乃封敬
遭围困。我已经杀了在你之前出使匈奴的十批使者，他们说匈奴可以打击。"于是用二千户封
二千户，为关内侯，号为建信侯。
刘敬为关内侯，称号建信侯。

高帝罢平城归，韩王信亡入胡。当是时，冒顿为单
高祖从平城撤兵回朝，韩王信逃入匈奴。这时候，匈奴冒顿为单于，兵力强盛，能
于，兵强，控弦三十万，数苦北边。上患之，问刘敬。
拉弓射箭的战士有三十万人，多次侵扰北边。高祖忧虑这件事，询问刘敬。刘敬说："天
刘敬曰："天下初定，士卒疲于兵[1]，未可以武服也。冒顿
下刚刚平定，士卒被战争拖得筋疲力尽，不可以用武力征服。冒顿单于杀父继位，娶庶
杀父代立，妻群母，以力为威，未可以仁义说也。独可以
母为妻，仗恃武力逞威风，是不可以用仁义说服的。只可用长远的计谋让他的子孙为汉
计久远子孙为臣耳，然恐陛下不能为。"上曰："诚可，何
朝的臣属罢了，恐怕陛下不能做到。"高祖说："当真能为子孙留福，为什么不能做？只
为不能！顾为奈何？"刘敬对曰："陛下诚能以嫡长公主妻
是怎么做呢？"刘敬回答说："陛下真能让亲生女儿长公主下嫁匈奴单于为妻，赠送丰
之[2]，厚奉遗之，彼知汉嫡女送厚，蛮夷必慕以为阏氏[3]，生
厚的礼物，他知道汉朝嫁公主，送厚礼，蛮夷一定高兴用汉朝公主做王后，生了儿子一

---

1 疲于兵：被战争拖得筋疲力尽。
2 嫡长公主：指吕后所生真长公主，后为赵王张敖后。
3 阏氏：单于王后。

刘敬和亲安汉边

子必为太子,代单于。何者?贪汉重币[1]。陛下以岁时汉所
定立为太子,继承单于之位。为什么呢?为的是贪图汉朝的厚礼。陛下每年按时把汉朝

余彼所鲜数问遗[2],因使辩士讽谕以礼节。冒顿在,固为子
剩余的而匈奴短少的物资,多次去慰问、馈赠,顺便派遣能言善辩的人,用礼节去劝告

婿;死,则外孙为单于。岂尝闻外孙与大父抗礼者哉[3]?
说服。冒顿单于在世时,他是汉朝女婿;他死了,那么外孙为单于。哪曾听说外孙敢和

兵可无战以渐臣也。若陛下不能遣长公主,而令宗室及
外祖父分庭抗礼的事呢?这样不用打仗就可慢慢臣服匈奴。如果陛下舍不得下嫁长公主,

后宫诈称公主,彼亦知,不肯贵近,无益也。"高帝曰:
而是让宗室女或者后宫女子假称公主,匈奴也会知道,就不肯尊贵亲近,就没有好处了。"

"善。"欲遣长公主。吕后日夜泣,曰:"妾唯太子、一女,
高祖说:"好。"想下嫁长公主。吕后日夜哭泣,说:"我只生了太子和一女,为什么要

奈何弃之匈奴!"上竟不能遣长公主,而取家人名为长公
把她抛弃给匈奴?"高祖终于不能下嫁长公主,而选取了一个宫女假称为长公主,嫁给单

主,妻单于,使刘敬往结和亲约。
于为妻,派刘敬出使缔结和亲盟约。

1 重币:厚礼。
2 岁时:每年。数问遗(wèi):给匈奴单于多送几次礼品慰问。
3 大父:祖父、外祖父。